社会デザインをひらく

中村陽一［監修］

志塚昌紀
川中大輔　［編著］
菅井　薫
川田虎男

ミネルヴァ書房

はじめに

　本書は，私の立教大学定年退職を機に，とりわけ立教大学の社会人大学院である「21世紀社会デザイン研究科」と所縁のある書き手の参加で，社会デザインについての現代的発信となるようなものを創れないだろうかという着想からスタートしたものである。
　その際，私としてまず望んだのは，よくある「○○先生退職記念論文集」のような，あまり社会的意義のないものにはしたくないということだった。第一，そうしたものはほぼ例外なく，関係者以外にとっては内容が面白くない。楽屋落ちとでもいうのか，内輪でしか分からない話であったり，○○先生を尊敬しているのは分かるが少々おべんちゃらが過ぎるのではと思うものだったりする。それは避けて，「社会デザイン」というフラッグのもとに探究の日々を過ごした人びとが，いまこそ書きたいことや語りたいことを一冊にまとめてみましょうという趣旨の企画である。
　とはいえ，書き手はいずれも，日本で初めて社会デザインを掲げて創設された研究科に集った人たちということもあり，当然思い入れや志が強いことを反映して，研究科で学んだことや，考えたこと，さらにはそこでの人との関わりに言及せざるを得ない側面を反映してはいる。つまり，「立教大学大学院21世紀社会デザイン研究科」を完全に離れたものとは言い難いかもしれない。
　しかし，どの論稿も，楽屋落ちや内輪話としてではなく，この研究科の理念やミッションの歴史的背景，現代社会のなかでの社会的意義という文脈のもとで執筆されていることは間違いなく，あえて個別的な内容も基本的には残して掲載することとした。そのことはかえって本書で示される「社会デザイン」が，個別的文脈から離れた，つまらない抽象的な一般論に陥ることを免れる結果につながったと考えている。
　もう一つ避けたいと私が考えたのは，社会の現実から離れた研究書になって

しまうことであった。これまた，巷にはそうした書物があふれており，そのことの意味を否定はしないが，それは本書でやりたいことではないというのが私の考えであった。

　その意味で本書は，決して，体系的に統一された理論や言説が首尾一貫して展開されているといった性格のものではない。社会の現実が多様で，単一の見方でまとめられるようなものではない以上，それは当たり前のことで，社会デザイン研究の現在とは，とりあえずそうした社会の諸相を万華鏡でのぞくように展開していく地平に存在しているということが少しでも伝われば幸いである。本書のタイトル『社会デザインをひらく』に込めた意味合いもその辺りにある。

　ご寄稿いただいた方たちは，こうした「編集意図」をよく汲んでくださり，手前味噌だが，その意図はかなりの程度達成されているのではと考えている。ただし，やろうとしたことがちゃんとできているかどうかの評価はもちろん読者の皆さんからのご意見を待つこととしたい。できれば，今後いただくさまざまなコメントから，さらに「社会デザインをひらく」営為の継続につながれば，監修者としては望外の喜びである。

　本書刊行にあたっては，まず御多忙のなかご寄稿いただいた筆者の皆さん，編集委員として多くの作業を献身的に担っていただいた川中大輔さん，川田虎男さん，志塚昌紀さん，菅井薫さんにあらためて感謝申し上げたい。これらの方たちは，立教大学院の博士課程前期課程または後期課程において，私のゼミで切磋琢磨された方々であり，長きにわたる学際的な交流が続いている仲間たちでもある。「身内褒め」になってしまうかもしれないが，今回ばかりはそのことをお許しいただければ幸いである。

　また本書は，主として，定年後，自らの関心に導かれるように仕事と活動の範囲および量を拡大してしまった私の責任により，当初の刊行予定より大幅に遅れを生じることとなってしまった。関係各位には深くお詫び申し上げる次第である。

　そうした遅れと，また昨今の困難な出版事情にも関わらず，本書の刊行にこぎつけてくださったミネルヴァ書房の皆さま，なかでも編集を担当していただき，最後まで冷静かつ丁寧に伴走してくださった編集部・本田康広氏には心よ

はじめに

　りの感謝を申し上げたい。
　奇しくも，本書刊行は，21世紀社会デザイン研究科から「21世紀」が取れ，社会デザイン研究科として新たなスタートを切る年度と重なることとなった。その第一年度がまさに「社会デザインをひらく」年度となるよう，多少なりとも議論の材料を提供できていればと願っている。

　2024年4月13日

監修者　中村陽一

特別寄稿
社会デザイン学の新しい展開に向けて

　理念がどんなに素晴らしくても，その理念を現実化する場がなくては文字通り絵に描いた餅になってしまう。社会デザインについても例外ではないでしょう。その意味で，立教大学大学院21世紀社会デザイン研究科の設置は，社会デザインあるいは社会デザイン学の理念を実現し，理念に賛同する「仲間」を増やしていくためには必要不可欠のプロセスであったと考えます。そして，翻ってみれば，それがすなわち新しい世紀に向けて進むべき方向を模索する大学へのエンカレッジメントにもなりうるのではないか。俗世間の言葉でいえば，あえて「二兎を追う」ことを目指して出発したのが，日本における「社会デザイン（学）」の現実化の試みであったと言えるでしょう。

　いうまでもなく，本書はそのチャレンジングな書名『社会デザインをひらく』が表すように，これからの時代に向けての新しい「社会デザイン（学）」の展開の可能性を提案することを目指す試みであり，したがって「社会デザイン（学）」を立教大学という個別の枠組みに閉じ込めてしまうことはもとより本書の本意ではないだろうと考えます。しかしながら，冒頭でも書きましたように，ものごとの展開にはつねに具体的な時間と空間の要素が不可欠であり，したがって，ものごとの記述にも個別の条件下での具体相の記述を欠かすことはできません。

　というわけで，枕が長くなってしまいましたが，この特別寄稿においては，当事者のひとりとして（正確には立教大学大学院21世紀社会デザイン研究科設置準備の責任者として），「社会デザイン（学）」の理念が，日本においてはじめて，どのような条件のもとに現実化されていったのか，その起源にかかわるいくつかの事実について書き留めておきたいと考えます。

「文明社会の危機管理」というミッション

　まず申し上げておきたいことは，大学などアカデミックな研究機関の名称に「社会デザイン」の表現（用語）を提案し，使用したのは，立教大学がはじめてだったという事実です。最初に提案したのは，1999年に設置された「新大学院構想ワーキンググループ」（座長：丸山恵也・経済学部教授。いわゆる丸山委員会）の場においてです。丸山委員会では，その最終答申の中で，「社会デザイン研究科」（当初の名称）設置の構想を採決し明示的に提案していたからです。

　では，何ゆえに，当時の立教大学において，このような名称をもつ大学院の設置の構想が可能となったのか。設置前後の大学内部の雰囲気を思い出しながら，自分なりに考えていたことをお話しておきたいと思います。

　ご存じのように，前記答申を受けて実現した21世紀社会デザイン研究科（2002年設置）は，設置の趣旨として「文明社会の危機管理」という目的を掲げています。なぜ文明社会の危機管理なのか，その理由については，すでに前記の丸山委員会の答申ではおおむね次のような説明を挙げています。いわく，20世紀の終わりが近づき，世界的な規模で進展する科学技術の発達と経済活動の活発化および広域化，それにともなう社会構造の著しい変化や地球環境の危機など，当時の誰もが「これまでのようにはいかない」という危惧をいだいていたにも関わらず，そうした問題意識や危機感を学問的に受け止め，かつ人材育成をも合わせて考える想像力が日本の大学には決定的に欠けていた……云々。こうした判断のもとに，「社会デザイン研究科」設置の構想が打ち出されたわけです。

　じっさいに研究科が設置されたのは，世紀の替わった2002年4月のことですが，すでに1999年の時点で，「社会デザイン」の用語（表現）が登場し，しかも，設置時には，立教大学に固有の，つまりは大学のもつミッション性にも訴える大学院研究科として設置されることになりました。このミッション性については，設置の申請文書においても，また設置後の履修要項等の文書においても，つねに明確に言及し宣言していた特色です。すなわち，研究科の設置理念の核をなすものとして，「人権意識に裏づけられた真に共生的な社会を創成するにはいかなる理念と知識と技術とが必要であるか」という強い問いかけの文

言を発していたからです。この問いは，21世紀社会デザイン研究科の中心理念でもありますが，同時に立教大学そのものの建学の精神を具体化したものだったと明言することができます。

ところで，「社会デザイン」の表現（用語）については，蛇足だとのそしりを覚悟のうえで，後日誤解のないように，あえて以下の指摘を行っておきたいと考えます。それは，前記丸山委員会の「社会デザイン研究科」の構想においても，またその後実現された大学院21世紀社会デザイン研究科の設置の趣旨の中においても変わらずに含意されてきた「社会デザイン」の具体的な意味内容についてです。私たちの考える「社会デザイン」とは，あくまでも，"いかに社会をデザインするか"という意味での「社会デザイン」，つまり社会そのもののデザイン（あるいは，リ・デザイン）を目指す営為であって，既存の社会システムの維持を前提とした，その枠内での"社会的なデザイン"（その後，英語圏でよく使われるようになったビジネス志向型のソーシャル・デザイン）のことではまったくなかったという点です。この違いは理念上の重要な分岐点を示すものであり，みなさんにはくれぐれも忘れて欲しくない事柄です[1]。

さて，研究科設置の経緯に話を戻しましょう。詳しく説明している余裕がなさそうなので強引にまとめてしまいますが，「社会デザイン研究科」構想においても，またじっさいに実現した立教大学大学院21世紀社会デザイン研究科の趣旨においても，その基本的方向性は，以下のようなものであったと考えます。

① 文明社会の危機管理を主要課題とする。
② 新時代の社会運営のための組織理論を研究する。
③ 新時代の社会的アクターとして重要性を増す非営利組織の経営理論を研究する。
④ 社会人の再教育を重視する。

---

[1] 私たちの考える「社会デザイン」と英語圏で一般的に含意されている「ソーシャル・デザイン」（Social Design）がどのように異なるかについては，ぜひ，以下を参照されたい。拙稿（2010）「世界の中の社会デザイン——なぜ，いま社会デザインなのか」(The Role of "Social Design" Movements in the Contemporary World)『Social Design Review』（21世紀社会デザイン研究学会誌）vol. 2, 1-5頁

⑤　大学院の新しい運営形式としての独立研究科方式（学部と直結しない研究科）を採用する。

　ご覧のように，④と⑤は大学内での組織上の問題ですが，①〜③は「社会デザイン（学）」の理念に直接関係する特色です。これらの特色（とりわけ危機管理の学と非営利組織の経営論）は，いずれも，当時の感覚としてはとてつもなく突飛なものであり，しかも独立研究科構想の持つ採算性への懸念が強く示されたために，答申は出されたものの，学内的にはむしろ否定的な雰囲気が支配的で，しばらく棚ざらしにされました。しかし，立教大学は，やはりミッションスクールだったのです。ミッション性を正面に掲げた提案を無碍に否定するわけにはいきませんでした。このミッション性については上記でも言及したように丸山委員会の「社会デザイン研究科」構想の時点ですでに，研究科は単なる研究教育の場であることを超えて，社会的なメッセージを掲げる運動体としての立場を明確に打ち出していました。社会的なメッセージの発信を謳う大学院などというのは，他の大学ではつくりにくい。ところが立教大学ではそれができたのです。立教大学がミッションの学校だからです。これは非常に重要な点ですね。しかも，この新大学院は，当時の立教大学にまったく欠けていた大型ビジネススクール創設の提案でもあり，なおかつ非営利を専門とするビジネススクール（これこそミッションですね）を目指していたわけですから，結局，大学として後押しせざるを得なくなった。これが私の振り返りです。ちなみに，非営利を専門とするビジネススクールの構想は，カリキュラムまでは作文できたとしても，それぞれの科目の授業を担当するのに適任の教員を見つけるのは容易ならざる課題でした。この課題の解決に知恵を絞ってくれたのが，中村陽一先生（当時，都留文科大学教授）であり，いまなお感謝の念を忘れることがありません。

社会デザイン（学）とは何かという問いかけを超える
　さて，設置準備作業の中で，当時の関係者のだれもの念頭に浮上しながらも設置準備担当者の私に向かって直接投げかけることをためらっていた問いがひ

とつあったようです。研究科の名称に使われている「社会デザイン」という表現、これはいったい何なのか、という問いがそれです。設置作業の中で（つまりは、対文科省的には、ということですが）いちばん大事な課題は大学院設置の目的を書くところなのですが、しかし、文科省的にいうところの目的とは、どのような学生を対象に、だれが、何を教え、どのような人材を養成するのか、ということであり、じつは理念など二の次なのでした。ところが、研究科がじっさいに設置され、こんどは研究科の教育と研究に直接関与する当事者となった教員と学生にとっては、そもそも「社会デザイン」とは何なのか、という問いは開かずの扉のように重く受け直され、研究科出発の時点からこれまで、幾度となく繰り返し投げかけられることになったのです。

　「社会デザインとは何か」という問い。この問いが含み持つ学問論的意味については、後で詳しく触れたいと思いますが、こうした質問に答える代わりに、私自身はいつも別の問いかけ、すなわち「何ゆえの社会デザイン（学）なのか」という問いかけを対置してきました。すると今度は、さらに多くの人々から、「なぜ社会デザイン学の教科書を作らなかったのか」とか、「今からでも作ったらどうか」という誘いを受けることになりました。しかし、私自身は、教科書をつくることについてはずっと否定的な立場を維持してきました。その理由は、簡単です。教科書をつくるためには、「社会デザイン（学）とは何か」という問いに対して、それこそ十分に学問論的、かつ戦略的な対応を用意しておく必要があると感じていたからです。

　そこで、次に、いままさに上記で触れた「学問論的、かつ戦略的な対応」についてお話したいと思います。

　「〇〇学とは何か」という問いかけは、歴史的にみると、じつは新しい学問的思考の試みに対する「いじめ」だったというのが私の見立てです。例えば、「心理学とは何か」などと問われることは、今日ではほとんどないでしょう。あるいは、社会学とは何かなどと問われることもいまではありません。生理学とか医学、あるいは法学なども、ずっと昔から自明のものとみなされ、それがどんな学問であるかなどと改めて問われることはありません。ところが、100年ほど前、社会学がまだ若かったころには、社会学者自身が自らのアイデン

特別寄稿　社会デザイン学の新しい展開に向けて

ティティについて疑心暗鬼，まったく自信をもっていなかったことが知られています。繰り返しますが，このように，「○○学とは何か」と問われるのは，つねに，新しく学問の世界に参入しようとする研究テーマや研究者の側だけなのです。したがって，これは入門前の，「いじめ」に他なりません。これが，いまなお「社会デザイン（学）」のおかれた客観状況であり，だからこそ，「社会デザインの理念や方法論について書かれた理論書がありますか」などといった上から目線の愚問を平気で口にする輩が絶えないわけです。

　そもそも学問論の地平から見れば，「○○学とは何か」などという定義づけから始まる問いほど不毛な問いはありません。昔，フランツ・ファノンの『アフリカ革命に向けて』（共訳版1969年，単独訳1984年）の改訳作業の際（1983年ごろ）に，版元のみすず書房の応接室でカール・シュミットの『政治的ロマン主義』という著作に遭遇し，感動した日のことを思い出します。シュミットは，「政治的ロマン主義とは何か」などという問いを立てても意味のある答えは出てこないこと，しかし，「○○は政治的ロマン主義だ」という陳述は可能だ，と書いていました。翻って見れば，「社会デザイン（学）とは何か」という問いについても同様のことが言えるのです。問いへの答えが難しいのではなく，問いそのものが不毛だから答えようがないだけなのです。いっぽうで，逆方向からの問い，すなわち「○○は社会デザイン学である」，あるいは「○○は社会デザインの実践である」といった言い方はつねに可能なのです。では，なぜいっぽうが不毛であり，他方は可能なのか。以下，考えてみましょう。

　具体的な事物や理念を紋切り型の言葉で定義すること，そこにはつねに罠が隠されています。例えば，あるものを「何かは○○である」という言葉で定義してしまうと，私たちは，その定義の規定する枠組の内側に閉じ込められてしまい，定義の対象とされたものが内包する具体的で多様な内実に目が届かなくなってしまう，そういう危険にさらされてしまいます。ちょっと抽象的な言い方をしますと，具体的な事物に名前をつけ分類することによって，私たちは概念（名前・普通名詞・言葉）の世界に閉じ込められ，生きた具体の世界からどんどん遠ざかってしまうわけです。ところが「○○は社会デザインである」というような形で，述語の部分に，社会デザイン（学）とか，ロマン主義とかを置

いてみることによって，私たちは，そうした言葉の指し示す内容物をいくらでも膨らませ豊かにしていくことが可能になるのです。

境界領域だからこそ社会デザイン（学）はおもしろい

思えば，定義づけの罠に陥ったのが，社会学の創始者のひとりエミール・デュルケムでした。彼は「社会的事象 social facts」というものを定義して，その定義の中に入ってくるものだけを社会学で扱う対象にするという決断を下しました。ですから内心では社会学と問題関心を共有する部分があると感じながらも，隣接する生理学や心理学で扱いうるものは，社会学で扱うわけにはいかないと決めてしまったのです。生まれたばかりの社会学が強力な隣接科学である生理学や心理学に吸収されてしまうことを恐れてのことでしょう。しかし，これは大変な誤りだったと私は考えます。例えば，私の研究分野の一つである食に関して言えば，デュルケムの社会学では，食という事象の中でも，社会からもっとも強く規定される部分，外部からもっとも強く強制される部分，要するにもっとも"社会学化"しやすい分野だけに絞ってしまった。その結果，味覚や栄養，料理技術といった他分野にもまたがる膨大な知識群を排除することになってしまったわけです。これは，社会学にとってたいへんな損失でした。

ところが，デュルケムの次の世代にマルセル・モースという文化人類学者が登場します。モースはじつはデュルケムの甥でしたが，彼の考え方はまったく異なるものでした。モースは，科学の進歩は，各学問領域の境界が踵を接する空間をどう占拠するかによって決まると考えました。言い換えれば，境界領域にこそ面白い研究対象が埋まっていると考えていたのです。モースいわく，「科学が進歩するとき，それは常に具体性に向けての進歩であり，必ず未知なるものに向かっての進歩である」，と。未知なる領域ととりわけ具体性への注目，これこそが私たちの「社会デザイン（学）」の根本を成すところのもの，そういって間違いありません。

「社会デザイン（学）」は穴だらけだ，方法論がない，などとも言われてきました。しかし，「社会デザイン（学）」という新しい未知なる学問分野をつくろうとしていたわけですから，それが傍から見て穴だらけ，未完成（不完全とも

いわれました）であるのは当たり前なのです。それが完成されたものであったのなら，新しくつくる必要などなくなってしまいます。新しくつくるものが持っている非常に魅力的なところと，新しさが内包する決定的な攻撃されやすさ，これをヴァルネラビリティといいますけれども，それらは表裏一体のものなのです。このことを私たち自身がちゃんと自覚しておかないと，外からの攻撃に対して反論することがむずかしくなってしまいます。

繰り返しますが，「社会デザイン（学）」は新しい学問的挑戦です。既存の分野でやれないことだから，「社会デザイン（学）」の名のもとに実践や研究を志す人々が増え続けているのだと思います。

そういった人たちの心意気っていいますか，新しい学問領域への挑戦（パッション）を共有しているかぎり，「社会デザイン（学）」は学問的に未熟だ，などと言われる筋合いはまったくありません。自信を持っていい。なぜなら，境界領域について学問的な定義なんてできるわけがないからです。境界領域は境界領域でしかない。でも，いっぽうで，私たちは，境界領域でしかない，などという言い方もしない。そこに「社会デザイン（学）」という新しい学問の重要な領域があるんだ，と自信をもって言い返すことが大切なのだと考えます。

21世紀の市民社会をともに創りあげていくための場として

最後に，「社会デザイン（学）」の理念の骨格をもっとも簡潔に表明していると思われる文章を掲げて，巻頭の辞にかえたいと思います。以下，当時の研究科委員長としての挨拶文です（立教大学大学院21世紀社会デザイン研究科2004年度履修要項，一部修正）。

　　人類社会の文明システムは，いまや巨大な地殻変動を経験しつつあります。
　　人類社会にとってもっとも必要なことは，この地殻変動の本質をしっかりと見きわめ，新たな社会運営のスキルを発見し，創造していくことではないで

---

(2) "境界領域は境界領域でしかない" と断言することは正しいが，いっぽうで，境界領域の研究がけっして容易なものではないことにも留意が必要です。境界領域の研究には隣接する諸科学の方法論についても熟知していることが不可欠だからです。

しょうか。いうまでもなく「いうは易く行うは難し」です。新たな社会運営のスキルといったところで，まだその輪郭が明確につかめている人は誰もいません。

　しかしながら，たとえその明確な輪郭がつかめていなくても，幾許かのヒント，発端を与えてくれる「方向性」のようなものは，われわれの誰しもが実感しているのではないでしょうか。そのような「方向性」を私たちは〈社会デザイン〉の用語で表現したいと考えました。

　それでは〈社会デザイン〉とは，どのような内容をもちうるものなのでしょうか。私たちなりの考え方を示しておきたいと思います。

　デザインとは，「世界の象徴構造」を意味します。しかし，これはデザインの静的な定義でしかありません。デザインには，もうひとつ動的な定義が可能であり，それは理念なり，モデルなりをデザイン（構想）することを意味します。したがって，〈社会デザイン〉とは，社会の深層を規定する象徴構造を〈デザイン〉と捉え，その構造を研究するとともに，現実社会のパラダイム転換を促し，新しい規範，行動様式を追求するダイナミックな営みに他なりません。人類社会は，いままさに，このようなダイナミックな営みを必要としているのではないでしょうか。（中略）

　私はさきほど，「現実社会のパラダイム転換を促し，新しい規範，行動様式を追求する」と述べました。しかし，そこで大切なことは，何のためのパラダイム転換であり，どのような規範，行動様式を追求するのか，ということこころざしの有無であります。言いかえれば本研究科が，その研究教育活動の中で率先して追求すべきものとは，単なる社会運営上のスキルの修得ではなく，人権意識に裏付けられた真に共生的な社会を創成するために必要な理念と知識と技術の明確化であり，そして，そうした理念と知識と技術の修得でなければならないと考えます。どうかこのことを忘れないで下さい。そして，みなさんの一人ひとりが，21世紀社会をダイナミックに創造し，困難と渡り合い，生き抜いていくために必要とされる強靭で，柔軟な力を磨いていって欲しいと念願するものです。

21世紀に入ってすでに20年を超えました。100年前の世界がそうであったように，新しい世紀がほんとうに始まるのは，ようやくこれからです。そして，「社会デザイン（学）」の研究と実践がますます求められるのも，これからの時代です。研究科の設置から22年，社会デザイン学会設置からほぼ20年[3]「社会デザイン（学）」を志す者は，自らのよって立つ場所がどこであれ，それぞれの場所で，自分たちの研究と実践を通して理念を現実化していくほかありません。そうした具体的な日常的営為によってのみ「社会デザイン（学）」なるものは実体化されるのだと考えます。

2024年6月

　　　　　　　　　　　立教大学名誉教授
　　　　　　　　　　　社会デザイン学会前会長　　　北山晴一

---

(3) 社会デザイン学会の設立は，2006年6月24日。「21世紀社会デザイン研究学会」の名称で出発しました。設立の共同呼びかけ人は福原義春氏（当時，株式会社資生堂名誉会長）と北山晴一。福原義春氏は2023年8月30日に逝去されました。ご冥福をお祈りいたします。

社会デザインをひらく

目　次

はじめに
特別寄稿　社会デザイン学の新しい展開に向けて　北山晴一

第Ⅰ部　社会デザインの足場を組み立てる

第1章　社会デザイン研究の歩み──社会変革への意志…中村陽一
1　はじめに──根底にある問題意識……………………………………………… 2
2　「新しい市民活動」との出会い（80年代）…………………………………… 6
3　"NPO"というツールの発見（90年代）……………………………………… 10
4　NPOの「頭打ち」からソーシャルビジネスへ（00年代前半）…………… 18
5　人びとの社会デザインの選択肢を増やす（00年代後半〜10年代）……… 22
6　おわりに──編集・実践・研究……………………………………………… 25
　　おすすめブックリスト………………………………………………………… 27

第2章　社会デザイン研究の拡がり
1　社会的排除に抗うコミュニティ・デザイン
　　──居場所とエンパワメント………………………………………川中大輔　32
2　貧困層への金融支援
　　──マイクロクレジットの現在……………………………………笠原清志　50
3　国境を横断するジャーナリストのネットワーク化……………………野中章弘　55
4　世田谷パブリックシアターにおける佐藤信の劇場づくり………高宮知数　65
5　分からなさへの辛抱と省察を導く博物館の可能性……………………菅井　薫　80
6　多文化共生社会と市民教育
　　──社会意識と自己認識の脱植民地化に向けて…………………川中大輔　88

第Ⅱ部　社会デザインの力を発揮する

第3章　社会デザイン実践による価値創造
1　現代的「コモンズ」としての okatte にしおぎ

　　　　　〔居場所とサードプレイス〕……………………………竹之内祥子　108
　2　ワイナリーで見つけた社会的意義
　　　　　〔居場所とサードプレイス〕……………………………竹内三幸　113
　3　アート鑑賞に対話を用いるオンライン授業の有効性
　　　　　〔アートと文化〕…………………………………………中野未知子　117
　4　社会を創る市民教育の実践――東京都立千早高校の事例
　　　　　〔学びと教育〕……………………………………………親泊寛昌　122
　5　ヤキイモタイムで地域の人と人との繋がりを編み直す
　　　　　〔ケアと福祉〕……………………………………………川田虎男　130
　6　「安全・安心」の先に「自分らしさ」を求めて
　　　　　〔ケアと福祉〕……………………………………………加藤木桜子　134

第4章　社会デザイン実践による環境創造
　1　「ネットカフェ難民」報道は政策決定に影響したか
　　　　　〔メディアとコミュニケーション〕……………………淺野麻由　138
　2　いまはない「何か」を伝え・共有するために
　　　　　〔メディアとコミュニケーション〕……………………星野　哲　142
　3　対面式コミュニケーションとオンラインコミュニケーション
　　　　　〔メディアとコミュニケーション〕……………………稲見陽子　146
　4　既存の枠組みから「私」を解放し，新たな地縁を結ぶ
　　　　　〔組織とネットワーク〕…………………………………宮本　諭　150
　5　なぜ私たちは組織を必要とし，組織に翻弄されるのか？
　　　　　〔組織とネットワーク〕…………………………………細川あつし　155
　6　CSRの再定義と企業の社会への適応
　　　　　〔企業と価値〕……………………………………………山本　誠　160
　7　パンデミックという危機がもたらしたパラダイムシフト
　　　　　〔企業と価値〕……………………………………………山崎宇充　164
　8　同性パートナーシップ制度実現における議会内の合意形成
　　　　　〔公共政策と制度設計〕…………………………………石坂わたる　170

第Ⅲ部　社会デザインの未来を創造する

第5章　社会デザインへの試練と可能性
1　日本の貧困問題の現在地
　　――30年の支援活動から見えてきた新たな貧困のカタチ……稲葉　剛　176
2　介護はプロに，家族は愛を……………………………………石川治江　186
3　4つの授業から学んだ4つの「関係性の編みなおし」……梅本龍夫　192

第6章　社会デザインの学びの意義と実際
1　大学教育における社会デザイン教育の
　　現状と課題………………………………志塚昌紀・田中泰恵・新保友恵　203
2　スポーツで共生社会を拓く，スペシャルオリンピックス…渡邊浩美　208
3　社会デザインとNPOの広報……………………………………石井大輔　215
4　大学生と大人が共に学ぶワークショップの実践……………工藤紘生　221
5　人とまちと医療の心地よい関係づくり………………………糟谷明範　227

おわりに　　235
刊行に寄せて　中村陽一先生と社会デザイン学　長有紀枝　　237
人名索引　　241
事項索引　　243

第Ⅰ部

社会デザインの足場を組み立てる

第1章

社会デザイン研究の歩み
社会変革への意志

語り手：中村陽一

1 はじめに——根底にある問題意識

セクター間の対抗を超えて

　社会デザインの実践や研究において，社会運動，市民運動といった，サードセクターのうちでも「運動性」に基盤を置いた様々な動きと，どのくらい戦略・戦術的に関連が出てくるかというと，おそらく私自身は，ごく初期の学生時代からのスタートとなります。初期においては，当時の構図でいうならいわゆる「左翼」としてのスタンスをとっていたと思います。これは社会主義というよりも，正確に言えば，要するに，あらゆる権力に対する対抗運動としての社会運動というスタンスですね。

　そこは，自分としては，そんなに大きく立ち位置を変えているつもりはないです。ただ，戦術レベルでの変化はあると思います。私が考える社会デザインというのは，社会のなかにある人と人，人と組織，人と地域等の「関係性を編み直し，活かす」延長線上で社会をより良きものにし，かつ構造的にも変えていこうとする考え方です。それを非常に現実的／実践的に考えると，単純な対抗的スタンスだけでは目標は達成できない。そこで妥協するのかと言われると，かなりニュアンスが違うのですが。

　やはり現場で多様な市民知に繋がる叡智を発揮してムーブメントを組み立てていくことによって，蚕が桑の葉を食べるようにという意味での蚕食主義で，じわじわと世の中を変えていきたい。そのための具体的な展開や実践の方法論を21世紀社会デザイン研究科に来てから，特に後半で深めていて，今に繋がっていると思うんです。そういうふうに運動との関わりのスタンスは絶えず意識

しつつも、おそらくこの40年ぐらいの間で方法論的にはずいぶん変わってきたところもあるかと思います。

1980年代は例えば、市民運動と政府行政、いわゆる政治権力との対抗関係、あるいは市民運動と企業といったシンプルな対抗図式で考えがちだったと自分でも思うんです。しかし、単純な二項対立図式だけで現実が展開しているわけではありません。もちろん現下の政治課題を見ても、対立要素はたくさんあるわけですが、そうは言っても、社会で働いたり活動している人たちとの間で個々のレベルでの協力や協働は成り立ちうるのだと、その後の自分の様々な経験によって分かるようになってきました。

単純なセクター間、組織間の対抗というよりは、そこに生きて動く人たちとのコラボレーションを生き生きとした形で考えつつ、仕掛けや仕組みをどう創り出していくのかというところに来ていますね。ですから、ムーブメントも、TEDのデレク・シヴァーズ（Derek Sivers）の動画のように[1]、リーダーシップというよりはフォロワーシップの大事さ、つまり、いくら声掛け役が声を大にして叫んでも、フォロワーがついてきてくれるだけではなくて、さらにある意味リーダー以上にリーダーがやろうとしていることを理解して、多くの人に発信していく。まさにコミュニティ・オーガナイジングの運動論と似ていますけれども、それがないと世の中は変わらないなというのは正直な実感です。そこは大事にしていきたい。その時に、実践の側からそうした変容を裏付けるものとしての市民知がどのように紡ぎ出されていくのかを明らかにするのは私にとってもライフワークで、ずっと底流にあるテーマとなっています。

編集者としての原点

大学卒業後、新評論という出版社に入って、編集者としての師匠となる藤原良雄さん（現・藤原書店社主）に出会い、藤原さんが当時開拓し始めていた仕事のお手伝いからスタートしました。それがイヴァン・イリイチ（Ivan Illich）の著作であり、フランスの歴史学の新しい潮流と言われたアナール派であり、そ

---

[1] Derek Sivers (2010), how_to_start_a_movement? https://www.ted.com/talks/derek_sivers_how_to_start_a_movement?subtitle=ja（2024年8月1日閲覧）

れからイマニュエル・ウォーラーステイン（Immanuel Wallerstein）の世界システム論であり，本当に一気に世界が広がるような体験をさせてもらいました。あれはすごく大きかったです。学生時代に，社会科学をそれなりに自分としては，やったつもりでいたのだけれども，それは非常に限られた領域だったんだと気づかされました。当たり前だけれど，世界は広い，かつ思想の世界も奥深い，学問の世界も奥深いことを，大学を出てから実感するようになりました。

「生活の場からの地殻変動」

　その後，一旦大学に戻ったのち，日本生活協同組合連合会の出版部に入りました。出版部の仕事では，機関誌『生協運動』という月刊誌のデスクをやらせてもらって，全国各地を取材で回るようになります。これもやはり影響が大きくて，80年代半ば以降に各地の生協で，生活者の地域での多様な活動に出会うのです。それまで一応話として聞いていたものもあったけれども，実際，自分で取材をして，肌身で感じたものは大きく，それが「生活の場からの地殻変動」という言い方になっていきます。当時は，比喩的な意味で，地域の現場で地殻変動と言っていいような動きが起こっていた。生活者が身近な暮らしの場から，環境，福祉，教育，まちづくり，といった分野で動いていた。たんなる行政や企業との対立図式で動くというより，理論的にどこまで明確であったかは別としても，ただ文句を言っているだけでは地域（や社会）は変わらないというのが多分にあったのだと思います。では，自分たちでどうするかまでを考えていかないと駄目ではないかと。

　当時は取材して，現場で本当に生の声を紹介していました。政治的な立場やイデオロギー的な立場を超えてというか，それは一旦置いて，生活の現場で「これでは困るんだ」ということを言っていく。そして，ただ批判しているだけではなくて，どうしたら地域が変わるかという実践をしていこうとする。さらに言うと，いわゆるアドボカシーや政策提言と言われるような動きにも一部繋がって，例えば議員がその動きの中から誕生して，活動をしていた人たちが地方議会に入っていく。そうした動きが見られました。もちろん，だからといって，すぐにうまくいくわけではないのですが。

日本生協連での仕事として，月のうち半分以上は地方にいましたが，こういうことをやらせてもらったのは大きかったですね。人手はないので，取材して執筆して編集構成も全部自分でやるという，デスクといっても全部自分でやる立場でした。新評論時代は単行本の編集を学びましたが，生協時代には雑誌の編集構成，雑誌作り独特のノウハウが勉強になりましたね。

『生協運動』連載のために組合員を中心とした活動の取材をしていましたが，地域では生協の組合員に限らない範囲の活動にも立ち会うようになっていったのが，80年代半ばから後半です。それより少しタイミングが遅れて，NPOの議論が自分の中に理屈も含めて入ってきたという感じですね。この80年代終わりから90年代にかけてが，本当にいろいろなものがないまぜになって，自分の中で一種カオスにもなりながら，問題意識を見直したり，それを文字化したり，学問あるいは学生に対する授業の形でどういうふうに伝えられるのかを試行錯誤していたりした時代です。当時の授業はすごく実験的なものだったかもしれません。

市民的調査研究が成り立つこと

それから，トヨタ財団（後に21世紀社会デザイン研究科で同僚となる萩原なつ子さんも当時関わっておられましたが）の「市民研究コンクール"身近な環境をみつめよう"」は，市民活動に対して，特にその地域の研究活動と実践が結びついたようなテーマに助成金を出すという，当時としてはきわめて斬新なプログラムでした。選考委員（第5・6回）を，たんぽぽの家の播磨靖夫さんがやられていて，財団側には山岡義典さんや渡辺元さんがいらした時代です。

このプログラムではまず1年，最初の段階の助成で調査にお金を出して，次に実践的なプログラムの提案があった場合に，それに対してもう少し大きなお金が出るというものです。例えば，福井県の大野の地下水問題に取り組んでいるグループや，函館で町の建物の色を分析研究することによって歴史を探るという「元町倶楽部・函館の色彩文化を考える会」などですね。非常に多くの，ユニークな，地域の人だからこそ考えられる研究が出てきました。

私はそこにヒントを得て，この言葉自体，私のオリジナルかどうか分かりま

せんが,「市民的調査研究」というものが成り立つのだと気がついていった。後にNPO法人さいたまNPOセンターの創設に参加して, 代表理事は10年余りやることになるのですが, その時に, 市民的調査研究入門の講座をつくって, 埼玉県内のNPOの人たちと一緒にやっていたことがあります。そういうふうに後に繋がっていったのです。

2 「新しい市民活動」との出会い (80年代)

80年代〜90年代の問題意識

80年半ばぐらいから都留文科大学に行くまでの間, 生活クラブのシンクタンクである社会運動研究センター (後に市民セクター政策機構と改称) に出入りすることが続いていました。『社会運動』という雑誌の編集委員をやらせてもらっていたんです。「生活の場からの地殻変動」のような, 後に市民活動やNPOにも繋がっていく動きは, 生活クラブも生活者を前面に掲げていましたので非常に共鳴するところがあった。

生活クラブの創始者である岩根邦雄さんとの出会いも大きいです[2]。ここが私にとっても民間在野での研究拠点になっていましたね。『社会運動』誌にいろいろな形で連載をさせてもらいました。当時は生活者ネットワークの運動が地域で展開され始めていた頃です。生活クラブが政治に乗り出すのはもう本当に大激論で, ものすごい反対もありながら進んでいった。生活者・市民として生活クラブの代理人と呼ばれる人たちが, どういうことを掲げて, 議会に出ていってどういう活動をするのか。これを実際に調査研究することを『社会運動』でやっていました。例えば, 千葉県佐倉市のさくら市民ネットワークは, 非常にユニークで, 私はとても面白いなと思って, ずっと行っていたんです。

私と同世代で研究会などを一緒にやっていた若手研究者たちで現場にお邪魔

---

[2] 岩根さんとの長年にわたるやり取りを元にしてまとめることができたのが, 拙稿 (2016)「岩根邦雄――『おおぜいの私』による社会運動」『ひとびとの精神史 第6巻 日本列島改造1970年代』岩波書店, である。ちなみに, そこでも取り上げている, 藤原良雄・岩根邦雄・中村陽一 (1996)「出版という社会運動」『社会運動』190号, 社会運動研究センター, は藤原―岩根という珍しい (おそらく一度きりの) 組み合わせによる貴重な証言となっている。

していろいろインタビューを繰り返しながら，選挙の分析をしたこともよく覚えています。先ほど「生活の場からの地殻変動」と言いましたけれども，生活の場から市民自治的な形を通じて市民社会を形成していこうという流れの現場実践事例研究になっていったのだと思います。80年代，一方では社会運動研究センター，もう一方では消費社会研究センターという自分で立ち上げた現場でやっていきました。

　この当時の実践的な研究仲間は90年代につくられていく日本NPOセンターやNPOサポートセンター，市民社会創造ファンド，立ち上げから一緒にやったパブリックリソースセンター（現在のパブリックリース財団）といったところにいるキーパーソンたちです。トヨタ財団や日本ネットワーカーズ会議関係だと渡辺元さんのような，半分学究肌でもある現場のプログラムオフィサーとのお付き合いも深まっていきました。市民活動では播磨靖夫さんたちが，それまでのいわゆる市民運動とは違うアートの流れからくる問題意識も生かしていた。エイブル・アート・ムーブメントがまさにそうですね。

　こうして次々と新しい活動の展開があり，一方ではNPOという仕組みの法制度化も含め，日本社会にビルトインしていこうという動きにも関わらせてもらうことができました。80年代後半から90年代にかけて，都留文科大学に行くまでの間に現場と研究の場の往復の準備運動という機会を，市民活動やNPOの現場でさせてもらえたのは本当に大きかったです。これがなかったら，その後には繋がっていなかったと思います。研究／実践上，この時代の蓄積は大きかったですね。

社会変革はどのようにして起こってくるのか

　問題意識の原点はやはり大きく言うと，社会変革はどのようにして実現させることができるのかです。社会学的に言うと，社会変動を「どのように起こすのか」というよりは，「どういうふうにして起こってくるのか」ということへの関心からスタートしました。最初は机上の形式知的な問題意識でしたが，現場でいろいろと仮説が裏切られるような経験もしながら，単純に形式知的な切り取り方の行間にあるものへの感覚を持つことになりました。

例えば，社会変革の道筋や社会運動論のような見地は大筋間違っていないと思いますし，資源動員論をはじめとして自分の中に生きているのだけれども，現場に出ることによって自分の問題意識が実践的に深まった気はします。ですから，単純に社会変革というよりは，そのプロセスに関心がシフトしていったのかもしれません。大学の卒業論文は，本当にそれこそ社会変革をいかにして成し遂げるかという大上段に振りかぶった問題意識で書いたわけですが，いま思うと，（当然のことながら）現実的な裏付けは必ずしもないところでの「筋書き」でしたね。

つい先だっても，あるワークショップで目標，ターゲット，アクション，社会的な成果をまとめましょうというやり方が出ていた。目標やターゲットから入ったら，結局机上の形式的な話になってしまう。本当は何を実現したいのかを「こういうことをやりたいよね」「こういうふうになるといいよね」「こういう地域になると楽しいよね」といったアクションから話が始まらないと。ターゲットが何で，目標が何で，という議論になると，結局は形式知で覚えたものの発想から出られないから「それはよくないんじゃないの」と言ったのです。そういう発想は，多分80年代から90年代にかけての現場とのやり取りの中で自分の中に生まれた問題意識のさらなる展開だったのだろうと思います。

これがアカデミックな場でも「伝わりそうで伝わらないな」「どうすれば伝わるかな。でも，難しいな……」とずっと思い続けていることですね。本当は伝わるようにする手立てをもっと発見していかなければいけないのでしょう。おそらくアカデミックな場で，形式知を武器にして議論をしている人たちの中で，その道具立てを使って納得してもらえるロジックを出していくしかないんでしょうけれど，正直，そこには中心的な関心は今はないです。もっと現実に対するアクションをしたい，そういう気持ちになってきたのも，80年代から90年代の現場実践／現場体験の影響があるかもしれません。学会などでテーマセッションをやらせてもらったりするなかで，そこはやれる人ややりたい人がいっぱいいるので，自分がやることじゃなくてもいいんじゃないかなと段々思うようになりました。自分の得意分野でやるべきところをやろうという気持ちを固めることができた時代であったかもしれないですね。

暗黙知-経験知，形式知-専門知，市民知-実践知，この3次元の知の立て方自体が実は形式知的なのです。形式知-専門知的に見ると，こういうふうに知は類型化されるのではないかという話です。そこに議論の面白さと，ある種の落とし穴と両方があると思います。分類をすると何となくわかった気になる。知というものは，こういうものだというような。机上の議論としては，おそらく満たしているのだけれど，一方現場では——現場と言っても，運動の現場もあれば，仕事の現場もあればいろいろな現場があるのですが——ごく一部の人を除けば，そういうふうに知の類型があって，やっていることを形式知-専門知化して，さらに市民知にしてといったことを考えている人はほとんどいないです。あるのは目前の課題をどうするかという意識ですね。

社会的現実の多重性

最近の話ですが，企業でもパーパス経営やウェルビーイング，ESG投資に対してどうするか。そういうことが，企業社会で言われるようになっています。そこでは，我々がやってきたこととの接点が拡大しています。先日もあるフォーラムで，懇意にしている社長さんがスピーカーでした。その方は，実践をちゃんとやってらして素晴らしいと私は思ったんですが，現場の建築関係の人が「こんなこと言ってたら，地域では会社が潰れる」と言っていました。

まさにこれが現場の一側面を表した発言だと思ったのです。様々な現場と呼ばれる場のリアルですよね。リアルを無理やり切り取っていくのが学問のやり方で，そうしないと学問は何を言っているのか分からなくなりますから仕方がないのですが，現場は簡単に切り取れるものとして構築されていない。いわゆる社会的現実の多重性／多元性があります。

そこを踏まえて，その社長さんの言葉を借りると「リアルから逃げない」というスタンスで研究なり実践なりを続けていこうとするならば，たとえプラスチックワードになりかねないような言葉でも切り込んでいくこともまた大事だなと思います。例えば，政党支持で保守に近い立場の人でも，まちづくりという現場では一緒にやれるところがでるんですね。選挙になると立場が違ってしまうけれど，「このまちのこの環境を何とかしてくれないと困る」というとこ

ろで，コラボレーションが起こる。そういう現実を取材中に何度も目の当たりにして，今更ながらでしたけれど，運動というのはすごく重層的だと思いました。その中で，どういう選択をしていくのかは，本当に問われるし難しい。それは，今の企業を社会と密接に結びつけた形で変えていくことで世の中を変えていこうとする動きの前にも立ちはだかることですね。

　学問や研究という業界の人向けに説明する論理を，社会変革にそのまま当てはめることはできない。参考にはなるけれど，それで共鳴してくる人は，おそらくごく一部ですから。ただし，現場の活動家の論理だけで動かないのも事実です。論理だけで変わるのだったら，世の中もっと早く変わっているが，そうはならないところに難しさがある。いわばロジックと非ロジックの相互運動を意識せざるを得ない。それは 1 人の人間ではできないので，多様なアクターの協力／協働といった話になってくる。

3　"NPO" というツールの発見（90年代）

NPO法成立前後の動き

　80年代終わりから90年代にかけて私自身がNPOにぐっと入っていく。背景は当時の市民運動って食えないものだったんですね。それで身を立てて生計を立てていくのは本当に一部の人しかできない。そこから継続性の問題が出ていた。それだと，結局，石にしがみついてでもやるぞみたいな人だけが最後まで頑張る構造でしか続かないですね。特にその中で理想に燃えた若い人が現場で酷使されてスポイルされていくんですよ。消耗戦でしかない。金も権力も情報も持っている相手にこれでは勝てるわけがない。

　例えばべ平連（ベトナムに平和を！市民連合）の時代でも参加していた人たちは定職を持ってる人たちや文化人・知識人だったりで食える傍らでやっていた人が多かったんですよね。そういう運動の意味はもちろんあるけど，それしか残れない。それはちょっと厳しいよね。だから，食える市民事業／食える市民運動みたいなことが当時すごく言われていたんですよ。中部リサイクル運動市民の会の萩原喜之さんがそのことを強調していました。大地を守る会が有機農

産物の産直宅配を通じて一部実現させていったり，それからリサイクル運動の事業化を通じてそこが実現していったり，また，地域で有機農産物の八百屋さんができて展開していく中で，一部「食える市民事業／食える市民運動」が成り立っていく。この流れが80年代半ば過ぎの日本経済新聞でも1回取り上げられて，当時の若者たちが今こういうところに目を向けて就職活動を行ったりしていると，新しい動きとして紹介されたんですよ。

　80年代後半から90年代にかけての市民運動や市民事業は社会運動的に捉えられていて，一般の人からすれば何かちょっと違う世界，もっと言うと何かちょっと怖そうと思う世界の中にあったと思います。そこから，食える（仕事になる）というところを接点にして，うまく回路を見つけ出していくものが出始めた。私も話を聞くなかで，例えば大地を守る会が協同組合でいくのか株式会社でいくのかで大激論したりしましたが，株式会社にするという発想は新しかったですよね。私の当時の感覚でいくと「え，株式会社？」と思いましたから。

　そういう中で，当時らでぃっしゅぼーやにいた徳江倫明さんと社会運動研究センターで話していたときに，「中村さん，知ってる？ 欧米では市民運動が人を雇って給料出している組織がたくさんあるんだよ。NPOっていうんだけど……」と教えてもらいました。だけど日本ではまだNPOの研究なんて本当にごく限られた研究者しかやってないし，論文だって日本語で読めるものもほとんどなかったですから英語のものもチラチラ見たりしていたんですが，それだけではイメージがわかないですね。

　もうちょっと具体的に捉えたいと思っているところに，『ネットワーキング——ヨコ型情報社会の源流』（プレジデント社，1984年）の著者であるジェシカ・リップナック（Jessica Lipnack）とジェフリー・スタンプス（Jeffrey Stamps）が日本に来るんでシンポジウムをやると『朝日ジャーナル』に広告が出ていました。その広告に第一総研と書いてあったから直接電話したんですね。「参加したいんですけど」と言ったら，たまたま電話をとった山岸秀雄さんが「どういうことやってる方ですか？」と。申し込みの電話だけで終わるつもりが1時間以上話しちゃって，それで会場でまたお会いしましょうみたいな感じ

になりました。会って話したら，NPOサポートセンターをつくろうと思ってるって言い出して。『ネットワーキング』の話もすごく面白かったので，ぜひにと言いました。

1992年の夏にアメリカ国務省（の米国交流情報庁）のインターナショナル・ビジター・プログラムで，寺田良一さん（当時，都留文科大学。後に明治大学）や生活クラブの当時組織運動のところの責任者や職員の5人ぐらいの構成で三週間渡米しました。現場でNPOの活動とそれを支援する財団や企業あるいはネットワーク型組織を東から西まで30カ所近く回りました。アメリカ政府も小さな政府を目指していく流れでNPOへの補助金を削減することとなり，その前から多くあった伝統的NPOが経営的に成り立たなくなっていた。その中で，ニューウェーブのNPOという，今で言う事業型NPOをつくって展開している環境系の団体もあれば，ラルフ・ネーダー（Ralph Nader）がやっているパブリックシチズンのようなアドボカシー型の団体もあり，非常にたくさんのタイプが出てくることになった。他にもコミュニティデベロップメントに関わるCDC（Community Development Corporation）もありますね。制度的な背景も聞くと非常に面白いし，すごいシステムだなと思った。

ただ，アメリカ人にとっては，我々は不思議な来訪者だったみたいです。NPOのことが知りたいということで我々は訪れたのですが，「なんで？」というわけです。「NPOは単なる仕組みだから，それで何をやりたいの？」という感じです。いろいろ話していると「君たちが求めているのはグラスルーツデモクラシーだね」ということになり，「グラスルーツデモクラシーチーム」という名前になりました。

今から考えれば，アメリカ型のNPOとは違う他の選択肢はもちろんあったと思います。社会的経済がヨーロッパでは強いので，アメリカではNPOとして必ずしも認められていない協同組合的なものも連携したサードセクターの構築といった議論になった可能性も考えられます。ただ，アメリカのNPOを見たときの印象は鮮烈で，こういう仕組みを日本でもつくりたいねとなりました。飛行機で帰るときに鶴見和子さんのお弟子さんだった谷口吉光さん（秋田県立大学）という有機農業の専門家とばったり会って，将来日本でこういう仕組み

をつくりたいねと盛り上がったのを覚えています。

　この時の3年後の阪神・淡路大震災で機運が醸成され，想定以上のスピードの展開を迎えました。紆余曲折ありながら1995年から1998年の間に本当にみんながたいへんな思いをして，何とか特定非営利活動促進法（NPO法）ができるんですね。時代の流れともリンクしつつ，社会変革や市民社会構築の非常に有力な方法／手段として，NPOという仕組みを日本に定着させるのは良い選択肢ではないかと多くの人が思ったのでしょう。だからこそ大きなムーブメントになったんですね。

　ただし，阪神・淡路大震災のことはもちろんありますが，それ以前からも動きはあったことは忘れてはいけないですね。確かに震災後のボランティア活動の盛り上がりのなかで，長く政権政党である自民党もそこに着目せざるを得なくなったので，ティッピングポイントを超えた感じです。いろいろな市民活動を展開していた人たちが，NPOというキーワードや軸で大同団結したのは大きかった。多分みんな思い描いてたNPOはちょっとずつ違っていたと思いますが，とにかく法制化をめざそうとなった。松原明さんたちのシーズ=市民活動を支える制度をつくる会が推進エンジンとなる組織として，いろいろな資源が投入され，日本の市民運動があまり得意ではなかったロビイングにきちんと取り組むこととなりました。

事業性と運動性と突破力

　中村陽一＋日本NPOセンター編『日本のNPO／2000』（日本評論社，1999年）の冒頭で市民活動という言葉はどこから出てきたのかについて書きました。いくつかある背景の一つに市民運動という言葉を避けたいというのがNPO業界の一部にはあった。市民運動というと「ああ左翼ね」と思われるのを避けたい。運動じゃなくて活動なんだとなった。でも，広い意味での運動性を創出していかないとNPOがNPOたりえなくなるんじゃないかという意識はありました。運動性と突破力がないとNPOは世の中を変えられない。

　同時にNPOは日本の産業界が初めて公式に関心を示した市民運動なんですよ。欧米の動きを見ていた企業では，コーポレートシチズンシップがこれから

大事になってくると思った人たちが出てきました。日本経済団体連合会（当時）の田代正美さんなどです。それまで企業と一線を画してきた人たちは警戒もしたけれど，一方ではうまくこの流れは生かした方がいいんじゃないかという感じにもなりました。だから何とか際どいラインに行きたいなと思っていました。企業との接点がNPOに対していい刺激になった面もあります。

　NPOは以前の市民運動時代からの流れで正直ゆるすぎる運営だったところもあるわけです。それに対して，企業はお金を出すからにはちゃんとやってもらわないと困りますと，田代さんなどは言いました。例えば，支援物資を途上国に送るといっても，どういうロジスティクスで現地に届けるのか，現地の支配層が横取りせずに民衆の手に届くようにするにはどうするのかをきちんと考えてこそ，成果が上がるんですといったことを言うわけです。NPOの一部には教育効果があったのは事実ですね。

　事業性と運動性の両輪の話ですね。後にソーシャルビジネスのいわゆる定義付けで「事業性・社会性・革新性」の3つがよく使われていますけど，そこに連なる発想ではありますね。でも，あの頃NPOコンサルが大流行りになって，どこかで聞いてきたような経営論を振りかざして，NPOはこういう経営をしなきゃいけないという人がいっぱい出てきた。言ってることは理屈として大まかには間違ってないけれど，形を整えることにばかり注力をしたときに実際の現場の運動がおろそかになっちゃうんじゃないか，むしろ何やってんだか分からなくなるんじゃないのっていうのが私が抱いた危惧でしたし，実際にそういうふうになっていくところも増えました。

　そう思うとレスリー・R・クラッチフィールド（Leslie R. Crutchfield）らの『世界を変える偉大なNPOの条件』（ダイヤモンド社，2012年）はすごく面白い本です。運営は結構ぐちゃぐちゃなんだけれど，外の力や関係性を生かして社会に対するアウトカムを打ち出しているNPOは，きちんと面白いことをやってるという議論になっています。だから事業性は大事だけれど，運動性と，理屈だけで詰めていったときには出てこない突破力が大事。このことをソーシャルアートといった言い方でうまく表現できないかなと最近では思うようになっています。

第1章　社会デザイン研究の歩み

協同組合とNPOを結びつける研究

　NPO業界での当初の私に対する周りの認識は生協出身の人だと思うんです。協同経済は自分のルーツの一つだと自分でも意識して，非営利・協同セクターの議論が出たときに生協総合研究所の研究チームで，川口清史さん（当時，立命館大学）や富沢賢治さん（当時，一橋大学）らと北海道で合宿をしたりもして，『非営利・協同セクターの理論と現実』（日本経済評論社，1997年）を出した。ですから，ヨーロッパにおける社会的企業の議論，社会的経済や連帯経済まで研究は広がっていきました。

　中村陽一＋21世紀コープ研究センター編『21世紀型生協論』（日本評論社，2004年）に結びついていきます。あの頃に首都圏コープ事業連合（現在はパルシステム生活協同組合連合会）の下山保さんと，生活クラブから生活者の運動を展開してきた岩根邦雄さんに密着して彼らの考えてきたことのインタビューをしました。岩根・下山の対話も行ったけれど，お互いにちょっと照れがあるからなのか，反発せずにお互いを褒めるんだけれど，当時の私の時間的余裕のなさもあって，残念ながらそこから先に進まなかったのが悔やまれます。同時代のカリスマ的リーダー同士の対話の場をつくるのは意外と難しかったですね。残念ながらお蔵入りしちゃったので，せめて岩根さんのインタビューを生かそうといって出したのが『ひとびとの精神史　第6巻　日本列島改造1970年代』（岩波書店，2016年）に収めた論文です。

　その頃から，共同購入というシステムが限界を迎えていました。生活全般の変化もありますが，女性の立場の変化も大きい。家に誰かがいるという前提で共同購入システムは成り立っていましたが，みんな働いていて成り立たなくなっています。下山さんは専業主婦を前提にしたシステムはあかんだろうと個配を言い出して，三和総研も入って物流の研究と合わせてやることになった。私はすごく面白いなと思ったのですが，中村は生協運動の協同性を破壊する議論を立てているとすごく批判もされました。でも，基盤が揺らいでるところでそれを言っても幻想でしょうという感じを私はもっていたので，個配の中で協同性を追求することにしました。大地を守る会などで実現してきたことですね。

　下山さんはその先のことも言っていた。全国の生協の配送車はものすごい数

なわけで，これは相当な環境破壊をしているし，交通問題にも繋がっている。これを合理的に再編する大きな仕組みが必要だと言っていました。生協もいろいろな流れがあるので，簡単には実現しなかったですが，そういう視点が下山さんや岩根さんにはあった。革命家をめざした良き活動家の遺伝子が生きていると思いましたね。

　生協運動のなかの班活動組織という考え方は良くも悪くも地域密着なわけです。山形の鶴岡のシステムを学んでスタートしたものですから，地縁的な繋がりも一方にあるなかで動いていたシステムなのです。ですから，都市部では徐々に難しくなっていき，変わっていかざるを得なかった。首都圏コープは個配，生活クラブはデポーやワーカーズ・コレクティブなどのやり方で，共同購入を少しずつ組み替えていくことになりました。そのときに市民活動的な発想の仕方やノリは活きたと思います。協同組合とはあまり関わりなくやってきたNPO関係者も徐々にですが，パートナーとして考えるようになったのかなと思いますね。

　阿南久さんという，後に消費者庁の長官も務めた東京の生協連の重鎮だった方がいるんですが，彼女とはNPOのなかでの議論は非常に参考になるんだと話していましたね。生協において，「協同組合の基本的価値」の議論というものが国際的な運動の流れであって，ヨーロッパだったらNPOを見てるんですよ。日本では協同組合といっても生協が中心ですけど，NPOとのコラボがこれから世の中を変えていこうとしたら大事だよねと。生協の組合員は全国でものすごい数です。言い方によっては日本最大の大衆運動です。なのに，NPOに入ってきていないのはすごくもったいないと私も素朴に思ったし，この連携ができればかなり大きいと思ったんです。三和総研と一緒に個配の研究をやったときに，企業の人が出した疑問がすごく面白くて，「生協の方たちは危機だ危機だっておっしゃるんですけど，事業高や組合1人当たり利用高などの数値を見たら，これはまだまだ伸びる産業ですよ。なのに危機だと仰っている。それがよく分からないんですけど……」といったことを言われて目から鱗でした。逆に言うともっと活かせる余地があるなと。

　なお，1992年に刊行された東京都生協連国際活動委員会事務局編『生協と女

性・政治――東京都生協連「協同組合の基本的価値」連続討論会の記録 (3)』（コープ出版）に「生協運動とフェミニズムとの『対話』」というテーマで私がお話しした記録が掲載されています。生協の現場は女性が運営してるにも関わらず幹部はほとんど男性という非常に典型的な構造に対する生協の組合員たちの問題意識は薄かった。非常に不思議というか矛盾だよねということを公的に投げかけました。そういう流れがNPOや市民活動、その後の社会デザインに繋がる問題意識の先駆けになったと思います。これを生協総合研究所の助成で「成熟した市民社会に向けての非営利市民セクター形成と生協」（1995年）としてまとめました。

　その後、須藤修さんや吉見俊哉さんなど当時の東京大学社会情報研究所（現在は私も特任教授を務める大学院情報学環）の方々ともつながった。須藤さんたちがマス・コミュニケーション学会に新しいテーマ性を持ち込んでいく動きがあって、その一環としてNPOや市民活動のネットワーキングを取り上げていくことが必要だとなり、私に白羽の矢が立ちました。「複合的ネットワーク論」として、協同組合運動とNPO・市民活動と、その後の社会デザインを繋げることになりました。阪神・淡路大震災もあって、日本ネットワーカーズ会議の報告書の中で、渡辺元さんと一緒に「日本におけるボランタリー活動の現状と課題」（1995年）という論文を書いたあたりが協同組合研究からNPO研究へシフトしていく感じです。

　何か次から次へと新しいものに飛びついてやっているように一見見えるかもしれないのですが、ここまでお話しした諸々のことを繋げながらやっているつもりです。例えば地域通貨も、分散型自律組織（DAO）の中でトークンを使えば再生できるんです。そこから、例えばいまは長岡市となっている旧・山古志村での展開で知られるようになったNFTアートによるデジタル村民拡大のような動きが見通せてくる。長くやっている人間が、そういえば「あれってこれと結びつくよね、あれをこういうふうにすると現代的になるよね」とやっていくことが大事でしょう。

4 NPOの「頭打ち」からソーシャルビジネスへ（00年代前半）

早くもNPOは「頭打ち」？

　立教大学の21世紀社会デザイン研究科（2024年4月より社会デザイン研究科）は2002年の設立ですが，2000年前後の準備段階の議論の頃から参加させてもらっていました。日本ボランティア学会で栗原彬さん（当時，立教大学）とご一緒していた時期に電話がかかってきて，かくかくしかじかで今度詳しく話すねみたいに段々とですね。北山晴一さん（当時，立教大学）から最初にこの研究科の構想を伺うとき，当初の私のなかでの予想としては，NPOや市民活動を中心とした研究科をつくる話なのかもしれないなと思ってお会いしに行ったんです。でも，私は内心，2000年前後の状況ではNPOや市民活動を中心に掲げた学部なり学科なり研究科は時期尚早じゃないかな，大学の組織としても成り立ちにくいんじゃないかと考えていました。

　そうして北山先生に会って話を聞いたところ，それだけではないと。全体の構想としては，象徴文明，生命倫理などの哲学・思想的背景を持った話があった。私が深めていた分野ではない部分がたくさんあったので，正直面白いなと思ったんですね。当時「社会デザイン」と聞いても漠とした印象しかありませんでした。けれども，これは転換点をつくりうる場になるかもしれないと思ったんですね。というのは，NPOに早くも「頭打ち感」が見え始めていたからです。全体としては勢いがあって，NPO法人の数も増えていたし（現在は漸減傾向），世の中もようやくNPOを認識するようになっていました。トレンドになり始めたところもあって私にも声がかかったと思うのですけれども，このまま行って大丈夫かなみたいな感覚は正直ありました。

CSRインターンシッププログラムという転換点

　21世紀社会デザイン研究科に着任して，それまで付き合いが厚かったとは言えない，企業との関係性で日々目を見開かされる部分がすごくありました。昔は私も正直「企業は悪だ」と思っていましたが，企業にもいろいろな変化が

あって，魅力的な発想を持つ個人が出てきていることも段々わかってきました。

何より21世紀社会デザイン研究科に入ってくる院生にも企業社会でバリバリやってる人がいて，何らか社会のことを考えて，変えたいと動いている人も出てきていることに気がついた。私にとっては未開拓の領域の魅力をすごく感じたんですね。そして，2005年からCSRインターンシッププログラムに取り組むことになります。これは文部科学省「派遣型高度人材育成協同プラン」に選定されたのですが，研究科も私も転換点になったプログラムになったと思います。

机上の議論としてCSRは知っていたけれども，「企業の社会貢献活動」だけでは語り尽くせないものが出てきているな，企業の中にも本気でCSRに取り組もうとする人々が現れ始めているな，こうした感覚があった程度でした。当時経団連で社会貢献活動担当の中心を担っていた長澤恵美子さんに事前相談した時には，「自社のCSRを推進することはまだしも，会社員である人がいくら院生と言っても，他の会社に行って手伝うのはちょっとありえないんじゃないですかね」みたいなことを言われましたが，生来の負けん気が起きて少数精鋭で始めたんです。幸い他社プランに参加してくれる院生も出てきて，その活動自体も面白かったですが，より面白かったのは当時のいろいろな企業のCSR担当者40〜50社が研究会に手を挙げてくれたことです。当時のCSR担当者は横の連携が意外となかったんです。建前上は企業戦略の根幹と言っていたから，なかなか他社と情報交換しにくいですよね。そういうこともあって，大学という中立的な場だからこそネットワークできたところがあります。

NPO・市民活動とは別世界だとの受けとめ方を企業からされなくなってきて，企業が敵という発想もなくなりました。連携できるところで連携すれば，NPOの力が足りないところを補えて，面白い循環が起こってくるのではないかと，これこそ社会デザインだと思うようになって，本気で取り組んでいきました。関連するところでは，日経ビジネススクールとの「ソーシャルデザイン集中講座」を2012年からスタートさせました。東日本大震災もあって，もう一度市民活動やNPOにスポットが当たりましたし，企業も支援活動をずいぶん本気でするようになっていたので，その流れともリンクすることができました。2007-2008年から2012-2013年ぐらいは，NPO研究よりも企業とのコラボレー

ションをテーマとしていました。

ソーシャルビジネスへのシフト

　NPOの頭打ち感が最も端的に現れたのは、食える市民事業のシステムになり切れなかったという現実です。NPO法の縛りという問題もあるし、NPOという組織自体が収益事業をするためにつくる組織ではないというところもある。何とか継続させることはできるんだけれど、それ以上発展させていくのはなかなか難しい。ただ、NPOが事業性を持って継続させていくことが仮になかなか困難だとしても、運動性のところが十分発揮されて、NPOがやっぱり世の中を変えているということになってくれば、それはそれでNPOのあり方として良いとも思っているのですが、必ずしもそうなっているとは断言できない。
　NPOって行政のお金使ってるだけじゃん、結局「下請け」じゃんみたいなことを言われて反論しきれない部分もあるし、言ってみれば政府・行政にとっても市民とやってますよというアリバイ作りにもなっていたわけです。それを決定的に思ったのは、さいたま市市民活動サポートセンター問題でした。さいたま市の対応には「やはり行政の本音ってそこなんですね」と思わざるを得ませんでした。
　私はNPOが駄目だ・役に立たないとはもちろん思いませんし、むしろNPOの発展は日本社会のこれからにとっても不可欠と思っていますが、90年代後半はNPOにあまりに全ての期待と夢を込めすぎたという反省はあります。コミュニティの新しい希望となり、社会変革につながるアドボカシーが全部実現するとなればいいですが、そこにはまだリアリティはない。その時に企業や事業性という要素がエンジンのようなものとして絶対必要だという感じが強まってきましたね。そうして、ソーシャルビジネスやコミュニティビジネスに接近していくこととなりました。ソーシャルビジネスやコミュニティビジネスは事業性を持った運動が必要だという話の延長線上ですね。だから、NPOを経由してる部分もあるし、運動性から事業性をどう繋げるかという発想は強かったように思います。その頃に経済産業省「ソーシャルビジネス推進イニシアチブ」の座長になりました。

2009年に書いた論文「社会デザインとしてのCSR」にもこうした問題意識はつながります。CSRも企業が儲かってる時には何かやれるかもしれないけれど，いわゆる企業イメージを上げるところで利用されて終わりみたいなトレンドになってしまうかもしれないという危惧を抱いていました。企業によっては非常に真面目に一生懸命やっている担当者もいたのですが，そういう人たちの思いを活かすためには，CSRを半歩前・一歩前に進めていかないといけないんじゃないかという基本的な問題意識を持ちました。

　東日本大震災以降はCSRの担当者レベルでもソーシャルビジネスってちょっと面白いね，NPOとは何か違うんですかねという話が入るようになった。そこで，NPOが直面していた現実の壁を超える意味でも，社会性と事業性を兼ね備えたソーシャルビジネスというあり方，社会的課題に対してビジネスの手法で取り組む動きはこれから面白くなっていくと思いますよという話をしていました。そこで，企業社会の尺度でいうCSRという枠組みを超えていかないといけないという先進的な問題意識を持ってらっしゃる企業にはソーシャルビジネス推進イニシアチブに誘いをかけました。

　CSRをもっと社会デザインというウイングに寄せていく。引き付けて引っ張っていくことが大事じゃないかと思っていました。いつもの私のやり方ですが，最初はスローガンというかキャッチコピー的に社会デザインとしてのCSRという言葉を打ち出して，その中身はいろいろ議論しながら考えていこうと。最初から目標や対象，定義を決めちゃうと，そこで終わっちゃう。下手すると学者の論文で終わりになりかねないので，そうではないダイナミックな運動やアクションにしていくことが大事だと思っています。

　CSRにしろ今日のSDGsの動きにしろ，企業価値を高めるためということはもちろんあっていいんですが，それを最終的なミッションとするのではなく，要は企業も社会の公器でしょうということです。世のため人のために始めたものという原点，本来のあり方に企業やビジネスを立ち戻らせるためには社会デザインという発想や方法論が活用できるんじゃないかと考えています。

5 人びとの社会デザインの選択肢を増やす（00年代後半〜10年代）

　2010年代以降に入って今に至る間の動きは，様々なセクターの壁を自由に行き来していく，壁をそもそも溶解させていくような話になっていると思っているんです。私は何もソーシャルビジネスやコミュニティビジネスとNPOを対立させたいわけではなく，あるいは取って代わろうというものでもありません。ただ，シンプルに選択肢が増えることが良いことだという発想が私のなかにあるので，NPO以外の選択肢もあっていいんじゃないかと。

　ソーシャルビジネスや社会的企業という選択肢を選ぶことによって，NPO法人ではできなかったかもしれないこともできるかもしれない。すると今度はソーシャルビジネス化していく，あるいNPO化していく企業も出てきたりするかもしれない。結局，民間企業であろうが，NPOであろうが，ソーシャルビジネスであろうが，「社会性」と「事業性」と「革新性」，そして一番重要な「関係性」という4つの要素を兼ね備える特徴を持った組織が出てくる。そうなると個人や市民にとってもいろいろな選択肢が用意されれることになります。また，その活動間でのコラボレーションも今後展開されてくれば，全体としては世の中を構造的／論理的に変えていくソーシャルデザインが可能になる道筋ができてくるんじゃないかというのが戦略的な見方ですね。楽観的という批判もあるかと思いますが，実践というのは基本楽観的でないと前には進められないですから。前に進めながら，課題が浮上してきたら（おそらく必ず浮上してきますよね），都度都度，探究していくことで，実践のレベルも上がっていきます。

　そして，今お話したような様々な組織形態が各セクターにあって，それらが越境し合いながらコラボレーションしていくことは，人・物・金・情報全てのリソースを有効に活用できるチャンスが社会に生まれることではないかと思っています。逆に言うと今はそういうリソースがうまく活用できていないのが日本社会だと思っていますので，そこを何とかしたい。自分はNPOで頑張りたいという人もいていいし，自分はもっと社会性を持ったビジネスをやりたいという人もいていいし，ビジネスを極めたいという人ももちろんいていい。

今までは基本的にあまり他の世界は覗けないことが多かったのですけれども，ようやく越境が少しできるようになってきた。もっと言うと，セクターを色々シフトしながら生きていく人たちがどんどん出てきた方がいい。その方が今の若い世代にとっても，もうちょっと面白くやれるよねという感覚も持てるでしょう。

　かと言って，市民社会はそういう自立した強い個人の集まりである必要はない。正直なかなか自立できないんだよねという人を含めた市民社会であってほしいと思います。補い合うところが市民社会の良きところでしょう。その上で，多様にオルタナティブなチャレンジができる社会とするためにも，社会デザインの特質である越境性や学際性，総合性を活かして，自在に組み合わせを変えていける基盤を提供したい。そうなると社会デザイン学もさらに面白くなるんじゃないかと思いますね。

ぬるいソーシャルデザインはもういらない

　最近，「ぬるいソーシャルデザインはもういらない」という言葉を使うのですが，「ぬるさ」というのは要はやっていることのレベル感です。「何か僕たち，よきことをやってるよね。それで，よかったよかった」というのではいやだ。それは「ぬるい」と思っています。あえていうなら，たんにソーシャルグッドだけではもはや生ぬるいなと。

　カンヌライオンズという広告賞があるんですけど，欧米の各社が出してるものは，もはやそのソーシャルグッドなんて生易しい話ではないのです。例えばコカ・コーラ社を取りあげましょう。ハーモナイゼーションをコカ・コーラはこれまで推進してきましたと，それを超えるため農家と協力してこういうふうにやってますと，ここまではよくある「我が社はこんないいことやってます」広告なのですが，続きがあります。実はそうした動きの裏で，農家が周りの人たちから責められたりするんですね。なんだかんだ言って，お前はコカ・コーラの手先かと。その中で，農家の人はこれでいいんだろうかと考え込むことになります。つまり，自社がやっていることは素晴らしいです，我が社はいいんですよということを言うだけじゃなく，いっぱいある矛盾を検討中ですといっ

たことも含めてコマーシャルにしているのです（これまた，非常に高次の企業戦略とみることも可能ですが）。

　アメリカの銃社会に対するコマーシャルも秀逸で，ある男が銃砲店に買いに来る。で，その店主が「どんなのがいいですか」「これは素晴らしいです」といろいろと紹介する。最初はそういう銃の機能を一生懸命話しているのですが，そのうち店主が「これはね，どこそこの銃撃事件で使われた銃なんだよね」「これはどこそこで，生徒がいっぱい殺されちゃった事件の銃なんだよね」といろいろと言い出して，お客さんがドン引きになるという構成になっていました。こうしたインパクトが強いものを見ると，「やっぱり社会運動ってこうじゃないと」という気持ちになります。

　かつて企業が外部不経済として「環境」への取組などを排除していたのと同じく，もしかしたら今のソーシャルビジネスも社会課題と自分たちが考えているもの以外を排除してしまっているのではないか，かつての企業と同じことをやっているんじゃないかという不安があります。自分たちが取り組んでいるテーマはもちろん頑張ればいいのだけれども，それで「素晴らしい！　僕たちが世の中を変えてるよね」みたいなのではなく，「そうは言っても，僕たちがやりづらいことはこんなにいっぱいあって，これをどうするかをこれから考えなきゃいけませんよね」というのが欲しいです。

　それは我々も一緒で，社会デザインという言葉のもとで，日の当たるかっこよさそうなことをやっているように見られがちだけれど，本当に社会のひどい貧困や格差に直接向き合う活動をやっている人たちがいるからこそ，実はソーシャルビジネスもできているところもあるので，複眼的な思考が必要ですよね。

ソーシャルデザイナー人財とは

　21世紀社会デザイン研究科がめざす人財像は何ですかと聞かれたときに，ソーシャルデザイナーという像を想定してきましたが，それは職業ではなくて新しい職能として説明しています。考え込まれたカリキュラムを，その人の研究テーマに沿って履修していただくと，その結果として，何らかの実践が卒業後も継続されていくことになります。そうすると，後から，あるいは外から見

たときに,「こういうのもソーシャルデザイナーと呼べるのか」という感じになります。だから同じ実践をするにしても,そこの方法論や発想が研究科で学んだことによって,入ってきた時とはちょっと違ってきたとなってくれればよい。「これがソーシャルデザイナーです」と定義づけされた人財像にはならない。

つまり,ソーシャルデザイナーという固定されたものがあるわけではないけれども,それぞれ自分に引きつけた社会デザインらしいものの見方や生き方があるということ。そうすると既成概念や既成の枠組みのような常識からスタートするんじゃなくて,こういうこともやれるんじゃないのか,こういうふうに変えることもできなくはないんだと思ってチャレンジする人になるんじゃないか。あとは,その時代までに信じられていた価値を打ち破る,何らかの新しい組み合わせから生まれる価値を創り出せたら非常にいいと思います。これは本当に1日1日の小さな積み重ねの延長線でしかないのですが,20年前には「なんだ,その夢物語みたいな話は……」と言ってたことが,20年経った今日ではそうでもないねという話になっているということもありますね。そういうことがあると思って,やり続けられるのが大事だと思っています。

6 おわりに——編集・実践・研究

ピエール・ブルデュー（Pierre Bourdieu）が,実践家的研究者という言い方をしていますが,私はそれに加えて編集者という要素があると思っています。編集者と研究者と実践家という3つの要素をミックスさせながら私は取り組んでいるつもりです。特に,自分が何ごとかに取り組むスタンスとしては,この編集（者）というところが特徴的かもしれないと思いますね。

ただ,編集者といっても,本をつくるという狭い意味での編集者ではなく,世の中にある様々な課題やテーマを自分なりの問題意識で繋げたりアレンジしたりする発想ですね。これは大学でずっとやってきて大学の先生になっている研究者には,あまりない発想だと思うんです。自分のやってきた世界を文献を読んだりして深めていくことは,大学の先生は皆さんやられる。けれども,編

第Ⅰ部　社会デザインの足場を組み立てる

集者的な発想の仕方は，いわゆる従来の学問と相いれないですね。それをやっていたら，学者じゃないと言われるのがこれまでの学問ですから。

　昔は，そういう編集的なもの，自分の専門領域とあまり思われていないところへ手を出すのは，功成り名遂げた大御所がやることだったんですよ。しかし，時代は変わりつつあります。自分のことをどう呼ぶかと言うときに，コーディネーター，編集者／エディター，プロデューサー，ディレクター，ネットワーカー，いろんな言い方を考えたけど，どれに限るわけでもないし，どれでもあるみたいな感じですかね。

2022年10月8日収録

* 本稿は本書のためのオリジナル語り下ろしとして，川中大輔さん，菅井薫さん，志塚昌紀さんに聞き手となっていただいて収録し，最終的に中村が加筆修正を行ったものです。
* なお，本稿との関連で，2021年11月27日（第1部），22年1月22日（第2部）の2回にわたり「プレ最終講義」として行ったものと，2022年3月26日に行われた最終講義の模様は Youtube 配信をしています（リンクは下記）。

・プレ最終講義　第1部　https://www.youtube.com/watch?v=sgsE9gzLIQM
・プレ最終講義　第2部　https://www.youtube.com/watch?v=53HWq2YdxuU
・最終講義　https://www.youtube.com/watch?v=OsO4t_eLYt8

おすすめブックリスト

　「社会デザイン」について考えるとき，「社会」から入るのか，「デザイン」から入るのか，迷う場合があるかもしれません。答えはどちらもありです。〈「社会」をどう変える？〉から始めるもよし，〈「デザイン」を問い直す〉からスタートするもよし。結局，両者を往復することになりそうです。

　ただここに両者をつなぐファクターがあるかもしれません。例えば，〈知のありかたを問う〉ことと〈アート／哲学〉。さらに具体の現場では，〈場とつながり〉を考えることになったり，〈社会的企業とソーシャルビジネス〉の実践へと向かったりしながら，私たちは社会デザインの広場へといざなわれていくことになるのでしょう。

「社会」をどう変える？

　なかなか大きな命題ですが，R. ライシュによる現代の超資本主義社会が抱える問題構造の指摘，広井良典が提案する「創造的福祉社会（ないし創造的定常経済システム）」，そしてデジタル技術をはじめとした新たなツールとアイデアで未来の自治政府とプラットフォーム民主主義を構築しようというG. ニューサムらの構想は，それぞれへの反論も含め，刺激的な論点を提供してくれています。

　共通するのは，ポスト「限界なき経済成長」の世紀＝21世紀における民主主義と市民社会の問い直しはどうあることが望ましいのか，ということでしょうか。

●ロバート・B・ライシュ　雨宮 寛ほか訳（2008）『暴走する資本主義』東洋経済新報社
●ギャビン・ニューサム／リサ・ディッキー　稲継裕昭監訳（2016）『未来政

府』東洋経済新報社
- 宮崎省吾（2005）『いま、「公共性」を撃つ——「ドキュメント」横浜新貨物線反対運動』創土社
- 広井良典（2011）『創造的福祉社会——「成長」後の社会構想と人間・地域・価値』筑摩書房

「デザイン」を問い直す

　「デザイン」とはたんにきれいな設計を行うことではない、というのはようやく共通了解となりつつありますが、D. ノーマンの著作を皮切りに、ここではデザイン・ファームIDEOでおなじみのティム・ブラウンによるデザイン思考の提起、働き方と創造の現場を席捲しつづける「シェア」のデザイン、さらには21.5世紀へ向けての社会と空間のデザインを本スペースファウンダーでもある中村らが追究した仕事から考えてみたいと思います。

- ティム・ブラウン　千葉敏生訳（2010）『デザイン思考が世界を変える——イノベーションを導く新しい考え方』早川書房（ハヤカワ文庫、2014年）
- ヴィクター・パパネック　大島俊三ほか訳（1998）『地球のためのデザイン——建築とデザインにおける生態学と倫理学』鹿島出版会
- 中村陽一／髙宮知数／五十嵐太郎／槻橋修編著（2022）『21.5世紀の社会と空間のデザイン——変容するビルディングタイプ』誠文堂新光社
- 日本インテリアデザイナー協会ほか監修（1999）『日本の生活デザイン——20世紀のモダニズムを探る』建築資料研究社

知のありかたを問う

　社会デザインの基礎をなすことの一つに「知」のありかたがあります。すなわち、経験知-暗黙知、専門知-形式知、市民知（叡智）-実践知の相互往復からさらには融合をまなざしてみるということ。ここでは集合知と集合的な愚かさという両面を俎上に上げています。

- アラン・ブリスキン／シェリル・エリクソン／ジョン・オット／トム・キャラナン　上原裕美子訳（2010）『集合知の力，衆愚の罠――人と組織にとって最もすばらしいことは何か』英治出版

アート／哲学

「アートとしてのデザイン」，「デザインとしてのアート」というと，ことば遊びのようですが，社会デザインにとって，アートの思想と哲学は不可欠のものです。

その意味でも，ボリス・グロイスにより舌鋒鋭く繰り出される批判的思考，それとは対照的かもしれないモホイ=ナジがバウハウスでの教育方法の探究の後にシカゴ・デザイン研究所での教育をベースに総まとめを行った大著は，私たちを大いなる探究の世界へと引きずり込む力を持っています。

- ラースロー・モホイ=ナジ　井口壽乃訳（2019）『ヴィジョン・イン・モーション』国書刊行会
- エイブル・アート・ジャパン＋フィルムアート社編（2010）『生きるための試行 エイブル・アートの実験』フィルムアート社

場とつながり

社会デザインに言及するとき，これまたレギュラー登場者といってよいソーシャルキャピタル（社会関係資本または人間関係資本）とサードプレイス。いまや現場の主役といっても過言ではない「活躍ぶり」です。ここでは，各々の基本書といってよい2点を挙げます。さらには，そこで展開されるありようとしての「小商い」についても考えてみたいと思います。

- J. リップナック／J. スタンプス　正村公宏監訳（1984）『ネットワーキング』プレジデント社
- ロバート・D・パットナム　柴内康文訳（2006）『孤独なボウリング――米国コミュニティの崩壊と再生』柏書房

第Ⅰ部　社会デザインの足場を組み立てる

- レイ・オルデンバーグ　忠平美幸訳（2013）『サードプレイス——コミュニティの核になる「とびきり居心地よい場所」』みすず書房
- 平川克美（2012）『小商いのすすめ——「経済成長」から「縮小均衡」の時代へ』ミシマ社

社会的企業とソーシャルビジネス

　社会デザインの実践の一つに，社会性と事業性の双方を視野に入れるソーシャルビジネスや社会的企業があります。それらのありかたをめぐっても，多様な立場があるわけですが，ここではワールドワイドで代表的な存在ムハマド・ユヌス博士の著作と，日本の気鋭の研究者による社会的企業というありようの批判的問い直しの作品から考えてみましょう。

- ムハマド・ユヌス　猪熊弘子訳（2008）『貧困のない世界を創る——ソーシャルビジネスと新しい資本主義』早川書房
- 藤井敦史／原田晃樹／大高研道編著（2013）『闘う社会的企業』勁草書房

　「社会デザイン」へのアプローチの仕方は様々で，唯一の方法があるわけではありません。ここでは，私の経験のなかで考えてきた社会デザインへの扉をいくつかご覧いただき，「あ，そんなふうに考えることもできるのか」ぐらいに受け止めていただければと思います。ちなみに，本のセレクトもいうまでもなく絶対的なものではなく，ランダムなものです。　　　　（中村陽一）

※本ブックリストは，監修者・中村が東京・池袋の「HIRAKU IKEBUKURO 01 SOCIAL DESIGN LIBRARY」で行われている「常設展示 vol. 1 社会デザインへの招待」にて展示中の15冊について紹介するために作成したものを再構成しています。
※HIRAKU IKEBUKURO 01 SOCIAL DESIGN LIBRARYは，建築用ガラス卸業のマテックス株式会社が2022年4月から展開するサードプレイス「HIRAKU IKEBUKURO」の新拠点として，「知の回遊と編集」から私たちの持続可能なwell-beingを共創する拠点をめざして2023年5月にオープンした場です。JR池袋駅東口より徒歩10分ほどの場所で，1万数千冊の社会デザインに関する中村の蔵書を備えてい

ます。オープン後は，①社会デザインを探究し，ビジネスやコミュニティのデザインを構想する講座等のプログラム，②本を活用した常設および企画展示とシェア型で展開する本棚事業等を常時展開しています。

第2章
社会デザイン研究の拡がり

1 社会的排除に抗うコミュニティ・デザイン
―― 居場所とエンパワメント

(1) 社会デザインは何を目指すのか
社会デザインによる解放

社会デザインは社会システムと対立する理念である（北山 2012: 3）。社会システムの設計では，効用を社会編成の原理として，管理社会化による生産性／効率性の向上が目指されることとなる。これに対し，社会デザインの実践では，信頼を社会編成の原理として，人々が共に生きる歓びを分かち合えることが目指される。このため，社会デザインの実践は「生きる歓び」から遠ざけられている人々に関心を寄せることとなる。解放という概念を「構造的暴力の解除を目指して共同参加的にシステムを変革する営み」（ハーバーマス 1986: 174,183）という意味で用いるのであれば，「社会デザインによる解放」が「社会システムによる管理」に対置されよう。

社会デザインによる解放は，人類の歴史の進歩に資するものに他ならない。歴史の進歩とは，快の総量を増やすことではなく，人間の不条理な苦痛を軽減していくことで達せられるものだからである（市井 1971: 139-140）。現在の社会の中心部にいる人々にとっての望ましさからではなく，周縁にあって小さくされている人々が直面している苦悶／悲哀／困難から，社会デザインの実践は構想されていくのである。

マリリン・テイラーは，社会の権力バランスを変更して，排除や分断を緩和し，最も貧しい状態にある市民の生活を改善することがコミュニティ政策の眼

目であると述べている（Taylor 2011: 6）。そのため，コミュニティ・デザインの実践は，地域に関わる人々と協働して高次元の社会正義を達成することを目指すものとなる（Gilchrist and Taylor 2016: 9）。コミュニティ・デザインは単に人と人のつながりを創出することに止まるものではない。社会デザインによる解放の一環として位置づけられるである。

デザインという概念の含意

近代デザイン運動とそのルーツにあるアーツアンドクラフツ運動は「理想的な生活のあり方を批判的に問い直し，社会の倫理を回復しようと試みる」（上平 2020: 78）ものであった。ヴィクター・パパネック（1998: 43）も，地球環境への配慮に加えて，社会の中で排斥されている人々や痛みを負わされている人々，貧しくされている人々，苦悩のうちにある人々にとって，デザインが有用なものであらねばならないとしている。つまり，デザインという概念の中核には批判性／倫理性／政治性が据えられている。社会デザインについても同様である。社会デザインの実践過程では，公正性と持続性の観点から批判的に現代社会を観察して分析し，その上で倫理的なありように向けて社会の諸要素の関係を再配置する働きかけを行うこととなるからである。

こうした社会デザインの実践は，既存の社会秩序に適応しているマジョリティにとって「ノイズ」となる。そのノイズを鳴り響かせることは，「生きる歓び」から遠ざけられている人々が抱く違和感を撒き散らして，幅広く共有していくことに他ならない（北山 2021: 3）。原研哉（2003: 24）はデザインを「認識を肥やす」ものであるとしたが，社会デザインは「違和感の撒き散らし」によってオルタナティブな社会への想像力のもととなる認識を耕すものであるとも言えよう。

(2) 現代的課題としての社会的排除

社会的排除の進行

それでは，人類の歴史の進歩の達成に向けて，社会デザインの実践が減殺すべき現代社会に特有の不条理な苦痛とは何だろうか。コミュニティ・デザイン

の実践によって達成すべき社会正義を巡る現代的課題とは何だろうか。

　現代社会は私生活主義の台頭による私的空間における関わりの排除が進んだ時期を経て，労働社会の再編から雇用が不安定化して格差拡大が進み，社会的な排除が進行している（ヤング 2007: 29-30）。日本も例外ではなく，1990年代後半から日本型労働慣行が崩れ，非正規雇用労働者が増えている。欧米ではそれ以前から慢性的に失業リスクを抱えている人が増加し，犯罪等の逸脱へとつながり，その逸脱行為が故に排除が一層進む悪循環が生じている。

　こうした潮流の中で社会的排除（social exclusion）という概念の存在感が高まっていくこととなる。社会という訳語が当てられたsocietyの語源は，仲間を意味するラテン語のsocietasである。このことから神野直彦（2007: 132）は，社会を「他者の協力なしに生存できない人間が，共同生活を営む『場』である」と定義している。社会的という言葉の含意としては，共同成員意識（membership）を見出しながら支え合う関係を持つという連帯性が見出される。つまり，「社会的なもの」からの排除とは，共同成員意識の枠から弾き出されて連帯の輪の外に追いやられ，市民が享受できる生活資源にアクセスできなくなってしまうことだと言える。実際，社会的排除の概念は1970年代後半にフランスで生み出されたものだが，所得などの生活資源の高低（up/down）だけではなく，社会関係への参加・不参加（in/out）に焦点をあてる必要性から提起されたものである（岩田 2014: 24）。

貧困概念との差異

　より明確な概念理解を深めるためには，貧困概念との差異で社会的排除を捉えることとなる。「貧困」は経済的次元を静態的に捉えた概念であり，貧困になっていく動態的過程が「困窮化」となる。これに対して，経済的次元だけではなく多元的にその問題を静態的に捉えた概念が「剥奪」となり，その動態的過程が「社会的排除」となる（Berghman 1995: 20-21）。政府に社会的排除対策室（Social Exclusion Unit）を設置したイギリスの元首相トニー・ブレアは，1997年に行われたストックウェル・パーク・スクールでの演説「イギリスをひとつにまとめる」の中で社会的排除について以下のように述べている。

社会的排除は所得の問題に関わっているが，しかしそれは所得以上の問題である。それは将来の見通し，ネットワーク，そして生活の機会に関連している。それはすぐれて現代的な問題であり，個人にとっては物質的な貧困よりいっそう有害で，自尊心をいっそう傷つけ，社会全体をいっそう蝕んでいき，世代から世代へと継承されていく傾向がいっそう強い（バラ＆ラペール 2005: i）。

この言葉は社会的排除の輪郭を簡潔に示している。長期的かつ繰り返しの失業を経験すると，ネットワークや社会参加の機会を喪失しやすくなる。そうすると政治的な参加も欠如しやすく，その影響力も低下していく。結果として政治的分極化を進めてしまうこととなり，ポピュリズムの温床にもなる。イギリスでは犯罪の発生との関係性も見出されている（葛野 2009: 20-26）。このような流れの中で，社会的結束がほどけていけば，社会全体が不安定になるため，すべての人々にとって好ましくない事態を迎えることとなる（バラ＆ラペール 2005: iii）。

そこで，社会的排除に対する政策として，財やサービスによる再分配だけでなく，関係的な側面も視野に入れて，他者や市場，政治とのつながりをつくり直していく取組が必要となる。この政策設計にあたっては，社会的排除の動態的過程における諸要因の連関性を分析する枠組み（武川 2017: 53-54）（図１）を参照することが求められる。

社会的包摂の機制

ここで社会的排除の対概念として社会的包摂（social inclusion）が示され，基本的人権の保障を通じた社会統合が目指されるようになる。具体的には，経済的側面として中間就労による職能開発を含む積極的労働市場政策を展開し，社会的側面としては地域の中で多様なアクターと出会い，つながる場を設けて社会的なネットワークの構築を支援していくこととなる。また，政治的側面として社会の意思決定に影響を及ぼしうる機会を確保して能動的シティズンシップを高めていき，文化的側面としては自己肯定感を支えるアイデンティティの回

第Ⅰ部　社会デザインの足場を組み立てる

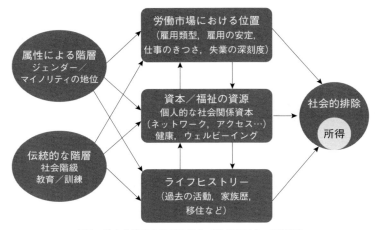

図1　社会的排除の分析枠組み（欧州委員会，2002年）

（出所）　武川（2017：54）

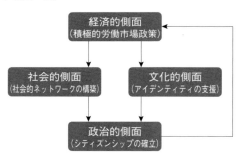

図2　社会的包摂に複層的メカニズム

（出所）　樋口（2004：15）

復や形成を図っていくこととなる。樋口明彦（2004: 8-15）はこの4つを結びつけた社会的包摂の複層的メカニズムを提起している（図2）。

　EUは2000年に「貧困および社会的排除と闘うための4つの目標」として，「就労への参加促進」「排除のリスク予防」「最も脆弱な人々の支援」「社会参加の促進とパートナーシップ推進」の柱を立てている（葛野 2009: 18-19）（表1）。日本では社会的包摂が「つながりの再構築」という意味で用いられたり，自助努力で労働市場に再参入させることに力点が置かれたりすることが少なくないが，それらは社会的包摂の全体像を捉えられていないと言える。

表1 「貧困および社会的排除と闘うための4つの目標」
(ニース欧州理事会, 2000年12月)

就労への参加促進	資源・権利・財・サービスに対するアクセシビリティ向上に向けて職業訓練・継続教育によるエンプロイアビリティ発達支援
排除のリスク予防	多重債務状態，ホームレス状態，学校教育からの排除状態などの人生の危機を予防する政策導入
最も脆弱な人びとの支援	職業訓練施設，特別住宅，デイシェルター，個人支援計画，教育支援計画などの各種社会的サービスの提供
社会参加の促進とパートナーシップ推進	自己を表現する能力の回復に向けて，関係するすべての機関・団体・個人を動員し，対話とパートナーシップを推進

(出所) 葛野 (2009：18-19) をもとに筆者作成

(3) 「子どもの貧困」と社会的包摂の困難

「子どもの貧困」の実態と影響

2000年代以降，深刻な社会問題の一つと認識されている「子どもの貧困」も社会的排除の中に位置する問題である。養育者や保護者の社会的排除によって子どもたちもまた貧困状態に陥り，不平等再生産の悪循環へと追いやられている。厚生労働省『2022（令和4）年国民生活基礎調査』によれば，2021年の日本の子どもの相対的貧困率は11.5％で，子どもの約9人に1人が貧困状況にあるとされている。この子どもの貧困が個人にもたらす影響は長期かつ多方面に及ぶ。学力や学習意欲の格差だけではなく，将来展望や健康，成人期困窮など多岐にわたることが既に確認されている（阿部 2014: 14-24）（図3）。

日本では相対的貧困率（金銭的剥奪）だけで子どもの貧困を捉える傾向が強いが，ヨーロッパでは物質的剥奪にも目を注ぎ，「子どもの剥奪指標」も用いられている（阿部 2014: 221-224）。例えば，「1日3食食べることができない」「家の少なくとも一部屋を暖める機材がない」など，実際の生活実態から捉えていくものである。金銭的には貧困の基準に達しないが，子どもの生育環境に十分な投資が行われていないことは十分にあり得ることで，このように多面的に実態を捉えていくことは，政策の質を高めていく上で今後ますます必要となるだろう。

第Ⅰ部　社会デザインの足場を組み立てる

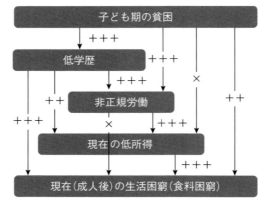

図3　「貧困の連鎖」：複数の経路を想定した概念図
（出所）　阿部（2014：68）

社会的包摂戦略の共有と設計

現在，子どもの貧困への対策として，子ども食堂や学習支援の取組が地域団体やNPO等によって実践されている。それら一つひとつの実践が意味あるものであることは言うまでもない。しかし，社会的排除は多元的な問題が関係しあっており，社会的包摂に向けた対策も個別的に展開されている内は十分な効果を期待し難い。例えば，子ども食堂や学習支援が窓口的な位置にあって，新たな関係性を構築しながらニーズを掘り起こし，次の支援につなげていくといった戦略が求められるということである。当然ながら，子ども食堂や学習支援の提供団体個々が全てのニーズに向き合う必要はない。共同戦略の設計によって地域の中で責任を分かち合い，貧困の連鎖を切り崩していくコミュニティ・デザインの実践が望まれているのである。

この時に近視眼的な戦略だけにならない注意が求められる。ジェームズ・ヘックマン（2015）は，学校卒業前よりも就学中，就学中よりも就学前の方が，教育投資効果の収益率が高いことを示している。このことを受けて，子どもの貧困支援でも就学前教育の支援に重点を置く動きがある。しかし，ヘックマンの研究から導き出すべきは「早期教育の重要性ではなく，就学前の家庭環境がその後の個人の一生を決定してしまう社会構造における問題点の方である」と桜井啓太（2015：3）は批判している。「生まれ」と幼少期の「育ち」での不平

38

等を補正できない教育や社会とは何かという問いから目を背けてはならないだろう。構造的な問題を正していくアプローチも求められているのである。

自己排除の壁

しかし，社会環境をいかに整えても社会的包摂が進むとは限らない。社会的排除からの回復が困難となる要因の一つに，自己排除の壁が存するからである（ギデンズ 2009: 379-380）。「どうせ私なんかは……」と否定的アイデンティティの形成が進んで自己を抑圧してしまっていることがある。社会的排除からの回復に資する行為であっても「時間の無駄だ」と当事者が意味を見出せないこともある。また，その場その場を凌ぎながら日々を「うまく生き抜いている」と自己認識していることもある。こうした自己排除の行為は無分別によるものでは決してない。当事者なりの合理性に基づく思考と判断によるものである。

自らを自らで不利な状況に追い込んでいる当事者の合理性をいかに理解するのか。そして，そうした当事者が社会的包摂の取組へのアクセスしていくことをどう促すのか。いわゆる「支援者」と呼ばれる人々にとって，これらは大きな問題として立ちはだかることとなる。

(4) 居場所を通じたエンパワメント

居場所の「間口の広さ」

自己排除の壁の問題について，どのように対応していけばよいのだろうか。京都や滋賀を拠点に子どもの貧困対策に取り組んでいる幸重忠孝・村井琢哉（2018）の実践から，対象を特定層に絞り込まない「間口の広い」居場所の持つ意味が大きいと考えられる。貧困支援が前面に出ている場は，貧困層であるという自己認識がなければ，その人々の生活に紐付けされない。また，現在の生活環境から抜け出したいという意志を持たない人々や，抜け出せるという見通しを持てない人々にとっては「用がない」ところになる。

そこで，子ども・若者が惹きつけられる「あそび」を前面に据えて，特定の属性や意識層に絞られない場を設けることで，「気がつけばそこにいた」とい

第Ⅰ部　社会デザインの足場を組み立てる

図4　居場所の三つの機能
（出所）　筆者作成

う形で当事者と結びついていくことが目指されている。「間口の広い」居場所というアプローチが功を奏するには、社会的排除層やそのリスク層の生活／感覚への共感的理解が求められる。そのため、当事者である子ども・若者の参画も合わせて進める必要があるだろう。

居場所の3つの機能

　それでは居場所でつながった子ども・若者に、どのような場を提供していくことが求められるだろうか。不登校と呼ばれる状態の子どもの支援や、中高生世代の若者の社会参加の推進に関わってきた経験から居場所には3つの機能があると筆者は考えている（図4）。一つは「避難する居場所」である。学校の中に安心できる場がなかったり、放課後や休日に行き場がなかったりする時、居場所に避難してくる。この段階では自己肯定感が傷つけられていることがあり、その場合には、存在していることで承認が得られる場となることが求められる。

　安心の風土が醸成されていくと、いわゆる「支援者」の呼びかけや誘いに耳を傾けてもらえる関係が構築されてくる。この段階に至って、2つ目の「活動する居場所」という機能が現れてくる。子ども・若者が諦めていた活動や、認識できていなかった活動に触れる中で、「やってもいいかな」「やってみたいな」という思いがあたたまり、自己決定に基づく活動に結実していく。過去の経験に縛られたり、周囲に流されたりせず、自らの意志を持って自分の生活を

つくっていく経験は，自分の人生と社会を自由に創り出す主体としての「主体化（subjectification）」（ビースタ 2021: 5）を促すこととなる。

　居場所がこの段階で止まると「居つく場所」になる可能性が生じてしまうため，3つ目の「拠点となる居場所」という機能を強めていくことが次に求められる。居場所を拠点にして子ども・若者が地域／社会に出ていき，多様な人々と出会いながら，居場所の外での協同活動を展開していくことを支えるのである。子ども・若者はこの過程で，新たな生き方や価値観に触れたり，自らの才能を見出したりしていくこととなる。固定的な関係の中では，自己理解も社会理解も広がらない。この段階で人間交際関係の多様化が望まれる。

エンパワメント過程の三段階
　社会的排除によって周縁化されている側からのコミュニティ・デザインを進めていくには，当事者が声を上げていくことと，周囲が発せられた声を丁寧に受けとめていくことが求められる。しかし，発言の場があったからといって当事者が声を上げるとは限らない。なぜならば，「自己責任論」の世界観の中に生きていることが少なくないからである。不登校と呼ばれる状態の子どもの中には学校に適応できなかった自分を責めたり，生活困窮家庭の子どもの中には自分や保護者の努力不足を責めたりする語りが聞かれることもある。

　居場所での交わりと活動を通じて，子ども・若者が自己責任論を脱学習（unlearn）し，自らその縄目をほどいていく過程を提供していくことが求められよう。例えば，若者が社会参加していくプロジェクトを起こしていく際に筆者がまず訊ねているのは，私的に思われるような日常生活の中での困りごとである。そして，その「困った」は他の人の身にも起こっていないか，その「困った」はなぜ生じているのか，何があればその「困った」は生じないのか，といった問いを投げかけている。これらの問いと向き合う過程で，私的に思われた問題の背景に社会構造があることを認識していくこととなる（ミルズ 1996: 10-11）。そして，公共的な課題の一環に私の「困った」を位置づけるようになる。こうして問題の原因／責任を自らの適応や努力に求める語りから引き離し，政治性を呼び覚ましていくことで，個々の内にある自己責任論をほぐ

していっているのである。

　このような流れでなされるエンパワメントを社会的包摂の複層的メカニズムにつながる形で発展させたものとして「コミュニティ・エンパワメント・プロセス」(Taylor 2011: 186-239; 藤井 2013: 95-101) が示せる。コミュニティ・エンパワメント・プロセスは三段階で表される。第一段階ではインフォーマルな居場所として当事者コミュニティが形成されるところから始まる。このフェーズでは，ばらばらに周縁化されている個人が居場所に集まってコミュニケーションを交わす中で当事者のニーズや意志，強みが明らかとされていくこととなる。そして，当事者間の結びつきを強めながら組織化の下地が整えられていくことになる。第二段階では，当事者ニーズを充たす事業を推進する組織の立ち上げが行われる。このフェーズでは，地域／社会の多様な社会資源と接続したり，一般市民からの支持を獲得する必要が出てきたりして，社会関係に広がりが出てくることになる。第三段階では，事業と組織の成長を通じて経済的な自立や政策形成における影響力が向上し，多様なエンパワメントが展開される局面を迎える。このコミュニティ・エンパワメント・プロセスの推進役として社会的企業，とりわけ経済的に周縁化された当事者を生産者として労働市場に（再）参入させる働きも持つ労働統合型社会的企業（Work Integration Social Enterprise）が期待されることをOECD（2010: 5）は示している。

　ただし，全ての居場所がコミュニティ・エンパワメント・プロセスの実践に取り組まなければいけないわけではない。どのようにコミュニティ・デザインの実践を具体化するのかは，居場所ごとの理念や特性によって定められることは言うまでもない。

「二重ループ学習」を内包する居場所

　同じ当事者のカテゴリーとして括られていても，同じようなことで困っていたり不満を持っていたりするとは限らない。そもそもカテゴライズされることを拒否する人もいる。これらのことも忘れてはいけない。森山至貴（2017: 245-246）は，居場所が属性以上の要素を求め始めると，その要素に乗り切れない人が「居場所なのに居辛い」という状況に陥ってしまう問題を指摘している。

第2章 社会デザイン研究の拡がり

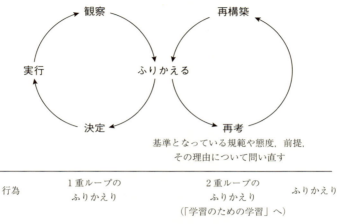

図5 「二重ループ学習」する組織

（出所） センゲら（2014：233-239）をもとに筆者作成

そこから「居場所らしさを薄める居場所」のありようを提起している。

　居場所が居辛さを生まず，「開かれたもの」であり続けるためには，自分たちの居場所が今どのような規範やモードで覆われているのか，その前提にどのような基準や価値観が存在しているのかを問い直す省察に努めねばならない。自らの活動の方向性について立ち止まって再考することなく，その路線を拡充させることに専念していれば，強い推進力で一方向には伸びていきやすい。しかし，その路線に共感する人びとだけしか居残れない濃密なコミュニティとなりかねない。これでは開かれた居場所から離れていってしまう。特にコミュニティ・デザインの実践として居場所を運営していけば，運動性が居場所のありように大きな影響を及ぼすことが考えられる。そのため，省察から再構築というループも備えた「二重ループ学習」（センゲら 2014: 235）（図5）を内包した居場所であることが求められる。

43

(5) 居場所における関わりのあり方
「褒める」ではなく「認める」

　こうしたエンパワメント過程が画餅化しないためには，その居場所での「関わり」が鍵を握る。「避難する居場所」の段階で，当事者は自らの弱みを見知らぬ他者にいきなり曝け出すことはない。子ども・若者は見知らぬ他者を語るに足る人物かどうか吟味する。それでは，「当事者としての語り」を促す態度とはどのようなものだろうか。

　徳島でフリースクールを主宰する伊勢達郎（2000）の関わりにその方向を見出したい。それは「認める」関わりである。褒めたり叱ったりする行為は，大人の基準が前提としてあり，それに基づいて裁かれた結果としてなされるものである。そうではなく，子ども・若者が置かれている状況の中でどのような感情や思考が起こったのかを大人が裁かずにまず認めて，当人がそのことと向き合う機会を設けた上で，これからどうしていくのかを一緒に探っていくのが「認める」関わりである。いわゆる「教育」の場は，その性質上「褒める／叱る」関わりが中心になりやすい。学校教育であれば，学校的な価値観に基づいて教員は判断をしている。地域の居場所は学校的なものと一線を画すことで避難する先として認識されることとなる。

　また，エンパワメント過程は真っ直ぐな一本道ではない。子ども・若者との関わりでは，冗長性が高いコミュニケーションも少なくない。前向きなモードになったと思えば後退することもある。考えや思いが定まらずに揺れ動くことは日常である。だからこそ，迷いの中にあることを認めて，共振／共感する存在が居場所には必要となる。しかし，社会的インパクト評価の考え方が普及する中で，市民セクターでも政府セクターでも投資対効果への感度が上がっている。高い確実性で成果をあげていくには，冗長的なコミュニケーションで明確な見通しが立てられない層は後回しの対象とされることも考えられる。成果を測定する必要性は認めつつも，市場的な価値観への近接には注意が求められることとなる。

「one more」ではなく「alternative」

　近年，学校・家庭・地域・事業者が連携する必要性への認識が高まり，学校地域協働を推進する制度が強化されていっている。学校が社会に開かれていくことは何ら問題ない。学校の中に多様な人々が入り込んで，学校的なものとは異なる価値観や関わりが持ち込まれていけば，子ども・若者は自己や社会への認識を豊かにする可能性が広がるからである。

　しかし，こうした動きの中で学校的な価値観や，学校を経由して市場的な価値観が地域の居場所に入り込むことも考えられる。宮台真司（2002: 24）は家庭や地域が「学校の出店」になることを「日本的学校化」と定義して問題視した。現在の学校地域協働も学校と家庭・地域がスクラムを組んで，学校的な価値観を全面展開する可能性を孕んでいる。学校の味方／見方が地域で多量に溢れかえっている状況は子ども・若者に息苦しさを与えかねない。また，事業者との協働を通じて，ビジネスパーソンとしての評価基準が子ども・若者の世界に浸透していくことも考えられる。市場的なものへの適応の過剰が，インフォーマルな場での序列化を加速する可能性も孕んでいる。

　現在，子どもの貧困への対策を中心に子ども食堂や学習会など，子どもの居場所が新たに増えてきているが，なかには学力重視の姿勢や品行方正の強調など，その場での関わりには「日本的学校化」や市場的なものの強化につながりかねないものも見られる。「one more」な居場所ではなく，多様性によって解き放たれて一息つける「alternative」な場所を地域にいかに増やしていくことが課題の一つであろう。

(6)「排除か包摂か」を越える

「排除してから包摂する」

　本稿では，社会の中枢から高みに立って煌びやかな未来を専門的職業人が描き出していくのではなく，社会の周縁から低きに立って「受苦と受難の底から」当事者と共に立ち上がる（栗原2017: 156）という志向のもとで，社会的排除に抗うコミュニティ・デザインの実践について検討してきた。最後に真に共生的な社会の創成に向けて，私たちが考えていくべき大きな論点を2つ示した

い。

　一つ目の論点は，社会的包摂を推進していくにあたって「排除してから包摂する」アプローチをどう考えるかである。一見すると「それは好ましくないことだ」と退けられそうである。しかし，実際はこの考えが勢いを持っている。子どもの貧困を例に考えれば，基本的には貧困に陥った層に対して事後的に各種プログラムが提供される「川下対策」（救済のための選抜的制度）に予算がつきやすい。反面，「子ども手当」のような所得制限を伴わない普遍的な「川上対策」（権利保障のための普遍的制度）には世論の理解が得られにくい。

　子どもの貧困の影響は多岐かつ長期に及ぶことから，「川下対策」は包括的な内容となってコストも膨らみやすく，効果を出すことも難しくなる。また，支援対象のターゲティングとその選抜にも困難を伴い，常に漏れ落ちのリスクを抱えている。申請主義を採っている取組も多く，申請する精神的／時間的余裕がなかったり，諦念の内にあったりする最も困難な人々を緩やかに遠ざけている。阿部彩（2014: 102-129）は選抜的制度と普遍的制度の利点と欠点を整理した上で，日本社会の現状を踏まえ，現物給付では普遍的な制度を拡充し，現金給付では適正なターゲティングをした上でより選抜的な制度にして再分配を強化することを提案している。こうした提案が実現されていかなければ，排除の流れを堰き止めしないまま，一定のハードルを超えた人のみを救済するという「排除してから包摂する」現状が固定化することが懸念される。

社会の「気前の良さ」の回復

　「排除する前から包摂しておく」アプローチが基調とならないのは，社会全体に「気前の良さ」がないからである。これが2つ目の論点につながる。労働市場が不安定化している上，再分配政策が十全に機能していないことで中間層は痩せ細っている。加えて，「踏ん張る中間層」の声を代弁／表象する中間集団も弱体化している。こうした環境下で貧困層への対策に注力されれば，中間層にいる人々は自分たちが後回しにされているように思われて，不公平感が増幅しやすい。また，自助努力を積み重ねて中間層から上位階層に移動した人々にとっても，自分たちには提供されなかった支援が手厚くなることに対して，

許容し難いという感情が高まりやすい。実態に基づかない生活保護の不正受給への厳しいまなざしは，その証左の一つと言えよう。

　痛みの分かち合いが社会全体で衡平になされていないことが問題視されず，市民同士がいがみ合っている状況をどのように打開するのか。社会の「気前の良さ」を回復し，新たな連帯／統合を形づくっていく具体的方策を示すことがこれからの社会デザインの研究／実践には求められている。　　　　（川中大輔）

　＊本稿は，大阪ガスネットワーク(株)エネルギー・文化研究所のウェブサイトで公開
　　された「低きに立つ『コミュニティ・デザイン』——社会的排除に立ち向かう戦略
　　をどう描いていくか？」（2017年）をもとに，大幅に改稿したものである。

引用・参考文献

阿部彩（2014）『子どもの貧困Ⅱ——解決策を考える』岩波新書

伊勢達郎（2000）『のびやかに自分になる』TOEC文庫

市井三郎（1971）『歴史の進歩とは何か』岩波新書

岩田正美（2014）「社会的包摂と排除——包摂と排除概念のもつ意味」岩崎晋也・岩間伸之・原田正樹編『社会福祉研究のフロンティア』有斐閣，24-27頁

OECD，連合総合生活開発研究所訳（2010）『社会的企業の主流化——「新しい公共」の担い手として』明石書店

上平崇仁（2020）『コ・デザイン——デザインすることをみんなの手に』NTT出版

北山晴一（2010）「世界の中の社会デザイン——なぜ，いま社会デザインなのか」『Social Design Review』2，1-5頁

北山晴一（2012）「あらためて社会デザインの意義を考える」『Social Design Review』4，1-6頁

北山晴一（2021）「違和感へのこだわりと社会デザイン」『Social Design Review』13，1-7頁

ギデンズ，アンソニー　松尾精文・西岡八郎・藤井達也・小幡正敏・立松隆介・内田健訳（2009）『社会学』［第5版］而立書房

葛野尋之（2009）「社会復帰とソーシャル・インクルージョン——本書の目的とイギリスにおける展開」日本犯罪学会編『犯罪からの社会復帰とソーシャル・インクルージョン』現代人文社，14-30頁

第Ⅰ部　社会デザインの足場を組み立てる

栗原彬（2017）「『新しい人』の政治の方へ」日本政治学会編『排除と包摂の政治学——越境，アイデンティティ，そして希望』木鐸社，142-162頁

桜井啓太（2015）「『子どもの貧困』への処方箋？——教育に求められる期待と限界」『教文研だより』159, 神奈川県教育文化研究所, 2-4頁

神野直彦（2007）『教育再生の条件——経済学的考察』岩波書店

センゲ，ピーターほか　リヒテルズ直子訳（2014）『学習する学校——子ども・教員・親・地域で未来の学びを創造する』英治出版

武川正吾（2017）「社会的包摂と社会的排除」日本社会学会理論応用事典刊行委員会『社会学理論応用事典』丸善，50-55頁

ハーバーマス，ユルゲン　小牧治・村上隆夫訳（1986）『哲学的・政治的プロフィール（下）』未來社

パパネック，ヴィクター　大島俊三・城崎照彦・村上太佳子訳（1998）『地球のためのデザイン——建築とデザインの生態学』鹿島出版会

原研哉（2003）『デザインのデザイン』岩波書店

バラ，アジット S., ラペール，フレデリック　福原宏幸・中村健吾監訳（2005）『グローバル化と社会的排除——貧困と社会問題への新しいアプローチ』昭和堂

ビースタ，ガート　田中智志・小玉重夫監訳（2021）『教育の美しい危うさ』東京大学出版会

樋口明彦（2004）「現代社会における社会的排除のメカニズム——積極的労働市場政策の内在的ジレンマをめぐって」『社会学評論』55(1)，2-18頁

藤井敦史（2013）「ハイブリッド構造としての社会的企業」藤井敦史・原田晃樹・大高研道編『闘う社会的企業』勁草書房，79-110頁

ヘックマン，ジェームズ・J. 古澤秀子訳（2015）『幼児教育の経済学』東洋経済新報社

宮台真司（2002）「学校の何が問題なのか」宮台真司・藤井誠二・内藤朝雄『学校が自由になる日』雲母書房，15-76頁

ミルズ，ライト　鈴木広訳（1996）『社会学的想像力』紀伊國屋書店

森山至貴（2017）「居場所がしんどい，現場がこわい」『現代思想』2017年11月号，青土社，238-248頁

幸重忠孝・村井琢哉（2018）『まちの子どもソーシャルワーク』かもがわ出版

ヤング，ジョック　青木秀男・伊藤泰郎・岸政彦・村澤真保呂訳（2007）『排除型社会』洛北出版

Berghman, Jos(1995), "Social Exclusion in Europe: Policy Context and Analytical

Framework," Graham Room ed., *Beyond the Threshold*, The Polity Press, pp. 10-28
Gilchrist, Alison and Taylor, Marilyn (2016), *the Short Guide to Community Development (2nd edition)*, Polity Press
Taylor, Marilyn (2011), *Public Policy in the Community (2nd ed.)*, Palgrave Macmillan

2 貧困層への金融支援——マイクロクレジットの現在

　ロシアのウクライナ侵攻，そしてパレスチナ問題の再燃は，国連安全保障理事会と世界の政治システムの機能不全を改めて露呈させた。先進国では社会的格差や貧困がさらに拡大し，諸々の矛盾が顕在化してきた。中国では従来の成長モデルが破綻に瀕している。貧困層に金融サービスを提供するマイクロクレジット（少額無担保融資）も大きな転換期を迎えている。

　グラミン銀行のムハマド・ユヌスが，2006年に貧困撲滅事業でノーベル平和賞を受賞したことにより，NGOによるマイクロクレジットの活用が世界的に注目されるようになった。マイクロクレジットは，隣人の保証（当初は5人組による連帯保証）のみで融資をしたことから，貧者の金融として，そして自立を促す支援手段として世界的に認知された。その上，グラミン銀行が発表した返済率が97％という数字も，マイクロクレジットへの期待を膨らませることになった。

（1）貧困層への金融支援

　マイクロクレジットが貧困層対象の金融として一定の役割を果たしていることは明らかである。しかし，返済率の高さは返済可能性の高い貧困層にのみに貸与して，それ以外の膨大な貧困層を排除すれば達成できる数字となる。マイクロクレジットの理想と現実，返済率の高さへの認識の違いが，1990年代以降，グラミン銀行とBRAC（バングラデシュ農村向上委員会）との貧困対策への違いを規定していくことになった。

　バングラデシュのようなイスラム社会では，とりわけ保守的な農村部の貧困層の女性たちは社会的ネットワークを持つこともなく，家の中に事実上閉じ込められたようにして生活していた。彼女たちにとって，融資を受けた結果，強制されたものであれ週一回の集会への参加は，家の枠を越えた女性自身の社会的ネットワークの形成につながる。このことは，彼女たちにとって計り知れない視野の拡大と経済的かつ社会的な力を与えることになった。

(2) 貧困層というカテゴリー

　貧困層への金融サービスと言ったとき，貧困層とはどのような階層を示すのであろうか。バングラデシュやインドの場合，貧困層は単一のそして同質な階層では全くない。貧困層にも，上層，中層，下層，そして超貧困層というカテゴリーがあり，また彼らが都市，都市周辺の農村部，全くの地方の農村部に住んでいるか否かで状況は異なってくる。その上，路上生活者や物乞い生活が日常的な階層，そして今日生きるのが精一杯の階層もある。

　マイクロクレジットの評価をするとき，融資を受けた人たちが貧困層のどのような階層の人たちかを理解する必要がある。①連帯保証を可能にする地域ネットワークの中で生きている人たち，②NGOやマイクロファイナンス機関にアクセスできる人たち，③自らの生活を改善していく意志のある人たち，④それ以外の膨大な数の地方の農村に住む人たち，以上のカテゴリーによって，融資を受ける意味も，その後の利用の仕方や返済の仕方もすべて変わってくる。他方で，事業主体のマネジメント能力は重要な要素である。融資対象者の絞り込みと教育の実施，とりわけ契約文化や女性の道義心の涵養なくしてこの制度は成り立たない。多くの調査が，融資されたお金のかなりの部分が当面の食費や生活費，娘の持参金，葬儀の費用，病気の治療費等に使用されていることを示している。融資がどのようにしてビジネスにつながっていくかについて考えるとき，貧困層が置かれた主体的，客観的諸条件をどのように考えるかによって，そのインパクトアセスメントはどのようにでも変化する。

　このように考えると，「起業能力はほとんど普遍的なものである。身の回りの機会を見つける才能は誰にでもある」（ムハマド・ユヌス）という表現には多くの問題がある。教育者としての発言なら問題ないが，実践者としての発言であるなら誤解を与える恐れがある。それは，マイクロクレジットに参加する際の意志決定に関する時間的，空間的な側面を無視しており，起業家精神をすべての個人に備わった特性であると仮定しているからである。

　NGOの活動がマイクロクレジット活動から貯蓄，保険といった多様なマイクロファイナンス活動に発展していくと，現実的には一般の金融機関との類似性が強まってくる。また，NGOでも融資対象を広げ商業主義に走れば，すぐ

BRACの人権教育の風景

グラミン銀行の集会後の女性たち

債務不履行と制度的破綻の危機が訪れる。最近，マイクロファイナンスの名称で商業ベースでの小口金融が南アジアやインドに浸透してきており，コロナ危機に伴い，これらの地域では貧困層の膨大な債務不履行問題が生じる恐れがある。

(3) 貧困層の成長と主体化の問題

　貧困層の多様な実態に対応して，グラミン銀行も融資条件の変更やソーシャルビジネスの展開によって，独自の対応と組織進化を遂げてきている。他方で，BRACはこの問題を自らの援助手法の変更だけでなく，新しいプログラムや理念のレベルまで掘り下げて対処していった。その成果が最貧困層に手を差し伸べ，目の前の状況を改善し貧困から脱出するために資産と技術を与え，生活基盤の脆弱性を減少させることを目的に設計された「貧困削減のフロンティアへの挑戦／超貧困層をターゲットにしたプログラム（Challenging the Frontiers of Poverty Reduction / Targeting the Ultra Poor Program: CFPR=TUP）」であった。BRACはこのプログラムによってバングラデシュの超貧困層の多くにその活動を到達させ，しかもその経済・社会的状況を改善していった。そして多くの場合，超貧困層がそのプログラムを「卒業」して，BRACの主流のマイクロファイナンス関係のサービスを利用できようにした。

　このような支援プロセスによる貧困層の成長と主体化は，BRACのプログラム同様に，いわゆる「学習プロセスアプローチ」と「学習する組織（learning organization)」に理念化されている要素に負うことが大きい。経験をもとに注意深くモニターされた実験を積み上げ、デリバリーシステムを標準化して規模を拡大し、単位コストを少しずつ削減してきた。「そのプロセスは、一部の開発経済の理論家が賞賛するような参加型アプローチとはほど遠い。実験はBRACの上層部によって緻密にコントロールされているのである」(「マイクロファイナンスの届かない人びとに到達する」David Hulme, Karen Moore and Kazi Faisal Bin Seraj, 前掲書, 第5部4 (「貧困層の貯蓄能力を高める——分割払い計画、およびそれらの変形についての覚書」スチュアード・ラザフォード　笠原清志監訳、立木勝訳 (2016)『マイクロファイナンス事典』明石書店)

　このようなプロセスと理念的包摂があって初めて、マイクロクレジットが貧困層の自立支援に一定の役割を果たしているにすぎない。BRACのアプローチは、貧しいすべての人たちに起業家精神を見出してはいない。貧困層のレベルを理解し、その自覚と主体化に対応してマイクロクレジット関係のサービスを利用できようにしている。

(4) さらなる発展・進化のために

　マイクロファイナンス欧州研究センター（CERMi）は、2007年10月にベルギーで設立され、マイクロファイナンスに関する様々な研究、調査を持ち寄り、NGO、協同組合、営利企業などに代表される機関や組織のマネジメント能力の発展をサポートすることを目指している。つまり、世界的ネットワークの構築と学際的アピローチによって、マイクロファイナンスに関する情報と知識の集積を行い、その研究の成果をこの業界の将来的発展につなげるべく活動している。当研究センターから刊行された「The Handbook of Microfinance」(edited by Beatriz Armendariz/ Marc Labie, 2011) が、『マイクロファイナンス事典』(前掲書) として翻訳出版された。

　本書では48人の執筆者が、バングラデシュ、インド、インドネシア、フィリピン、タイ、ベトナム、カンボジア、ネパール、中国、セルビア、メキシコ、ニカラグア、ボリビア、コロンビア、ペルー、ケニア、ガーナ、ウガンダ、スーダン、南アフリカ、ホンジェラス、タンザニア、そしてカメルーンなど、

20数ヵ国における金融の相互扶助組織，協同組合，そしてマイクロファイナンスの現状について，6つの分野から文献的リサーチと理論的整理を行っている。6つの分野とは，①マイクロファイナンスの実践の理解，②マイクロファイナンスのマクロ環境と組織的背景の理解，③商業化に向けた現在の流れ，④満たされない需要を満たす——農業融資の課題，⑤満たされない需要を満たす——預金，保険，超貧困層への照準，⑥満たされない需要を満たす——ジェンダーと教育である。それぞれの分野で言及，紹介されている文献や調査の総計は1,000を超える。まさに，「The Handbook of Microfinance」にふさわしい内容であり，従来まで個別分散的であった調査や研究を一定の理論的フレームワークの下で理解しようとするものである。

従来のマイクロファイナンス研究が，質屋や頼母子講といった庶民金融の歴史やドイツの協同組合金融との関連でなされてきたとは言い難い。庶民金融の歴史的経緯の研究は，今後のマイクロファイナンス研究に，多くの示唆を与えるものと思われる。実証研究と理論との密接なつながりが必要なことは自明であるが，この分野では，この2つの流れが相対的に独立して発展してきている。個別のレポートや実証研究は数多くあるが，特定の団体やそのインパクトテストの性格が強く，実証研究が従来の理論的枠組みの中で検証されることは少なかった。マイクロファイナンス研究は，その実践を既存のアカデミズムの知の枠組みの中で再検討するとともに，国際的な比較研究が必要である。

（笠原清志）

＊当論文は，拙稿「貧困層への金融支援——マイクロクレジットの理想と現実」（『ESTRELA』329，2021年8月号，統計情報研究センター刊行，第6・7・9章の部分）に加筆修正をしたものである。

3　国境を横断するジャーナリストのネットワーク化

はじめに

ジャーナリズムの衰退はそのまま民主主義の空洞化，劣化を招くことになる。

いつの時代にも「ジャーナリズムの危機」は叫ばれてきたが，民主主義の根幹を支えるジャーナリズムの機能不全は，以前とは比べようもないほどの深刻な影響を社会に与えつつある。

ジャーナリズムの目的は一言で言えば，「社会を良くすること（社会改良）」である。この稿では，筆者の実地活動，体験をたたき台にして，社会を組み換え，再編する社会デザインの視点から，現在のジャーナリズムの課題を考えていきたい。

(1) アジアプレス・インターナショナルの創設

筆者がアジアのインディペンデント・ジャーナリストたちをつなぐ横断的な組織，ネットワークであるアジプレス・インターナショナル（以下，API）を創設したのは，1987年のことである。筆者自身，紛争地や社会問題をテーマに取材するジャーナリストとしてアジアを回りながら，この地域をカバーするニュースの情報発信源はおもにBBCやCNN，APやロイターなど欧米のメディア企業で，アジアのことを欧米系メディア経由で認識していることに気が付いた。欧米的な価値観，視点で制作され，選別されるニュースではなくて，「アジア人のアジア人によるアジア人のための報道」を実現できないだろうか。

そう考えたとき，アジアを横断的に結ぶジャーナリストの組織，ネットワークの不在を改めて痛感せざるを得なかった。ただ，ネットワークを築くとしても，まだインターネットは発達しておらず，どのようなやり方でアジア各国に散らばっているジャーナリストたちとコンタクトをとり，つながっていけばいいのか。そこでまず，筆者自身が取材で訪れた地域で出会ったインディペンデントのジャーナリストたち，もしくはジャーナリスト志望の学生たちとのつながりをネットワーク化することから始めた。

第Ⅰ部　社会デザインの足場を組み立てる

　APIは創立後の数年間で，取材拠点として東京，大阪，バンコク，北京，台北，ソウルなどに事務所を開き，そこを拠点として現地のジャーナリストたちにAPIへの参加を呼びかけた。その結果，1990年代の中頃までに，日本人だけでなく，韓国，中国を始め，タイ，パキスタン，フィリピン，インドネシア，インドなどのジャーナリストたちがAPIの理念に賛同して，正式なメンバーとして参加することになった。筆者が起草したAPIの理念は以下のようなものである。

　　巨大メディアのジャーナリズム精神が衰退する中で，私たちは表現者としていかなる資本にも隷属せず，いかなる権力からも自由であろうとする立場を築く努力をしてきました。
　　そのため時代の記録者としての力量と精神を鍛えていくのは当然のことですが，同時に私たちは国境や民族の違いを超えて広くアジアの人々と結びついていこうと考えています。
（「アジアプレスの理念」。アジアプレス・インターナショナルのウェブサイトより）

　1980年代は戦後世界の政治体制，秩序のパラダイムの転換期であり，欧州ではベルリンの壁の崩壊から，ソビエト連邦の解体を招き，東西冷戦の終焉を迎えようとしていた。一方，アジアでも，フィリピン，韓国，ビルマ（ミャンマー），中国などで，強権的な政権に対する民主化運動のうねりが起きていた。しかし，そのような動きに対して政権側は軍隊を動員して，徹底的な弾圧を行い，民主化運動の先頭に立っていた学生，知識人だけでなく，政府に批判的なジャーナリストたちも逮捕，投獄されていた。新聞，テレビなどのマスメディアは政府によってコントロールされ，言論，表現の自由は窒息しつつあった。
　そのような過酷な状況の中にあって，自由でインディペンデントな立場で時代を記録しようとする若いジャーナリストたちも少なくなかった。APIはそのようなジャーナリストたちを支え，協働して社会の矛盾や歪みの中で苦しむ人々の記録を残していこうと考えていた。東京の事務所では彼らの取材成果を日本のテレビ，雑誌などで発表する段取りを整え，そこで得られた報酬をアジ

アのジャーナリストたちへ還元することで，彼らの活動を経済的な面からも持続的に支えようとしていた。

　このネットワークは1990年代から徐々に機能し始め，限定的であってもAPIは新しいジャーナリズムの潮流を生み出す起点としての役割を果たすことになった。

(2) 記録する道具としての小型ビデオの登場

　API設立当初のメンバーたちは，写真をメインにするフォト・ジャーナリストが多かった。写真は言語の壁を超え，国際的に活躍することを可能とさせる。ただ，アジアでは組織に属さないジャーナリストたちが生活できる国は，一定規模のメディアを持つ日本，韓国などきわめて少ない。また彼らの仕事を日本の活字メディアに掲載することで報酬を得ることも容易ではなかった。

　そのような閉塞的な状況を大きく変えたのは，小型ビデオで取材するビデオ・ジャーナリストの登場だった。

　従来のテレビ番組の映像はENGという大型のビデオカメラで撮影されており，テレビで流れる映像はすべて訓練を受けたプロによって制作されていた。カメラ，録音，照明担当，そしてディレクターたちのクルー（チーム）によって取材された素材は，編集パースンとディレクターによって編集され，それにナレーションや音楽，テロップなどを付けて番組，作品として仕上げていく。フォト・ジャーナリストとしてキャリアを始めた筆者自身も，社会問題の解説やコメンテーターなどの出演者として，テレビに関わることはあっても，番組そのものの制作者として参画することはなかった。

　私たちとテレビとの関係性を一変させたのは，1980年代後半に出てきた小型のビデオカメラである。使用する記録媒体はVHSテープから始まり，1990年代初頭には8ミリのビデオテープへと小型化され，一般家庭用のビデオカメラは急速に普及していった。民生用のビデオカメラはENGと比べて画質は落ちるものの，以後，カメラ，映像の質ともに飛躍的に向上していくことになる。

　最初に小型カメラの「威力」を世界に印象付けた出来事となったのは，1989年，チャウチェスク体制を倒したルーマニアの政変である。ベルリンの壁の崩

壊から東ヨーロッパへ波及した民主化のうねりは，ルーマニアの独裁的な権力者であったチャウチェスク大統領の失脚，処刑という事態を招いた。この一連の動きは現場に立ち会った人たちにより小型ビデオで撮影され，ニュース映像として世界に流されていった。小型ビデオは現場にジャーナリストがいなくても，物事の当事者が自分で自分たちの身に起きたことを記録するということを可能にしていた。

(3) 社会問題の当事者たちによる記録と発信

そのような潮流の中，APIでも小型ビデオを使い，その映像をテレビで発表するという仕事に取り組むことになった。まず，着目したのは映像のプロではない，物事の当事者たちの中から，記録者を発掘，育てるという試みだった。プロのジャーナリストが取材，記録していることは，社会で起きていることのごく一部であり，報道されていることより，報道されていないことの方がはるかに多い。

社会問題の当事者ということで，APIで最初にビデオカメラを手に取材を始めたのは，日本に滞在するアジアからの外国人労働者だった。1980年代から，多くの人々が仕事を求めて日本にやってきたが，彼らのほとんどは「不法滞在者」として，いわゆる3K（きつい，汚い，危険）的な職場で，低賃金労働者として働かされていた。

フォト・ジャーナリストを目指していたムハマド・ズベルは，1989年，パキスタンのカラチから観光目的で来日。当時，日本には数万人のパキスタン人労働者が滞在していたが，ズベルはビザが切れた後，自分も工場労働者として働きながら，外国人労働者たちの実情をビデオで記録していった。同じ工場で働いていたバングラデシュ人は，機械の操作を誤り，指を切り落とすという事故にあった。工場の安全性に問題があったにもかかわらず，彼は「不法滞在者」ということで，何らの補償もされないまま，解雇されてしまった。このような理不尽な出来事は日常的に起きていたが，ビザが切れて滞在しているオーバーステイの労働者たちは，強制送還を恐れて，訴えることもできなかった。

ズベルは同じ労働者の立場，仲間の視点で外国人労働者たちにカメラを向け

ており，テレビ局の取材ではなかなか描き切れなかった労働者たちの本音と素顔に迫るドキュメンタリー，レポートを次々に発表していった。外国人労働者を切り捨てる日本社会のへの鋭い告発，警告を放つズベルの作品は視聴者からも高い評価を得ることになった。

またフィリピンから農業の研修生として来日したレイ・ベンチューラは，横浜の寿町に滞在しながら働いているフィリピン人労働者たちと出会い，彼らの生活を記録することを決めた。1980年代の後半，寿町には数万人のフィリピン人たちが住み，「フィリピン出稼ぎ労働者たちのメッカ」と呼ばれていた。ベンチューラは9ヵ月間，寿町で港湾労働者として生活しながら，フィリピン，パキスタン，スリランカなどからやってきた労働者たちの姿と肉声を記録していった。

APIはズベルやベンチューラの映像作品をCS放送局などのニュースやドキュメンタリー枠で放送することにした。彼らの作品はカメラワークや編集のスキルなど技術上の問題はあるものの，外国人労働者を使い捨てにする日本社会のあり方を問うものとして注目され，当事者性を持った新しいジャーナリストの登場を強く印象付けることとなった。また支払われる放送料で，ビデオ・ジャーナリストとしてのスタートを切ることもできた。

マスメディアでは少数者や外国人の視点は軽視されがちである。殊に日本は日本語という言語の壁もあり，表向きは「多文化共生」を謳っても，それぞれの民族の文化，価値観を認める前に，日本への「同化」を求める圧力の方が強い。多数者の側は少数者に対して「同調圧力」をかけていることをほとんど意識していない。それだからこそ，少数者の存在は，日本社会に欠落した視点を気づかせてくれる。ズベルやベンチューラたちの訴えは，多数者である日本人にとっても，日本社会を改善，改良していくために不可欠な役割を果たしていたと言える。

(4) 国家，ナショナリズムを越える報道

1990年代に入り，在日外国人であるズベルやベンチューラに続いて，韓国，中国，インドなどから，アジアのジャーナリストのネットワークとしてのAPI

には，次々とビデオ・ジャーナリストを目指す人たちがメンバーとして参加するようになってきた。「アジアの問題をアジア人の視点から伝える」というAPIの理念に対する共感が広がった時代であった。

　韓国人の最初のメンバーとなったのは，安海龍(アンヘリョン)である。彼の父親は日本の植民地時代に強制連行され，北海道・千歳の空港建設現場で働かされていた。その父親の足跡を追ったドキュメンタリーは「日本の植民地主義が朝鮮半島の人々にどのような苦しみを与えてきたのか」，その加害の歴史を被害者の立場から描いたものとなった。

　安はその後も，サハリン残留朝鮮人，朝鮮人「慰安婦」などをテーマにした映像作品に取り組み，韓国のビデオ・ジャーナリストの先駆的な存在となっている。

　安海龍に主導され，数名の韓国人たちがAPIに参加してきた。彼らのテーマは日本の植民地時代の清算やギクシャクする日韓関係に焦点を当てたものが多い。殊に領土問題（竹島＝韓国名・独島）に端を発した日韓漁業協定をテーマに取材した具永鳩(グヨング)の作品はＮＨＫの教育チャンネルで放送され，様々な意味で議論を呼び起こすことになった。

　具は日本の領海に侵入して，不法な底引き網漁を行っている韓国の「コテグリ船」の同乗取材を企画していた。なぜ韓国の漁民たちはコテグリ船の違法操業を止めようとしないのか。私たちはその社会的，歴史的背景を探りたかった。

　ただ，この取材は企画段階から難航した。具は周りから「なぜ韓国の恥を日本で放送するのか」と批判され，東京駐在の韓国公共放送（KBS）の特派員からは，「キミはジャーナリストである前に韓国人であることを忘れるな」と警告されていた。

　周囲の思わぬ反発を浴びながらも，なぜいまこのテーマを取り上げるのか。筆者と具は，日韓関係が軋んでいる今だからこそ，取り組む意義がある，という点で一致していた。

　コテグリ船の取材は，日韓双方のジャーナリストにとってきわめて難易度の高いものである。韓国漁民たちは「敵」である日本人の取材は受け付けない。一方，韓国人は韓国の「恥」をさらすような取材はしたくはない。国籍や民族，

ナショナリズムに捕らわれていては身動きできなくなる。その意味からも，このような取材こそ，国境を越えたネットワークであるAPIにしかできない仕事であるという自負も感じていた。

具は韓国の漁民たちの実情を取材するため，釜山へ行き，粘り強く交渉を重ねてコテグリ船に乗せてもらうことにした。同乗取材は1週間と短かったものの，漁業資源の減少に苦しむ韓国漁民たちの生活や心情を生き生きと描いた作品となった。

番組の放送後には視聴者から「今まで韓国の漁民はわれわれの漁場を荒らす「敵」だと思っていたけれども，韓国の人たちも生活に苦しむ同じ漁民なのだと理解できた」というコメントも寄せられていた。

日韓のメディアは双方とも，ややもするとナショナリズムを煽りがちである。殊に植民地支配や領土問題については，愛国的な報道ほど読者や視聴者の関心を惹きやすい。

「ジャーナリズムには国境がない。ジャーナリストには祖国がある」。この言葉は愛国主義や国益に弱いジャーナリズムの体質を鋭く指摘している。残念ながら，マスメディアは新聞もテレビも，「国家」からは自由になれず，政府や権力からの独立を維持することはむずかしい。そのような状況だからこそ，アジアを横断する独立したジャーナリスト集団であるAPIの存在意義がある。

安や具の仕事は国籍，人種，民族を越えたジャーナリストの連携，連帯の成果を具体的に結実させたものと言える。

(5) 歴史の再解釈を迫るドキュメンタリー

「アジア人のアジア人によるアジア人のための報道」という理念に基づき，APIは韓国以外の国々でも積極的に国境横断的なネットワークの構築に取り組んだ。

殊に筆者は当局の厳しい監視下にある中国で，言論，表現の自由を求める人々との出会いを重ねてきた。様々な社会矛盾を抱えている中国において，「自分たちの社会を自分たちで記録したい」と考える人たちも少なからず存在していた。

第Ⅰ部　社会デザインの足場を組み立てる

　1949年の中国革命以降，激動の中にあるこの大国の存在は日本だけでなくアジア，世界の人々にとって最大の関心事のひとつである。それは今も昔も変わらない。それにもかかわらず，この国に暮らす人々の素顔はなかなか見えてこない。私たちは国家的，政治的な動きだけではなくて，人々の営み，生き方を伝えたかった。

　筆者は何度も北京へ足を運び，映像記録に関心のある若者たちに日本から持ってきた小型ビデオを渡して，中国社会に生きる人々の素顔を記録してもらうことにした。中国にも日本や欧米の新聞，テレビの特派員たちは駐在していたが，当局の監視下では自由な取材はむずかしい。また仮に中国語はできても外国人による取材には限界がある。

　その意味でも，APIの中国人メンバーによる作品は，外国人では決して踏み込めない中国社会の姿をビビッドに映し出していた。映像に映っていたのは私たちの見たことのない中国という国と人々の姿である。

　中国の中心メンバーは，少数民族や出稼ぎ労働者，残留日本人婦人のドキュメンタリー作品で知られる季丹や長江に建設された巨大な三峡ダムで故郷を追われる人々を記録した馮艷、そして中国で封印されてきた歴史の「闇」に光を当てた胡傑たちである。

　建国以来，中国の現代史は激しい権力闘争によって引き起こされた政治的，社会的な動乱の歴史だった。しかし，共産党一党独裁下においては，共産党統治を批判することは許されず，メディアも国家の認定する「正史」のみを報じてきた。中国では「メディアは国家の喉であり，舌である」と規定され，自由で独立した報道は認められていない。マスメディアは政府の犯した過ちを検証することもできず，国家の「無謬性」を補強する歴史観を流布していた。

　そのような国家の歴史観に対し，歴史の再解釈を迫ることで中国社会に衝撃を与えたのは，胡傑の作品である。胡は文化大革命の時代，共産党批判をしたために処刑された林昭という北京大学生に強い関心を抱いていた。彼女はなぜ銃殺されなければならなかったか。一人の不遇の死を遂げた女性の生涯をたどりながら，文化大革命のもたらした「負」の歴史を映像で描いていった。その『林昭の魂を探して』という作品は，映画館での上映は禁止されていたものの，

第２章　社会デザイン研究の拡がり

歴史の「真実」を求める人々の共感を呼び，ネットなどを通じて広範な支持を得ることになった。

「文化大革命は誤りだった」という総括は共産党からもなされている。しかし，文化大革命の指導者だった毛沢東を正面切っては批判できず，膨大な犠牲者を生み出した文化大革命の政治的責任を問うような報道はできない。殊に林昭の処刑に関わった関係者たちはまだ存命であり，歴史のタブーに触れた胡は強い圧力を受け，当時勤務していた新華社通信から辞職を迫られている。その後，彼はインディペンデントのドキュメンタリー監督として，1950年代の反右派闘争の時代の記録にも取り組んできた。小型ビデオを手にしたことで，人々の側から見た歴史の再解釈，記録を残すことが可能となっていた。胡の仕事は海外でも高く評価され，日本でも中国研究者たちの招きで度々来日している。

APIの中国人メンバーたちの映像作品は，CS放送局の朝日ニュースター，東京MXテレビを始め，1990年代の半ばからは，NHKなどの地上波でも放送することができた。大手のテレビ局では決して取材できないような中国の姿を見せることができたと思う。

1990年代にAPIに参加したメンバーたちは，後に中国におけるインディペンデントの映像制作者の先駆者たちと評価され，今もドキュメンタリー映画監督として活躍している。

おわりに

2000年代に入ってからもAPIはアジアのジャーナリストたちとのネットワーク化，相互扶助態勢を築く努力を続けてきた。そのなかでも特筆すべき成果は，朝鮮民主主義人民共和国（北朝鮮）のジャーナリストたちとの連携を図ってきたことである。

北朝鮮はもっとも取材のむずかしい国のひとつである。指導者の世襲制，個人崇拝など，きわめて特異な政治，社会体制下にあって，メディアで流される北朝鮮の人々のイメージの大部分は「洗脳されている」「ロボットのようだ」というステレオタイプ化されたもので，彼らの素顔はまったく見えてこない。APIは北朝鮮から中国へ逃れてきた「脱北者」の中で，「北朝鮮の実態を世界

63

に知らせるためにビデオで記録したい」という人たちへカメラを渡して，彼らの撮った北朝鮮の内部映像を日本や欧米のメディアで紹介してきた。むろん，北朝鮮ではこのような取材は「非合法」であり，撮影はすべて隠し撮りとなる。そのようなリスクを冒しても，「北朝鮮の苛酷な現実を世界の人たちに知ってほしい」というジャーナリストたちの仕事は，外部世界に北朝鮮を考えるための貴重な材料を提供し続けている。

　ジャーナリズムは社会改良を目指す社会的な営みである。その営みを有効化させるためには，職能的なつながり，連帯が必要である。残念ながら，日本ではメディアの組合も企業別組合であり，職能的な組合としては活動していない。マスメディアのジャーナリストたちとインディペンデントのジャーナリストたちを隔てる壁は厚く，溝は深い。

　またグローバル化の時代でありながら，日本では国境を越えるジャーナリストのネットワークはほとんど機能していない。

　そのような時代にあってAPIはジャーナリズムのあり方を再編させる試みに注力してきた。ジャーナリズムの世界でも一国主義的，権威主義的な意識は根強く残っており，「変革」は容易ではない。それでも，社会変革に向けて少しずつ，一歩ずつ，時代は動いており，これからもその希望の芽を育てていきたい。

（野中章弘）

引用・参考文献
アジアプレス・インターナショナル編（1998）『匿されしアジア』風媒社
アジアプレス・インターナショナル編（2000）『アジアのビデオジャーナリストたち』はる書房
アジアプレス・インターナショナル編（2000）『アジアの傷　アジアの癒し』風媒社
アジアプレス・インターナショナル編（2015）『リムジンガン』アジアプレス出版部

4　世田谷パブリックシアターにおける佐藤信の劇場づくり

はじめに

　21世紀社会デザイン研究科[1]（現社会デザイン研究科）は，改称前のホームページによれば「非営利組織の経営と現代社会の危機管理を学ぶMBAコースとして2002年4月に開設され」，修士課程の取得学位の英文表記は「Master of Business Administration in Social Design Studies」である。MBAに批判的なH. Mintzbergは『Management not MBAs』[2]でmanagementの三要素としてart, science, craftを挙げ，art主義は「ナルシスト」に，craft主義は「退屈」に，science主義は「計算屋」になりがちで，MBA出身者はscience主義で机上の空論を振り回すだけ，と評した。ところでdesign, management, scienceの語源を遡っていくと，designとscienceは印欧語根sek-（切る）が語源，managementはラテン語manus（手）が語源と，どれもが手を使うことから始まっている。もちろんartもcraftも手を使う営みであり，なるほどと思わせられる。さらに「学術」には専門的研究の他に，学問と技芸（芸術と技術が未分化のテクネtechnē）を指す用法もある。私見だが，現場と学問の往還を続けられてきた中村先生が立教大学で取り組まれたことは，社会デザイン「学」に「術」を編み込む営みだったように思う。そのことを強く意識したのは，先生が事業責任者を，筆者がプログラムディレクターを務め，足かけ5年間ご一緒した文化庁の大学を活用した文化・芸術推進事業に採択された講座事業「公共ホールのつくり方と動かし方を学ぶ」であった。ということで，先生との共通の知人であり，演劇界の大先達である佐藤信さん（以下，敬称略）の劇場づくりについて取り上げようと思う。

---

[1]　https://sds.rikkyo.ac.jp/curriculum/curriculum.html および https://sds.rikkyo.ac.jp/about/about.html（2023年7月31日閲覧）

[2]　H. Mintzberg (2004) *Managers Not MBAs*, Berrett-Koehler Publishers（邦訳（2006）『MBAが会社を滅す』日経BP社，125頁）

第Ⅰ部　社会デザインの足場を組み立てる

(1)　"世田パブ"ビフォア・アフター

　佐藤信の劇場づくりは，六本木のアンダーグラウンド自由劇場以来，13件にも及ぶ。その中で世田谷パブリックシアター（以下，世田パブ）には開場の1997年から2002年までの5年間"劇場"監督として，劇場建設から運営や事業に主体的に関わった。この世田パブでの取り組みを，ソーシャルイノベーションの成功事例としてマネジメント視点から見ていきたい。

　はじめに当時の公共劇場を取り巻く環境を整理しておくと，世田パブ以前の各地の公共ホールは，設置根拠とされる地方自治法のいわゆる"公の施設"に基づき，地域住民の利用を主目的とした貸館が運営の中心であった。体育館や駐車場などの他の公の施設と同様に，自治体や自治体が設置した財団職員が公平公正な貸出と施設設備の維持管理をおこなう。主催事業といってもほぼ外部の大手劇団や老舗楽団制作公演のいわゆる買い公演が主流であり，自身がゼロから企画し，スタッフキャストを集めて作品創造を行うことはほぼなかった。そもそも世田パブ開場前の1996年時点では，指定管理者制度（2003年施行），いわゆる劇場法（2012年施行），現在の劇場音楽堂等機能強化推進事業等公共ホールの事業支援の原型である「芸術拠点形成事業」内の公演事業等支援（2002年制度導入）等，現在の公立劇場の事業制作の前提となっている枠組みは皆無であった。

　そんな中，佐藤の世田パブへの関与は1987年に基本計画策定委員に加わったことに始まる。1987年7月に地区全体整備計画の基本構想が決定し基本計画（基本設計）が開始されるが，同時に（仮称）文化／生活情報センター，ホール

---

(3)　梅山いつき（2020）『佐藤信と「運動」の演劇』作品社，272頁。
(4)　厳密な定義ではないが，ここでは，地方自治体が設置・（指定管理を含めて）運営する公共文化施設全般を「公共ホール」，劇場・音楽堂の活性化に関する法律が対象とする施設を音楽堂も含めて「公共劇場」とする。また，表記の煩雑さから「公共劇場」と表記するが，theatreがもともと劇場／演劇ふたつの意味を含意する点で，Public Theatre: 公共劇場／公共演劇を含意したものである。
(5)　地方自治法第244条「普通地方公共団体は，住民の福祉を増進する目的をもつてその利用に供するための施設（これを公の施設という）を設けるものとする」。
(6)　1990年に開場した水戸芸術館などは数少ない先行事例。
(7)　「劇場音楽堂等の活性化に関する法律」字句通り活性化＝運営に関する法律であり，現在でも設置根拠は依然として地方自治法の公の施設である。
(8)　1996年にスタートした文化庁のアーツプラン21は文化芸術団体が対象。

部門運営計画策定調査Ⅰが開始され，提言策定までに2年間を掛けている。多くのホールで運営計画が策定されるのが基本設計完了後，作業期間は長くても1年である中では，時期・期間とも稀なケースである。この段階で運営計画を検討すれば，しかも開場後の事業や運営現場には関与しない劇場コンサルではなく佐藤のような現場を知る劇場人が加われば，自然と具体的な使われ方をイメージしたものになる。1988年8月の提言はタイトルからして「新しい感覚の『生活広場を』──文化生活情報センター」となった。事業や運営イメージが明確であれば，必要な空間要件，運用規則，組織体制や要員，予算規模への要望や与件設定は説得力を持つ。結果として，劇場で実際に作品制作を行うために必要な稽古場・作業場等の諸元がディテールを含めて設計に反映され，優れた演劇や音楽の公演を行う事業者がそれらを優先して長期間占有できることが（劇場，稽古場・作業場等各々最長で60日間）(9)設置条例に盛り込まれた(10)。組織づくりにおいては，内部で企画およびスタッフィング，キャスティングや舞台演出技術を提供できるよう，劇団や民間劇場での独自企画制作の経験を持つ舞台の専門家（佐藤の他，桑谷哲男，高萩宏，大石時雄ら)(11)が財団職員として雇用された。また住民と一緒に開場後の劇場のあり方を考え実験できるよう，1988年から長期間，プレ事業として世田谷演劇工房等のワークショップが実施された。

『事業計画大綱』では開場後の事業について，積極的な自主企画制作による公演，ワークショップ，上演作品のレパートリー化とともに，養成機関および専属劇団の設置が謳われ，最後の2つを除いて実現した。（その2つは座・高円寺に持ち越されることとなる）

その事業予算について分析した宮崎刀史紀によれば，事業計画大綱で区からの財源について区の一般会計に占める割合に一定の目安を設けることを課題として挙げる一方で，収益事業や芸術文化振興基金・国際交流基金などの外部資

---

(9) 世田谷区立世田谷文化生活情報センター別表第2より。
(10) 同条例第6条：区民に優れた演劇，音楽等の文化及び芸術を享受することができる機会を提供するための事業又は区民の地域交流活動，国際交流活動等を促進するための事業を行う公共的団体が，区の後援を受けて，当該事業を行うために使用するときは，施設等を優先して使用させることができる。
(11) 桑谷は自由劇場／黒色テント→長野県民文化会館等，高萩は夢の遊民社→パナソニックグローブ座，大石は劇団新幹線→伊丹アイホール等を経験していた。

第Ⅰ部　社会デザインの足場を組み立てる

金や民間の寄付・協賛金といったいわゆる自主財源の確保に積極的に取り組むことが明記され，実際に直接事業費に対する事業収入および区以外からの助成・寄付は佐藤の劇場監督最終年度である2001年度には58.8％に達しているという。[12]

　以上のように，開場前段階で佐藤が参加した早期の事業運営方針／計画の策定と長期のプレ事業を通じて区の所管部署だけでなく議会，住民にも開場後の方向性への理解が形成され，設計，設置条例，事業予算，区からの補助金額等への反映がなされ，必要な専門スタッフが揃ってのオープニング事業の交渉／準備により，1997年4月5日に世田パブは開場した。記念式典と現在も続く地域の文化団体／住民による「フリーステージ」，シンポジウム等に続き，翌月2日にはシアタートラムで佐藤演出，石橋蓮司，堤真一他出演による『ライフ・イン・ザ・シアター』が幕を開け，如月小春，宮沢章夫，坂手洋二，平田オリザ，松本修，野田秀樹等の演出作品，10月にはピーター・ブルック演出『しあわせな日々』が上演されている。またその間に「こどもの劇場」や大道芸が行われる。住民はもちろん各地から利用者が訪れ話題となった。助成金制度も劇場法もなく，芸劇も，あうるすぽっともKAATもない時代に，地方自治体の公共ホールでも世界水準の一級の舞台芸術を生み出しうること，それを地域住民に広く提供できるとともにそれが街に賑わいをもたらすことを自ら証明しようという挑戦は成功した。

　直接の因果関係を検証するのは難しいが，もし世田パブが誕生しなければ，劇場法も各地の公共ホールへの事業制作支援も始まらなかったかもしれないし，指定管理者制度についても，舞台制作の専門性を有しないビル管理運営系の事業者が過半を占めていたかもしれない。その意味で，世田パブの登場は公共ホールはもちろん民間を含めた舞台芸術，さらには日本の文化政策，制度整備に影響を与えたソーシャルイノベーションであったと言えるのではないだろうか。以下その成功の要因について，経営戦略論を補助線に分析してみることにする。

---

[12] 宮崎刀史紀（2007）「公共劇場の財政とその支援」早稲田大学演劇研究センター『早稲田大学演劇研究センター紀要』早稲田大学演劇博物館

第2章 社会デザイン研究の拡がり

(2) 世田谷パブリックシアターの外延と内包

　世田谷パブリックシアターの活動の理念や方針について，あるいはその成果については，これまでに様々なメディアやワークショップ報告書や論考もあれば，佐藤はじめ関係者からも直接に語られている。しかしここでは，開場当初の実際の取り組みと当時に活字になったものに注目してみたい。

　まず，世田パブ開場と同時に発刊され"劇場の理論誌"を標榜した『PTパブリックシアター』。編集後記はイニシャルS，N，Mが執筆しているが，同頁奥付の編集には佐藤信，西堂行人，松井憲太郎の名が並ぶ（途中から酒井徹が加わり，イニシャルは佐藤との重複を避けT）ことから，Sは佐藤信と推察される。

　そのSの第6号のコメントには，「創刊号から5号の特集『劇場の誕生』，『公共劇場のレパートリー』，『世界の演劇祭』，『演劇のワークショップ』，『東南アジアの現代演劇』」これらを並べて，「世田谷パブリックシアターが目指している活動の『外延』である」という。では世田パブの活動の「内包」は何だろうか？　単に"公共劇場"，としてよいだろうか。Sのコメントを見ていくと，「劇場という楽しみの仕掛け」，「劇場らしい愉快さ」（1号），「日々これ祝祭の劇場」（2号），「楽しまれる演劇」「喜ばれる演劇」（3号），と「楽しみ」「喜び」「祝祭」「愉快」といった言葉が頻出する。特に3号では，「演劇の公共性は，つまるところ，観客とのかかわりの中にしかない。問われているのは，その観客の『楽しみ』『喜び』の質なのだ。演劇の公共性について，方法や制度の議論を重ねただけでは，『楽しみ』『喜び』の質は見えてこない」とある。

　これらから浮かび上がる内包としての公共劇場は，一部の演劇ファン層だけでなく多くの市民を観客として，一定の「質」を持った演劇として，"楽しみ"や"喜び"を提供することこそが目指した「内包」だったのではないだろうか。その意味で，演劇における観客の楽しみや喜びの質に大きく関わるのが，まずは劇場空間であろう。

　世田パブの計画にも深く関わった劇場建築設計家であり，昨年度まで岡崎市民会館の芸術監督を務めた清水裕之は『公立文化施設の未来を描く』で，各地の多目的ホールの演劇空間としての問題点として以下を提起している。①基本舞台にプロセニアム形式を採用したことで，クラシックコンサートのために仮

69

設音響反射板を設置することになり，吊物バトンの位置や間隔に制約が生まれること，またその結果としてバトン用途が固定化されること，②フルオーケストラ利用のために舞台間口が広くなり，さらに脇花道設置によりいっそう拡がること，③一文字幕，袖幕が常設となり，ホリゾントの矮小化，セノグラフィーの制約が起きることなど[13]（なお，筆者はそれに加えて，緞織緞帳も吊物バトンの自由度と舞台前方アクティングエリアに制約を与えていると考える）。

そもそも日本建築学会が作成した建築設計資料集成の劇場についての記述によれば，演劇空間としての観客席は水平角度にして120度，距離にして16m（表情や仕草が見える），22m（動きが見える）が視認限界とされていて[14]，1,200席，2,000席といったホールでは，中通路より後方の客席はもちろん，前方でも左右の客席ではこの限界を越える席が相当数発生してしまう。言ってみれば，俳優が空間を支配し観客が演劇の喜びや楽しみを分かち合っているさなかに，それらを十分に享受できない観客が同じ空間に同居することになる[15]。

各地の公共ホールの多くが清水が指摘するようにクラシックのオーケストラコンサートを前提にした舞台仕様と客席規模であるのに対して，世田パブの大きい方の劇場は，まず客席の規模を小さくするとともに，多目的ホールに多いプロセニアム形式の制約からの脱却を図った。

その舞台はオープンシアターとプロセニアムの２つの基本形式が選べ，さらに客席勾配が自由に変えられる。観客席も最後列で22mに収まっている。

シアタートラムは舞台，客席のレイアウト，高さ等自由に変えられ，エンドステージ形式でも客席最後列が16mである。

また，公共ホールの大ホール／小ホールの優劣は，実際の舞台設備機器においても照明卓や音響卓の性能差，電動バトン有無などにおける優劣とともに，未だにメインホール／サブホールという呼称等にも表れている。それに対して，設備機器はもちろんだが，世田パブの２つの劇場の呼称も優劣さを感じさせない点も見逃せない。

---

[13]　清水裕之（2023）『公立文化施設の未来を描く』水曜社，180頁
[14]　日本建築学会編（2005）『コンパクト建築設計資料集成』[第３版]丸善出版
[15]　もちろん大空間を前提にした動きやメイク，電気音響を使う舞台作品にも喜びや楽しみはあるが，微妙な仕草や表情や生声での発声が望ましい作品の楽しみとは別のものである。

その意味で，世田パブの大きな提起のひとつは，市民に「質」を伴った作品を提供できる演劇空間としての小劇場の必要性，その基本形式や設備機器水準に対する問題提起ではないだろうか。

続けて，開場からの公演プログラムを見ていくと，従来の公共ホールのいわゆる買い公演とは大きく異なるラインナップが並んでいる。

①劇場自身による独自企画の作品——既存の劇団・楽団による巡回公演でもなければ地元文化団体の（友人知人を主な観客とする）公演でもない，日本中でそこでしか観られない作品の創造と提供がなされた。
②いわゆる小劇場系の俳優やスタッフの起用——佐藤だけでなく，事業制作の石井恵，舞台技術の桑谷哲男，市来邦比古らが劇場常勤スタッフとして直接に作品制作に関わり，演出家だけでも太田省吾，野田秀樹らが起用されている。
③従来とは異なる新しい顧客の獲得——劇場会員や老舗劇団ファン層を中心とした地域の演劇関心層とは異なる，従来公共ホールを訪れなかった層の獲得。例えば小劇場ファン層も50代に達した第一世代から第四世代の20代まで多世代の獲得。それは同時に設置自治体である世田谷区住民を越える広域からの来場の獲得でもあった。

当時の公共劇場をめぐる議論で言えば，ドイツのようなクローズド型と従来の日本のオープン型の対比があり，世田パブの計画に関わった清水裕之のセミオープン型の提起（『21世紀の地域劇場——パブリックシアターの理念，空間，組織，運営への提案』鹿島出版会，1999年）等があった中で，それらを実際に具現化して提示したと言える。

(3) ソーシャルイノベーションとしての公共劇場の誕生

これらをビジネスマネジメントの視点から見てみよう。例えば，イノベーションについて，J. A. シュンペーターは次の5つの要素を挙げている[16]。

---
[16] J. A. Schumpeter (1926) *Theorie der wirtschaftlichen Entwicklung*, Duncker & Humblot（邦訳

第Ⅰ部　社会デザインの足場を組み立てる

a. 新しい商品や新しい品質の提供
b. 新しい原料や新しい供給源の獲得
c. 新しい生産方法や生産方式の導入
d. 新しい販路の開拓
e. 新しい組織の実現とそれによる独占的地位の形成あるいは独占の打破

　前ページの①はaを，②はbやcを，③はdを見事に達成している。eに関連してC. M. クリステンセンは，既存のサプライヤーが優良顧客の要望に応え続けて，性能と価格が上昇していく中で，品質や性能を引き下げた新しいサプライヤーが登場しても，先行者は優良顧客を重視し手を出しにくく結果として市場が激変することを"破壊的イノベーション"と呼んだ[17]。開場当時，例えば俳優座の八木柊一郎脚本，千田是也演出『カラマーゾフの兄弟』は5,250円，89年とやや前だがセゾン劇場のピーター・ブルック演出・チェーホフ『桜の園』がS席10,000円だったのに対して，世田パブでは前出の『ライフ・イン・ザ・シアター』4,000円，ピーター・ブルック演出『しあわせな日々』は6,000円であった。このことは，シュンペーターのeやクリステンセンの破壊的イノベーションに見事に合致しており，前述のaからdともあわせて，世田パブは公共劇場がイノベーションを起こしうることを実証したと言えるのではないだろうか。

　あるいは，サイバーと法律の専門家であるL. レッシグは現代社会においては人々を強制的に従わせるのではなく，自ずと目指す方向に向かわせる「設計」，「法令／規則」，「習慣」，「マーケティング」の4要素を整理した[18]。世田パブにおいては，設計＝2つの劇場，稽古場，作業場等の施設設備仕様，法令／規則＝設置条例，習慣＝プレ事業でのワークショップ等今までにない利用運用スタイルの醸成，マーケティング＝前述のイノベーションによって，新しい公共劇場を，無理強いせずに実現したとみることもできるだろう。

　　(1980)『経済発展の理論』(改訳版) 岩波書店，152頁)
[17]　C. M. Christensen (1997) *The Innovator's Dilemma,* Harvard Business School Press (邦訳 (2001)『イノベーションのジレンマ』翔泳社，117頁)
[18]　L. Lessig (1999) *CODE,* Basic Books (邦訳 (2001)『CODE』翔泳社，158頁)

第２章　社会デザイン研究の拡がり

　以上のように世田パブの試みは日本の文化芸術の公共性に対して大きなイノベーションをもたらしたと言えるが，今度はより狭く，前述の世田パブの「内包」にとって，あるいは日本の演劇にとっては，どのような意味を持つのだろうか。

　ここで筆者は，それが「運動としての小劇場の再提起」ではなかったかと考える。そしてそれは80年代当時言われていた，「佐藤らを第一世代とする"60年代以降の"，"日本固有の"小劇場運動は終わった」，という言説に対して，ひとつは戦前からの小劇場運動の系譜を，もうひとつは，戦前もそして現在も小劇場運動は欧米など世界の動向のなかにある，という問題提起であったのではないだろうか，という仮説の提示とともに考えてみたい。

　その意味で，前述の『PT パブリックシアター』創刊号特集「劇場の誕生」中，日本の近代劇場についての大笹良雄の論考は象徴的である。[19] 執筆にあたり佐藤ら編集と大笹の間にどのようなやりとりがあったかは不明だが，歌舞伎（旧劇）－新派－新劇－小劇場という進歩史観に否定的であり，小劇場もふくめて新劇であるとする大笹は，ここで大正期の小劇場運動と築地小劇場に焦点を当てている。

　大笹は当時の文献を踏まえながら，大正期の小劇場運動から築地小劇場への流れを紹介する。1906年小山内薫と市川左団次による自由劇場にはじまり，大正期の演劇の民衆化，改善運動の中で，その担い手が大劇場なのか小劇場なのかという論争を終結させたのが，関東大震災の翌年1924年に開場した築地小劇場であった。土方与志の当初の計画は250席であり，そこでの彼の理想は，非商業主義的な性格を持ち，（引用された土方夫人の自伝によれば）「役者が芝居だけで食える」という条件を保証しながら，「二百五十人入りの小劇場に拠って，新劇の俳優を育てながら実験的な新しい演劇を上演し，その演目を築地の演劇として確立し，大劇場でも上演する方法，レパートリーシステムをとりたい」[20]だったという。（ちなみに同時期に西洋式の国立劇場設立運動も動いていた点は，世田

---

[19] 大笹良雄（1997）「築地小劇場はなぜ誕生したか」『PTパブリックシアター』世田谷コミュニティ振興財団，22頁
[20] 土方梅子（1976）『土方梅子自伝』早川書房，117頁

73

パブと並行した新国立劇場建設の動きを連想させる）。実際には小山内の意見を容れてほぼ2倍の468席に変更されたが，自慢の鉄骨コンクリイトのクツペルホリゾント，4つのセクションに分割された舞台は高さが可変であり，観客席前方を前舞台に変更することや，逆に客席を舞台部分まで拡げることができる，可変性の高い舞台と観客席であったという。また劇場では美術展等も開催され，大劇場での上演や，レパートリー化についても，開場間もなく日比谷野音8,000席，宝塚歌劇場中劇場（1,000席）での公演も行っている。また，大笹によればこれらの計画は土方自身の見聞した欧州の自由劇場などとともに，小山内が研究していた米国の小劇場運動の動向も踏まえていたという。

　世田パブが持つ土方の目指した250席と小山内により実現した500席に近い2つの劇場は，人間の身体能力が大きく変わらない限り，前述の建築設計資料にあるように演劇上演に適した劇場規模であり，そこでこそ多くの市民を観客として，一定の「質」を持った演劇として，"楽しみ"や"喜び"を提供することができ，市民に広く支持されるからこそレパートリー化が可能であり，それらを担う演劇人の雇用や人材の育成は不可欠である。この点では，戦前の小劇場運動の課題は今も取り組むべき課題であるというのが，佐藤が世田パブで提起した，運動としての小劇場の系譜ではないだろうか。

　大笹によれば，戦前の小劇場論争は築地小劇場の出現により事実上終息したという。前述の80年代〜90年代にあったクローズド型かオープン型かと言う議論も，世田パブの出現によりほぼ終息した。ちなみに，世田パブは再開発事業全体の遅延のために新国立劇場と同じ97年の開場となったが，当初開場を目指していた95年春は築地小劇場が東京大空襲で焼失した1945年春からちょうど半世紀後にあたること，そして実際の開業が大正期には実現しなかった新国立劇場の開場と同じ年になったことに気づいた時，筆者には感慨深いものがあった。

　もう一点，世田谷パブリックシアターという施設名称とゆかりの深いのが，ニューヨークの公共劇場ザ・パブリックシアターである。最近では米国にはパブリックシアターと称する劇場がいくつも存在するが，そもそも英語圏におい

---

(21) 熊谷知子「築地小劇場の第1回宝塚中劇場公演（1925）」『西洋比較演劇研究』Vol. 21 No. 1 March 2022

ては，リージョナルシアターやコミュニティシアターが一般的であった。ザ・パブリックシアターは，今も続けられているセントラルパーク野外劇場での「Shakespeare in the Park」や初期の『Hair』，『A Chorus Line』等のヒットミュージカルから最近の『Hamilton』，『Eclipsed』と，50年代にはじまる客席数500席未満のオフブロードウェイや60年代のアンダーグラウンド演劇という，いわば米国の小劇場運動から誕生した成功モデルである。実験演劇や小劇場運動の研究者マンフレッド・ブラウネックベルリン大学名誉教授は最近の編著『Independent Theatre in Contemporary Europe』[22]の序章で，タイトルと異なり日本を含む小劇場運動が相互に影響しながら進んできたことを紹介している。

このように見ていくとき，世田谷パブリックシアターという名称は，小劇場運動は戦前から決して日本の閉じたものではなかったことと，そして現在も積極的に海外の公共劇場や小劇場運動との交流を意識していることの宣言だったのではないだろうか。

(4) 劇場は広場である

一昨年の芸術監督交代時に白井晃が言及し再注目された，世田パブの入口に掲げられている「劇場は広場」ではじまるレリーフは無記名だが佐藤の作とされる。[23]

世田パブ学芸スタッフの中村麻美は「文化生活情報センターの基本コンセプトは『市民のための新しい生活広場』である。佐藤は『劇場は広場』であると述べているが（世田パブ入口のレリーフ等参照），ここで言う『広場』とは『人々が集まって共同することで新しいものを生み出す場』であり，言い換えると，演劇の専門家にとどまらず，いわゆる一般の人，すなわち地域の人々と共に活動する場である」とコメントしている。[24]

この「広場」は，どこからきたものだろうか。いわゆる劇場法の「新しい広

---

[22] Manfred Brauneck and ITI Germany (2017) *Independent Theatre in Contemporary Europe* Transcript Verlag

[23] 劇場は広場／いつもここで出会う／見知らぬ誰かと／もうひとりのわたしと／／ひかりの原で／笑え 歌え 踊れ／劇場は広場／いつもここから始まる／物語の旅と／明日への夢と

[24] 世田パブの演劇ワークショップについて「これまでの経緯ならびに理念」中村麻美（世田谷パブリックシアター学芸）2010年10月27日

場」は2012年の制定，平田オリザ『新しい広場をつくる』も2013年刊行であるから世田パブ以降である。劇場，演劇に近しいところで言えば，佐藤が敬愛する宮沢賢治を題材にした井上ひさしの名作『イーハトーボの劇列車』の終幕，賢治に扮した農民の台詞にこうある。「ひろばがあればなあ，どこの村にもひろばがあればなあ，村の人びとが祭りをしたり，談合をぶったり，神楽や鹿踊をたのしんだり，とにかく村の中心になるひろばがあればどんなにいいかしれやしない」。

これは佐藤の語る広場に近しい。もちろん佐藤自身の内外の広場体験や世田パブ準備段階のスタッフとの議論等を経て固まっていったのだろうが，「広場としての劇場」は，目指す劇場の比喩的表現なのだろうか。もちろんそれが豊かなイメージを持ち，議会や住民に期待を持たせるビジョンとしては有効だったと考える。しかし同時に筆者はここで「広場」こそが佐藤の戦略論であり，それは竹内好の根拠地の理論に由来するのではないか，という仮説を（紙幅も限られるので，残念ながら素描的にであるが）提示したいと思う。

(5) 根拠地としての公共劇場

竹内は根拠地の理論について，いくつかの著作や講演で次のように触れている。

「いかに敵が強大でも，根拠地を奪うことはできない。したがって我は不敗なのだ。なぜ根拠地を奪うことができないか。……発達が不均衡だからである」「根拠地が一定の地域を意味するのではなく，哲学的範疇だと言うことだ。……固定的でなく，動的である。固執すべきものではなく，発展すべきものである。閉鎖的でなく，開放的だ」。

---

[25] 井上ひさし（1980）『イーハトーボの劇列車』新潮社，147頁
[26] 竹内好を経由した中国，あるいは毛沢東の根拠地の戦略に依拠，つまり「戦略」という用語の出自でもある軍事戦略論を抽象化した戦略論から直接に学んだのではないか。ちなみに戦略（strategy），戦術（tactics），作戦（operation）等字面から窺えるものだけでなく，キャンペーン（campaign=軍事行動，戦役 ex.campaign of Waterloo）も語源は軍事用語である。また毛沢東の戦略は西側軍指揮幕僚学校で採用される教科書（オングストローム＆ワイデン（2014）『Contemporary Military Theory』（邦訳：（2021）勁草書房，120頁））にも記述がある世界水準のものである。

「権力の奪取を担当するだけで、あとは自治に委せるのが原則だ。自由を与えられ、いかに見事な自治能力を発揮するか……、彼らは一切のものを作り出す。かくしてこの根拠地は、周囲に影響を与えることによって、根拠地としての機能を発揮する」。[27]

　「根拠地とは、一種の古代的ユートピアの伝統をになった、生活共同体の単位であって、それ自身に生成発展するものである」。[28]

　また竹内の追悼記事で、中村先生ともゆかりの深い鶴見和子は次のように紹介している。「竹内さんは、根拠地を、マイナスをプラスに価値転化する場として定義した。『弱い者が弱いままで勝つこと』を可能にする場、ともいう」。[29]

　あるいは、孫歌「中国の原理について言及したことがあります。毛沢東には『根拠地哲学』というものがあります。その哲学は、敵をわがものにするという原理です」。[30]

　また加々美光行は「竹内好が『根拠地思想』と呼んだものと、セルデンが解明した『村落共同体再編運動』の思想とがほぼ同義であったことは、以上から明らかだろう。それはつまるところ常民の思想にほかならなかった。……それは中国の『近現代』の歴史の中に、『等身大』の日常的暮らしを基礎とした『非政治世界』（根拠地）から常に離脱することなく、しかもその暮らしの防衛のために『政治世界』へと向かう常民がいると……見る観点でもあった」。[31]

　我は不敗≒演劇は滅びない

　それも弱いものが弱いままで勝つということ≒稼ぐ文化や社会包摂、国家威信などで武装しなくても、演劇という無防備な弱者のままで不滅であること。

　ただ、弱いままで勝つためには根拠地＝劇場という公共空間が必要であり、根拠地（劇場）は哲学的範疇、動的である、発展すべきもの、開放的であり、

---

[27] 竹内好（1966）「評伝 毛沢東」『竹内好評論集第1巻　新編現代中国論』筑摩書房、337頁
[28] 竹内好「現代思想の動き第8回　アジアのナショナリズム」『朝日新聞』1955年8月25日付。（1981）「アジアのナショナリズム」『竹内好全集』第5巻、筑摩書房
[29] 鶴見和子（1998）「竹内好氏から『火を盗め』るか」『コレクション鶴見和子曼荼羅Ⅶ 華の巻　わが生き相《すがた》』、藤原書店（初出：朝日新聞1978年3月3日東京版夕刊）
[30] 孫歌（2006）「竹内好における歴史哲学」愛知大学国際中国学研究センター『日本・中国・世界―竹内好再考と方法論のパラダイム転換』
[31] 加々美光行（2006）「竹内好再考と方法論のパラダイム転換」愛知大学国際中国学研究センター『現代中国の方法』

そこでは、「等身大」の日常的暮らしを基礎とした「非政治世界」(根拠地)から常に離脱することなく、しかもその暮らしの防衛のために「政治世界」へと向かう≒芸術文化を生活文化と不可分な存在とし市民生活から離脱させない。

　権力の奪取（公共劇場という場の準備）だけであとは自治能力の発揮に委ねる

　根拠地=公共劇場は周囲=街に影響を与える……

根拠地の思想と、佐藤の公共劇場観あるいはその戦略は親和性が高く、佐藤にとってのひとつの"方法としてのアジア"だったのではないかと思うがいかがだろうか。(32)

おわりに

　世田パブには演劇に最適な2つの劇場空間が出現したものの、大規模改修によって芸劇に生まれたシアターイースト、KAATスタジオ、吉祥寺シアター、久留米シティプラザCボックスなど、それに続く演劇のための小劇場は数えるほどしかなく、多くの公共ホールでは大ホールより貧弱な設備のサブホールが未だに生まれ続けている。設置条例でも、平等な利用を条文に明記する設置条例がむしろ増加しているのが、世田パブから25年後の日本の公共劇場を取り巻く環境である。

　前述の鶴見の追悼文は「竹内好氏から『火を盗め』るか」と題されていた。佐藤は世田パブ、座・高円寺で第4の壁を越え、劇場それ自体の壁を破ることで「公共」劇場のあり方への異議申し立てを、異化作用を発動させた。演者として舞台には立たなくとも、劇場を社会に開くという物語を演じ、舞い踏んだ。佐藤が座・高円寺の芸術監督を退いた今、誰が佐藤信から「火を盗め」るか。戦術や作戦の踏襲や模倣ではなく、いっそう混迷する危機の時代に新しい運動(campaign)を起こすべく公共劇場の火を灯すのか、あるいは佐藤が民間に拠点を移した若葉町WHARFから再び新しい火を起こすのを待つのか、公共劇場のこれ

---

(32) なお今回気づいたことだが、強大な敵のNo1戦略に対して、絶対に真似できない／奪われない根拠地=コア・コンピタンスをもって永久革命=絶えざるイノベーションを続ける、そう連想するとき、抽象化された根拠地の戦略はC. K. プラハラードのコア・コンピタンスや共創イノベーションのアジア的表れであり、またRBV戦略、特に組織の内部資源を重視するC. K. プラハラードのコア・コンピタンスは、竹内の近代化の2つの型論、あるいは鶴見の内発的発展論と親和性が高いのではないだろうか。これも今後の検証アイデア仮説として提示しておきたい。

からにはまだまだ高い壁が残されている。　　　　　　　　　　　　　　（髙宮知数）

5 分からなさへの辛抱と省察を導く博物館の可能性

(1) 博物館をめぐる社会的要請

　博物館[1]を，様々な方法で「社会」に働きかける機関として位置づける目的や活動を採用することについて，国際的な関心が高まっている。例えば，社会が抱える課題（持続可能性，多様性，アクセシビリティ，高齢化など）に博物館が関わっていこうとする実践も進みつつある。既存の価値観，アイデンティティを強化するのではなく，現代の社会的課題に介入しようとする実践は，博物館の社会デザイン実践でもあろう。その動きは，博物館関係者による国際的組織であるICOM（国際博物館会議）の博物館定義にも反映されている。2022年に採択された新たな定義は，以下のように規定している。

　　博物館は，有形及び無形の遺産を研究，収集，保存，解釈，展示する，社会のための非営利の常設機関である。博物館は一般に公開され，誰もがアクセスしやすく，包摂的であり，多様性と持続可能性を育む。倫理的かつ専門性をもってコミュニケーションを図り，コミュニティの参加を得て，博物館は活動し，教育，愉しみ，省察と知識共有のための様々な経験を提供する[2]（ICOM 2022）。

　包摂的（inclusive），多様性，持続可能性などの新たに追加されたキーワードはまさにマクロな社会的課題を意識した博物館の社会的価値を示す。他方，博物館で人びとが何を体験しているかを示すキーワードには，「省察（reflection）」が加わった。定義案の策定に関わったICOM Defineの共同委員長は，「省察」を批判的思考（critical thinking）につながる活動と位置づけている。そのうえで，博物館は一般市民に情報を提供するだけでなく，新たな方法で物

---

[1] 本論での博物館とは，館種（美術館や自然史系博物館といった分類）の別にかかわらず，博物館総体を意味して用いる。
[2] ICOM日本委員会による日本語訳をもとに，筆者が英語原文を訳出したものである。

事を熟慮する機会も作り出していることを示す言葉であると説明している（Bonilla-Merchav and Soares 2022: 144）。しかし，おそらく多くの人にとって「省察」とは，聞きなじみのない言葉であり，その意義は明らかではない。そこで，本論では具体的事例をもとに次の二点に着目し，省察の意義を明らかにすることを目的とする。第一は，個人の博物館体験における省察とは，どのような状況で生じるのか。第二は，なぜ博物館で省察が可能であるのかについてである。

(2) 省察が意味するところ

「省察」という言葉は専門用語であり，英語の"reflection"も省察以外に，内省，熟考，反省，ふりかえりといった訳をあてることもある。ここでは，「省察」とそれに関わる思考や態度のあり方を考えるための所論を確認していきたい。

ジョン・デューイ（John Dewey）による省察

ジョン・デューイは自著において，省察とは，「何かを試みようとすること（活動）と結果として起こることとの関連について認識すること」であると述べている（デューイ 1975: 230-231）。熟達化という具体的場面に即するならば，自転車に乗れるようになる（結果）には，繰り返し練習をする。その過程から，人は，何らかのコツをつかむために思考を行う。言語化できない気づきも含めたコツをつかむには，練習の失敗や成功を省察することは欠かせない。動作という行為に限らず，コミュニケーションの場においても，人は省察を行う。例えば，他者による何らかの努力に対して「意識が高い」と褒めた自らの行為が，相手を不快にさせる結果になったとしよう。そこで，自らの行為やお互いの前提を省察し，言葉に対する解釈の相違――誉め言葉が，他者にとっては皮肉として受け取られる――に気づくこともあるだろう。上述のいずれの状況であっても省察から，人は自らの価値観や行動／行為の準拠枠に気づき，行動を変容させる可能性をもつ。

他方，デューイは省察による思慮深い行為の対極に，決まりきった作業を挙

げている。つまり、習慣的な行いの積み重ねを起こりうることの全てとらえ、行為と結果の関連を考慮せずに行為することである（同上書: 232-233）。人は省察を行うと同様に、生活のなかで判断が求められる状況において、思考放棄や停止に陥ってしまう側面がある。したがって、省察しなければならない状況が成立して初めて、思考が動き出すのである。

「省察する思惟」と「放下」

マルティン・ハイデッガー（Martin Heidegger）は、技術（原子力技術）の使用を例に、現代の人びとが無思慮というあり方で思惟から逃走していると批判を行っている（ハイデッガー 1963）[3]。ここでいう思惟とは、「計算する思惟」と対比的に位置づけられた「省察する思惟」を意味している。「計算する思惟」は、一定の成果を当てにしてせかせかと打算をめぐらす行為である。「目的を達成するための最短距離を算出するような思考」との指摘もある（戸谷 2020: 36）。思惟と表現はしているものの、本来的な意味での思惟であるとはいい難い。

対照的に「省察する思惟」は、待つことが重要であり、事柄の内にある全ての意味を追思する思惟である。したがって、一つの表象に一面的にこだわるのではなく、自分の内面で一緒にならないような事柄に自らを放ち入れることが求められるという。ハイデッガーは、このようなあり方を「放下」（Gelassenheit）と名づけている。「放下」とは、（技術を使うことに対して）「然り」と「否」を同時に言う落ち着いた態度である。「計算する思惟」あるいは技術による独占を強制されることへの抵抗のあり方として、「省察する思惟」と「放下」が提起されるのである。ハイデッガーの思想は、対話が求められる状況における思考のあり方、思考放棄のありさまを明らかにしている。

世界に入り込む行為としての鑑賞と無化

博物館での省察あるいは思考の特性をつかむにあたって示唆を与えるのが、

---

[3] ハイデッガーの『放下』を読み解くにあたっては難解な点もあり、國分（2019）や戸谷（2020）による解説を参照されたい。

佐伯胖による指摘である。佐伯は，人がものを考えることについて，「文字的思考」と「絵的思考」を対照化して論じている（佐伯 2011）。

「文字的思考」とは，部分を確定しながら全体を描き出すような「分析による統合」を目指した思考を指す。知識は客観的なものであり，物事をカテゴリーの中に包含していくという考え方になる。それに対して，「絵的思考」は全体の意味を予見して，部分を位置づける（解釈する）思考を指す。論理や原理ではなく配慮や関心に重きを置き，カテゴリーにはまらない意味や価値を重視するという。

上記の視点をもとに，作品あるいはアートを理解する鑑賞——作品の世界に自分を投入する（入り込む）こと——とは，自分を「無」にして対象と同一化する行為であると言及している。したがって，鑑賞は「文字的思考」のように，論証を重ねて真実を突き止めるというものではない。佐伯は，自分を無化することへの理解を促すために，詩人のジョン・キーツ（John Keats）による「ネガティブ・ケイパビリティー」（negative capability）をキー概念として示している。この言葉は，「人が不確かさとか不可解さとか疑惑の中にあっても，事実や理由をその時点で何か解明しようとしていらいらすることを押さえる，そういうことがない状態」を意味しているという[4]。

さらに佐伯は，作品世界の意味理解に立ち止まる段階を「省察」，対象世界をとらえ直すことを「予見的投企」（proleptic projection）と表している。それぞれの射程にある対象は異なるものの，佐伯が述べる鑑賞のありようは前出の「省察する思惟」や「放下」の態度とも軌を一にする考え方であろう。

（3）見知らぬ誰かのことを想像する展覧会——博物館での省察

博物館において省察しなければならない状況とは，どのように生じるのだろうか。2023年に東京都現代美術館（以下，都現美と略す）で開催された「あ，共感とかじゃなくて。」展を一例に，考えてみたい。同展では，現代美術の作品

---

[4] 佐伯による指摘は，生涯発達における超越（「自己と外界の対立図式を越えること」）に関する鈴木忠の研究から着想を得ている（鈴木 2009）。鈴木は「ネガティブ・ケイパビリティー」を「何ものでもなくいられる力」と訳している。

を通じて，他者への想像力や共感の難しさを問いかけようとする。例えば，有川滋男による映像作品は，何かの仕事をしている人の様子がモニター画面に映し出される。企業の出展ブースのような展示空間には，映像と関連するモノが置かれているが答えは用意されていない。つまり，作品の解釈は見る人に委ねられているのだ。したがって，来館者にとっては，自分の理解を超えた現象や存在に対して省察し（考え）なければいけない状況が用意されている[5]。言い換えるならば，ネガティブ・ケイパビリティーが必然的に求められる状況が生起しているのである。来館者のなかには，分からなさに耐えきれず，その場を去った人もいるかもしれない。だが，多くの人は足を止め，想像と思考を巡らせているように見えた。

渡辺篤による，ひきこもり当事者たちとの協働による作品では，当事者から募集した部屋の写真が展示されている。ここでは作品を見る行為が，ひきこもりに対するステレオタイプな見方や価値観が適切であるのかを省察するフックとなっている。デューイが述べる自らの思考枠組みに気づく省察のあり方にもつながる。

展示室の最後には，「空をながめる野原」（英語では，"Reflection"と表記）と題したスペースが用意され，来館者は自らの省察を言語化し，残すことができる（写真）。「自分のために，またはこの展覧会を視ている他の人のために，あなたが考えていることを空に浮かべてみてください」というリード文の下には，以下のような問いかけの例が記されている。

　　「共感」という言葉で思い出す出来事は？
　　誰かのことを想像してみる。それはどんな人ですか？
　　自分の考えや気持ちを大切にされていると感じるのは，
　　どんな時ですか？
　　全く共感できない人と，どうやって話をしますか？

---

[5] 上述の展覧会が意図することとは異なる文脈ではあるが，思考を促す作用が働きやすいのは美術館の特性でもある。なぜならば，展示をつくる側が解釈に力を入れすぎたり情報を提供しすぎたりすると，見る体験（美的体験）の妨げになるという立場があるからである（Pekarik 2002: 263）。

第2章　社会デザイン研究の拡がり

「空をながめる野原」　　　　　　　　　　（出所）筆者撮影

「あ、共感とかじゃなくて。」
どんな気持ちを乗せて，誰に伝えますか？

「あ，共感とかじゃなくて。」展「空をながめる野原」パネルより

　来館者が展示を見終わった後に，自らの考えや解釈を共有する仕掛けづくりをする傾向は，近年，顕著になりつつある。例えば，2023年にリニューアルを行った立命館大学国際平和ミュージアムでは，全ての展示に来館者に向けた直接的問いかけがある。また，最後には展示をふりかえり，設定された複数の問いに対して発信・共有を行う「問いかけ広場」が設定されている(6)。博物館でのコミュニケーションが，専門家から来館者への一方向の伝達モデルから脱却しようとする証左であると同時に，意識的に省察の機会を創出しようとする企てともいえるだろう。

(4) 省察を促す博物館の可能性

　美術史家である木下直之は，博物館は「立ち止まる場所」であると指摘する。

---
(6) 筆者が2024年2月に訪れた際には，「社会の豊かさって何？」，「貧富の差はなぜ起こるの？」，「助け合うために私たちは何ができるの？」，「どうして人は傷つけあうの？」，「差別に苦しむ人がいるのはなぜ？」といった問いと来館者の考えが壁面に貼られていた。

木下によれば「立ち止まる」とは，展示を見ながら自分が自明視してきたことを疑い，立ち止まって考えることを指すという（木下・副田 2022: 28-29）。以上の含意を読み取るならば，「立ち止まる場所」とは「省察する場」とも言い換え可能である。博物館で省察が可能となりうるのは，性急な判断（答え）が求められる日常から解き放たれる空間があり，上述のように「分からなさ」や「未知のもの」に出会うことが企図されたときである。

　他方で留意すべきは，博物館が単純に問いかけを行えば良いというものではない点である。どれだけ問いかけがあったとしても，自らにとって必然性のない問いは押しつけであり，思考を生み出さない。人は，自分にとって必然性のある問いを自らが生み出すことによってこそ，思考が促されるのではないだろうか。

　哲学者のハンス=ゲオルク・ガダマー（Hans-Georg Gadamer）はソクラテスの対話を例に，「問うことは答えることよりも難しい」と述べている。それは，全てのことを相手より知っていると思う者は全く問うことができないからである。したがって，問うということは未決定の状態におく（答えが定まっていない）ことになる。問う技法とは，「問い続ける技法」であり「思考する技法」としての対話術である。さらに，支配的な（一般的な）意見が問いを抑圧することも指摘されている。（ガダマー 2008：562，566-568）。博物館が問いかけをするのであれば，ガダマーが対話術の条件に挙げる「問い答（応）える」道のりを来館者とともに歩むことを確保しなければならない。

　したがって，博物館での省察とは，自らの分からなさを安心して表出できることが保障されて初めて成立する。「分からなさ」や「未知のもの」を作品に埋め込むこと以外にも，考えざるを得ない環境づくり——思考の複数性を担保する仕掛け——は可能であろう。

　日常の慌ただしさにおいて，人はつかの間の思考に気づかぬまま，果たして自分は思考していたのかどうかさえも忘れてしまうことがある。答えや結論を拙速に示すのではなく，分からなさを実感し省察を促す博物館の存在は社会的課題に向き合う思考様式を促すことにもなるだろう。同時に，博物館は来館者に一方的に省察を促す／問いへの応答を求めるのであれば，傍観者的立場にと

どまることになる。博物館自身が省察を行っているか，社会的課題への関わり方が問われている[7]。博物館は，価値づけられた著名な資料／作品を受容するだけの場ではない。社会的課題に関する世論を喚起し，対話や議論を成立させる触媒となるオルタナティブな博物館の挑戦を注視してほしい。　　　　（菅井　薫）

引用・参考文献

ガダマー，H-G. 轡田收・巻田悦郎訳（2008）『真理と方法Ⅱ——哲学的解釈学の要綱』法政大学出版局

木下直之・副田一穂（2022）「博物館とは立ち止まる場所——見えないものを見せる，内省の場へ」『芸術批評誌［リア］』49，リア制作室，2-29頁

國分功一郎（2019）『原子力時代における哲学』晶文社

佐伯胖（2011）「絵を見るとはどういうことか」福原義春編『100人で語る美術館の未来』慶應義塾大学出版会，27-46頁

鈴木忠（2009）「自己を越える／現実を越える——アイデンティティー概念再考」『生涯発達心理学研究』1，19-30頁

デューイ，J.　松野安男訳（1975）『民主主義と教育（上）』岩波書店

戸谷洋志（2020）『原子力の哲学』集英社

ハイデッガー，M.　辻村公一訳（1963）『放下』理想社

八巻香澄（2023）『あ，共感とかじゃなくて。』東京都現代美術館

Bonilla-Merchav, L., and Brulon Soares, B. (2022), "Arriving at the Current Museum Definition: A Global Task and a Decentralising Exercise," *Museum International*, 74 (3-4), pp.134-147

ICOM (2022), "Museum Definition," https://icom.museum/en/resources/standards-guidelines/museum-definition/（2023年9月30日閲覧）

Pekarik, A. J. (2002), "Feeling or learning," *Curator The Museum Journal*, 45 (4), pp. 262-264

---

[7]　国立西洋美術館の企画展「ここは未来のアーティストたちが眠る部屋となりえてきたか？——国立西洋美術館65年目の自問｜現代美術家たちへの問いかけ」（2024年3月12日〜5月12日）の内覧会では，出展作家によって美術館のオフィシャルパートナー企業（イスラエルへの武器輸入・販売）への抗議が行われた。美術館にとっても問いかけが投げかけられ，決して傍観者的態度ではいられないことが如実に示された瞬間であった。

6 多文化共生社会と市民教育
―― 社会意識と自己認識の脱植民地化に向けて

(1) 問いかけとしての多文化共生
移動する市民の尊厳保障

　21世紀社会を特徴付ける事象の一つは，国境を越えて移動する市民が増え続けていることである。グローバル化が進展する中，人々の国際的な移動は活発化している。2022年に国連経済社会局（DESA）が発表した『国際移民ストック』によれば，2000年に約1億7,300万人であった国際移民人口は2億8,100万人に達し，世界人口の3.6％に至っている。日本も例外ではない。法務省出入国在留管理庁「令和4年末現在における在留外国人数について」によれば，2022年の在留外国人数は307万5,213人であり，コロナ禍の一時的な減少を除いて2012年以降増加の傾向を示している（2012年の在留外国人数は203万3,656人）。日本も既に多くの外国人が定住し，多文化社会となっているのである。また，日本の植民地支配に由来する在日コリアンをはじめとするいわゆる「オールドカマー」も，主に1990年の入管法改正以降に渡日した「ニューカマー」と呼ばれる人々も，移民世代を重ねて日本社会に定着していっている。

　しかし，日本が在住外国人や移民背景の住民（以下，在住外国人等）にとって住みやすい社会なのかと言えば，そうではない。「言葉の壁・制度の壁・意識の壁」という3つの壁（田村 2000: 33-36）が立ちはだかって，生活の様々な場面で苦労を強いられることとなる。日常のコミュニケーションの中で攻撃的な差別に晒されることも見受けられている。日本には体系的／包括的な移民政策や多文化共生に関する基本法がなく，各省庁の連携が弱い中で施策が展開されており，在住外国人等支援の実践は自治体や地域住民の努力に大きく依存していると言っても過言ではない。こうした中で，在住外国人等の人々が直面している「生きづらさ」から発せられる声に学び，どのような社会変革を成し遂げていくべきかを見いだしていくことが必要とされている。果たして日本社会は「あってはならない違い」をどれほど解消できているのだろうか。「なくてはな

らない違い」をどれほど保障できているのだろうか。時代と共に変化する「あってはならない違い／なくてはならない違い」について、ホスト社会の人々の認識はアップデートされているのだろうか。「ちがいを越えた協働」をどれほど実現できているのだろうか。多文化共生という言葉は浸透し、社会的にも多くの人に支持されるものとなっているが、残念ながらその「実」がともなっていないのではないだろうか。

　市井三郎（1971: 139-148）は歴史の進歩を、その時代に特有な典型的に見られる「不条理な苦痛」の軽減であるとする。国民国家を前提とする社会デザインのもとでは、これまでも苛烈な民族差別や国籍差別が横行してきた。その問題は今なお解消されずにいる。加えて、グローバリゼーションの進展で増大する移民の人権も十全に保障されずにいる。こうした在住外国人等の尊厳を守り、苦痛を減じていくこと、そして、そのために既存の権力関係／権力構造を変更することが、21世紀社会デザインに求められている重要な課題の一つではないだろうか。

非-共生の現実への批判

　日本ではこうした問題意識のもとで目指される社会像として、多文化共生社会が示されている。多文化共生という概念は、1993年の「開発教育国際フォーラム」で行われた神奈川県川崎市フィールドワークを紹介した新聞記事が初出とされる（「開発教育」64号編集委員会 2017: 2）。その背景には「マイノリティ」として生きることを強いられ差別されてきた在日コリアンの人々の痛苦から発せられた声がある。その声への応答として生み出されたものが多文化共生という概念であり、非-共生な社会的／歴史的構造を批判するものであることを忘れてはならない。

　そもそも「共生」という概念は、戦後日本において脱植民地化とも強く結びついたものであった（岸田 2011: 116）。共生社会について考える際には、植民

---

(1) 「共生の状態」が実現するためには、「あってはならない違い」の解消（基本的人権の尊重、機会の均等化）、「なくてはならない違い」の保障（少数者のエンパワメント、多様なありようの尊重）、「ちがいを越えた協働」の実現（多数者の変化、社会全体の変革）といった三つの視点が重要であると田村太郎（2004: 25）は指摘している。

地主義に由来する非-共生の現実を直視するところから始めなければならない。例えば，コロナ禍で困窮する学生を支援するため2020年度に設けられた「学生支援緊急給付金」の対象から朝鮮大学校は除外された。同給付金は大学や専門学校だけではなく，いわゆる「無認可」相当も含まれる日本語教育機関まで幅広く対象としている。こうした中で朝鮮学校だけが除外されたことは象徴的な出来事と言えよう。コロナ禍のような非常時のみならず，在住外国人等は政治と切離できない日常を生きることとなっている。こうした現実を避けて，表層的な相互理解を掲げれば，非対称の権力関係が認識されにくくなってしまう。多文化共生と関連する概念である欧米の多文化主義（multiculturalism）[2]もまた植民地主義[3]と背中合わせのものである（西川 2006: 157）。いわゆる先進国において，多文化状況が出現する背景には植民地主義の影響があるからである。植民地主義は過去のものではない。例えば，先進国では，「労働力不足」を補うために外国人労働者を「調達」するというストーリーで外国人受入が語られていることを見れば，それは明らかである。

中野敏男（2006: 357）は，植民地主義を「人間のカテゴリー化を本質属性として，それによって差別的な秩序を構成して支配しようとする統治形式であり，この統治はそれゆえにこそ諸個人の社会意識や自己認識（アイデンティティ）にまで深く食い込んで支配関係をそこに刻印する」ものだと定義する。今なお蔓延する植民地主義を弱化／退場させるためには，社会構造の変容が重要であることは言うまでもない。この際，その変容を推進するために一人ひとりの社会意識／自己認識を脱植民地化（decolonization）していく教育実践が重要なもの

---

(2) ウィル・キムリッカは，多文化主義という概念の中核に対抗性／批判性があることを次のように述べている。「多文化主義のレトリックは，伝統的な地位のヒエラルキーに挑戦するため，さらに社会の特定のジェンダー，宗教，肌の色，生活様式，性的指向の特権的立場を攻撃するため，周辺化された集団によって援用される。このような多文化主義は文化的保守主義の敵であり，近代化とグローバリゼーションにともなう開放性，多元主義，自律性を反映し，包含している」（キムリッカ 2005: 529）。
(3) 領土と主権の簒奪による支配を生み出した植民地主義（コロニアリズム）だけではなく，旧宗主国や先進諸国による旧植民地の政治的／経済的な従属を支えた新植民地主義（ネオコロニアリズム）の影響をここでは指す。こうした従属的支配を生み出している，旧宗主国の社会構造に残る旧植民地出身者への差別や排除を問い，また，アイデンティティや文化的位相における抑圧／剥奪的な刻印や表象を批判的に考察し，公正な未来を創造していこうとする思想としてポストコロニアリズムがある（山本 2021: 69）。

の一つとなってこよう。それでは社会意識／自己認識の脱植民地化に資する市民教育の実践とはいかなるものだろうか。

(2) 教育実践から接近する多文化共生
文化的差異に傾斜する問題

　これまでの日本の学校における多文化共生教育や国際理解教育の多くは，「外国人」と位置づけられる人々をゲストとして他者化した上で，文化的差異を尊重／理解するための教育か，日本社会への同化を促すための教育であったとされる（松田 2019: 190）。この視点に基づく教育実践でしばしば見られるものが3F（Food, Fashion, Festival）を切り口に異文化コミュニケーションの必要性を説くものである。

　こうした文化的差異に傾斜する教育実践には二つの問題がある。一つ目はステレオタイプが強化されてしまいやすいことである。その結果，移民世代等のバックグラウンドの多様性が不可視化されて，在住外国人等一人ひとりへの理解を妨げることとなる[(4)]。むしろ，安易なカテゴリー化に抗する批判的知性こそ磨かれなければならない。二つ目は多文化を相互尊重する語りで対等性が強調されてしまい差異が平面化されてしまいやすいことである。その結果，社会構造からの差別／抑圧といった政治的課題への理解が妨げられることとなる（清水 2021: 19）。そうした政治的課題が存する視点が形成されなければ，在住外国人等が直面する諸問題の原因を文化的差異に収斂させる「文化主義」に陥りかねない。

　そこで，リリアン・テルミ・ハタノ（2011: 143-144）は3Fから4F（Fact, Fear, Frustration, Fairness）への転換を提起している。4Fの学びでは，まず事実として在住外国人等が過去／現在どのような状況に置かれてきているのかを知ることから始まる（Fact）。次にその現実で体験せざるを得ない不安や孤独感（Fear），悔しさや挫折からの不満（Frustration）に接近していく機会が設

---

(4) 移民第二世代のアイデンティティ形成やホスト社会への適応については一様ではなく，人的資本，編入様式，家族構造によって「分節化された同化」が進むこととなる（清水 2021: 25-27）。この分節的同化理論に基づいて，日本における「ニューカマー」第二世代に関する分析は清水ほか（2021）に詳しい。

けられることとなる。その上で，社会的公正を実現する方策を共に検討して連帯関係の構築を目指すのである（Fairness）。4Fの学びは，当事者の苦痛への認知的共感を育み，その苦痛を産出／放置しているホスト社会を問題視するものである。それゆえに脱植民地化に資する市民教育の実践方向を指し示していると考えられる。

東九条地域におけるCBL実践

本稿では4Fの学びを志向した実践例として，龍谷大学社会学部「社会共生実習」のCBL（Community Based Learning）プロジェクトの一つである「多文化共生のコミュニティ・デザイン」を取りあげる。同プロジェクトは京都で在日コリアンが集住してきた地域の一つである東九条（京都市南区）をフィールドとし，NPO法人京都コリアン生活センター・エルファ（以下，エルファ）や希望の家児童館・地域福祉センター希望の家（以下，希望の家），NPO法人東九条地域活性化センターが運営するコミュニティカフェ「ほっこり」（以下，ほっこり）といった団体をコミュニティパートナーとして取り組まれている。参加学生は事前学習やフィールドワークの過程で芽生えた問題意識に即してコミュニティパートナーを選択し，半年以上の期間をかけて継続的に活動することとなる。[5]

この際，現在の4Fだけではなく過去の4Fにも目を向け，その歴史的な連続性への理解を促す学びをデザインしている（図1）。本稿では2021年度のプロジェクト活動を概観した上で，参加学生の変容を捉えていきたい。

エルファでは，在日コリアンの方々のライフヒストリーを聴き取る活動が取り組まれた。一世だけではなく，二世や三世の方々のライフヒストリーを聴く機会に恵まれた結果，移民世代にかかわらず共通する課題に加えて，移民世代ごとに異なる課題があることへの理解が進むこととなった。また，エルファ

---

[5] 「社会共生実習」は前期・後期に分かれて開講されているが，年間を通じた履修を指定することができる。「多文化共生のコミュニティ・デザイン」（2020年度から設置）も通年履修を条件としている。こうした実習では「事前学習−現場実習−事後学習」といった形式でプログラム化されることが多いが，同科目は異なる。現場実習期間中も週一回は大学での議論／対話や学習，省察の時間が並行して設けられており，理論と実践の往還を実質化することが目指されている。事前学習では4Fの学びと方向性を共有している多文化共生の市民性教育研究会編（2020）を用いた。

第2章　社会デザイン研究の拡がり

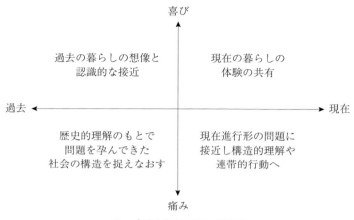

図1　多文化共生の学びの四象限

(出所)　川中 (2016 : 58) を改定

で働く支援者の方々へのインタビューも行われた。支援に関わることとなった経緯や背景，日々の関わりの中での気づきや直面する日本社会の問題が語られる中で，課題の多側面を捉えることにもなった。聴き取り活動の後，それらの内容をもとにした冊子を作成し，同世代を対象とする教育啓発活動のプログラム開発に進んだ。

希望の家では，移民背景の人々との共生にとどまらない「幅広い多文化共生」の考えに立脚しながら，児童館を利用する子どもたちの遊びの文化の幅を広げるための企画が取り組まれた。朝鮮半島の遊びを子どもから教わったり，昔の遊びを保護者から聴き取ったりすることで，遊びを通じた多世代／多地域交流の可能性を見出していったのである。同時に，日本語教室で学ぶ在住外国人等の話も聴く機会に恵まれ，家族形態や就労状況，外国人コミュニティの参加状況などで，言葉の壁から直面する課題が異なってくることを捉えることにもなった。

ほっこりでは，中核メンバーの一人である在日二世の方が経験した民族差別とその問題に対抗するために展開された社会運動／地域活動について耳を傾けるところから活動を始めた。そうした歴史の流れも受けつつ開設されたコミュニティカフェの目的を理解した上で，ほっこりの現状課題から新たな利用者を

地域内外で増やしていくための新規商品開発やメディア情報発信が取り組まれた。

本実習でエルファの受入担当者である南珣賢氏(ナンスンヒョン)（NPO法人京都コリアン生活センター・エルファ事務局長）は参加学生に次のように語りかけている。[6]

「理解」といって知ったつもりになるのは簡単だけど，「本当の理解」って結構労力を費やすわけ。たまには傷ついたり，傷つけたりするんだよね。でも，それを乗り越えてこそ，本当の新しい関係性って生まれると思う。傷ついたり傷つけたりすることから逃げずに，「あっ，この人って，こういう言葉で傷つくんや」ということをちゃんと自分で受け止めたり，「あぁ，あたしって，こういうことに腹立つんや」ということを自分でちゃんと知ったりする。そういうふうなちょっとした苦痛を伴ったり乗り越えたりしてこそ，「本当の理解」ができるんじゃないかなと思うので，めげないで欲しいなと思いますよね。

今はスマホとかですぐ色々な情報にアクセスできるし，分かりあえるような感じになるやん。だけど，（コロナ禍で）今はなかなかできない「肌感覚」の体験を介してハートでちゃんと感じて欲しい。書籍とか論文とかで学問として学んだ歴史などの話が利用者と直接触れ合うことで「ズキュン」ってくるんだよね。色んな資料を読んだりして分かっているつもりになっているかもしれないけれども，「本当に知る」というのはそういう触れ合いの先にあることかなと思っています。

実際，参加学生は自らの内にある緊張や躊躇いを感じ取りつつ，在住外国人等への関わりに踏み出していき，試行錯誤しながら関係性を耕していくこととなった。それでは，こうした活動に参加した学生の社会認識／自己意識にどのような変容が見られたのだろうか。

---

[6] 2021年8月9日，龍谷大学「社会共生実習：多文化共生のコミュニティ・デザイン」東九条フィールドワークにて。括弧内は筆者による補い。

第2章 社会デザイン研究の拡がり

(3) 多文化共生からの／への変容
マジョリティの問題としての気づき
　学生の変容について，彼女ら／彼らが記したリフレクションシートを手がかりに検討していきたい。

　実際に当事者に聞くということで，その場での感情を見ることができて間接的では伝わらないものが伝わってきて（中略）直接聞いていると何か胸が熱くなった。また，熱い思いを聞くと，今までは自分が聞いて誰にも共有しないで終わっていたけれど，貴重な話は共有しないともったいないと感じたし，これからは伝えていこうと思うようになった。（大学2年／女性A）（原文ママ，以下同じ）

　ここでは南氏が「『ズキュン』ってくる」と表現した情動が見て取れる。熱量の高い当事者の感情に近くで接することで，学生の感情が揺さぶられ，同時に事態を静観していた自己への反省が促されている。複雑かつ多方面に及ぶ問題の解決に能動的に関与するには認知的理解だけではなく，このようにはらわたから突き動かされるような経験が基盤となる。その契機となる可能性があったと思われる。

　ヘイトスピーチを受けた子供たちが持ってきている鉛筆の芯を全て尖らせていたということです。小さな子供たちがヘイトスピーチによる誹謗中傷を受けて，いつ攻撃されるか分からないという恐怖からこのような行動をとったと聞き，衝撃を受けました。今，思うと，それまでも在日コリアンの方のことを知る中で深刻な問題だとは感じていましたがこのことを聞いた時に在日コリアンの方に対する差別問題を解決しなくてはならないと強く思ったことを覚えています。（大学2年／男性A）

　ここでは自らの想像の範囲を超える被差別の現場での出来事と，その背景にある深刻な恐怖／不安に驚きつつ動揺していることが見て取れる。自分の認識

95

枠組みに入れて他者を理解したことにする暴力性についても考える機会となっている。この学生は，自らの想像の範囲がどのように形成され，マジョリティ側の理解に見られる，ある種の「都合の良さ」がどこからくるのかを考えることとなった。

　国籍や言語が違うことで差別を受けることを在日コリアンの方は「しゃーない」と我慢しなければならない経験をしてきた。さらに，「我慢をすることが当たり前だった」とおっしゃっていたのを聞いて，我慢することが当然である生活が何十年も続き，日本人には認められる権利が自分たちには認められていないことを仕方がないと思いながら生きてきたことを思うと，すごく悲しく感じた。私たちが日常生活を送っている中で当たり前だと思っていることが誰かにとっては当たり前ではないかもしれないこと，平等であるべきだと口で言っていても心のどこかで自分とは関係のないことだと思ってしまっていることが実際には多くあるのではないかと考えさせられた。（大学2年／女性B）

　ここではカテゴライズによる不条理な扱いに対する問題意識が形成されていったことが見て取れる。「参政権がないことがくやしい」という在日一世のコリアンの声から法制度の課題や，結婚差別や就職差別に直面した在日二世のコリアンの方々の声から根深い差別意識の課題に学生は触れることとなった。このことは，恣意的なカテゴライズによる差別が日常の中で産出／放置され続けている事態への思索が促される機会となった。

　現代日本社会におけるマイノリティ側の人々の現状について自分の無知さを実感しました。そしてこれは現代日本社会の問題でもあると思います。つまり，現代日本社会におけるマイノリティ側の人々の経緯と現状について知る機会が少なすぎることです。（大学2年／男性B）

　ここではホスト社会側の責任が意識されていることが見て取れる。そして，

第2章　社会デザイン研究の拡がり

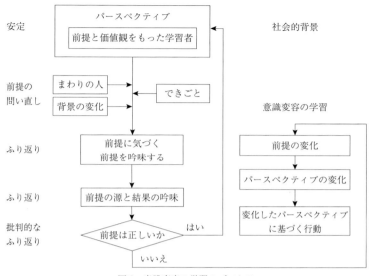

図2　意識変容の学習のプロセス

（出所）　クラントン（1999：206）

その責任を果たしていくには過去／現在の苦痛や不安，不満への理解が必要であると考えるようになっている。現在の差別が歴史と結びついていることを意識しているからだと思われる。

自己変容のための省察と集団

　これらの語りは一端に過ぎないが，「多文化共生のコミュニティ・デザイン」参加学生には，在住外国人等への差別と排除への感度／関心の高まりが見られた。加えて，そうした差別と排除の背景にある歴史的理解も進み，現代日本社会の構造的な問題を捉えて変革していく責任意識の高まりも見られた。

　しかし，自己変容が徹底されたわけではない。いずれも変容に向けての意志が表明されるところで止まっている。自己変容のためには，自己の世界観やパースペクティブの基礎をなす価値観や前提（assumption）の問い直しが必要となる（クラントン 1999: 204）（図2）。自己の内にある前提がどのように形成／強化されてきたのか，どのように変容させていく必要があるのかという省察

97

を進めていくことではじめて自己変容は可能となるのである。こうした問い直しの省察は自己を揺るがすものであり，時に過去の自己と対峙することも求められる。それ故に真摯な対話を重ねる関係性を構築しなければならないが容易なことではなく，課題となりやすい。

　また，自己変容は特定の経験だけで全体的になされるものではなく，一気呵成になされるものでもない。波状的に複数の経験にさらされることで進行していくものである。だからこそ，継続的な変容過程を同行する集団が重要となる。そうした継続する同行集団の編成にも課題はある。

「能力を喪失する能力」に向かう態度
　もっとも，脱植民地化に向けて社会意識／自己認識の変容を促したり，特定の知識や技能を習得したりするだけでは多文化共生社会は実現しない。時には，自らが異文化に対する知識／技能／態度を備えていると認識することが，在住外国人等への理解を曇らせることもある。そこに抗おうとする態度こそ共生の作法に他ならない。ポール・メヒェリルは特定の異文化間能力があれば良いという技術的思考を意図的に喪失させる「能力を喪失する能力」の必要性を指摘している（伊藤 2017: 116-117）。

　能力の「喪失」を可能とするのは，困難な状況下にある在住外国人等との遭遇の際にもたらされる自らの未知や不理解に対して常に開かれている態度や感受性である。この態度や感受性の上に，未知と既知，不理解と理解とを結合させながら状況を俯瞰し，多文化共生社会に向けた具体的な行動や関わりを見出していこうとする構えが市民には求められるのである。

(4) 多文化共生の社会デザインに向けて
国民国家を前提としない福祉国家
　多文化共生社会を実現していくにあたって，個人の学習／変容は重要な要因の一つである。しかしながら，ホスト社会の人々の理解や意志とはかかわらずに保障されるものが人権である。人権を保障する社会の仕組みの設計／整備が同時並行で進むことが求められる。この際，マイノリティの文化やアイデン

第2章　社会デザイン研究の拡がり

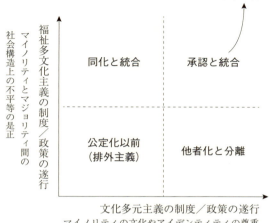

図3　公定多文化主義のバリエーション

(出所)　塩原 (2014：254) をもとに筆者作成

ティティの尊重を進める文化多元主義の制度／政策の遂行だけではなく，マイノリティとマジョリティ間の社会構造上の不平等の是正を進める福祉多文化主義の制度／政策の遂行(7)も求められる（図3）。

　こうした社会の仕組みを構想していく上で，世界で初めて多文化主義政策を導入したカナダの動向は参考となる。カナダでは差異の承認に重点を置く「エスニシティ多文化主義」から構造的差別の除去を進める「公正多文化主義」，カナダ社会の一員としての共通性に基づく社会参加を推進する「シビック多文化主義」を経て，調和のある社会統合を目指す「統合的多文化主義」へと展開(8)

---

(7)　総務省『多文化共生事例集（令和3年度版）』（2021年）では，日本各地の自治体で進んでいる多文化共生の取組について以下のように整理／分類されている。(1)コミュニケーション支援（①行政・生活情報の多言語化，相談体制の整備，②日本語教育の推進，③生活オリエンテーションの実施），(2)生活支援（①教育機会の確保，②適正な労働環境の確保，③災害時の支援体制の整備，④医療・保険サービスの提供，⑤子ども・子育て及び福祉サービスの提供，⑥住宅確保のための支援，⑦感染症流行時における対応），(3)意識啓発と社会参画支援（①多文化共生の意識啓発・醸成，②外国人住民の社会参画支援），(4)地域活性化の推進やグローバル化への対応（①外国人住民との連携・協働による地域活性化の推進・グローバル化への対応，②留学生の地域における就職促進），(5)推進体制の整備等（①多文化共生施策の推進体制の整備，②多文化共生の推進に係る指針・計画の策定）。

(8)　ジェラール・ブシャールは社会統合を次の通り定義する。「社会の象徴的基盤および機能的基盤

第Ⅰ部　社会デザインの足場を組み立てる

表1　カナダ多文化主義政策の展開

	エスニシティ (Ethnicity) 多文化主義 1970年代	公正（Equity） 多文化主義 1980年代	シビック（Civic） 多文化主義 1990年代	統合的 (Integrative) 多文化主義 2000年代
焦点	多様性の祝福	多様性の経営	建設的エンゲージメント	包括的シティズンシップ
言及点	文化	構造	社会づくり	カナダ人アイデンティティ
達成課題	エスニシティ	人種関係	シティズンシップ	統合
重点	個人的調整	組織的調停	参加	権利と責任
問題の源	偏見	構造的差別	排除	アクセスの不平等／文化の衝突
解決策	文化的感受性	公正な雇用	包括性	対話／相互理解
キーワード	モザイク	同じ土俵	帰属	ハーモニー／ジャズ

（出所）　岸田（2011：109）

していっている（表1）（岸田 2011: 108-110）。多くの人々にとって，この展開は「望ましいもの」として理解されるだろう。

　ところが，福祉多文化主義の制度／政策を遂行し，統合的多文化主義への歩みを進めることは容易ではない。なぜならば，国民国家を前提とする福祉国家のあり方を問題化するからである。国民国家と人権保障は結びついてきたが，国民と市民と住民の関係が分離する中で，国民国家を前提としない福祉国家に転換するかどうかがいま問われているのである。具体的にはシティズンシップ，特に市民権の設計の仕方が問われ，そこに21世紀国家の形態／性質が現れることとなる（柄谷 2016: 6）。実際，世界各国では重国籍といった形で市民権を多重化する動きが進んでいる（国際問題研究会編 2019）。加えて，ヨーロッパではEU市民権の制度化といった形で市民権を重層化する動きも見られる。こうし

との絆を構築できるように人々を結びつける（もしくは組み込む）仕組みと過程全体のことである。これらの仕組みと過程は，全市民（新規市民も従来からも市民も）をそこに巻き込み，いくつかの次元（経済，社会，政治，文化など）に応じて，様々なレベル（個人，共同体，機関，国家）で作用する。また，統合とは終わりのあるものではなく，開かれた向上的な過程である」（ブシャール 2017: 40）。この定義の背景には，移民との相互作用を通じてホスト社会も変容していくことを目指す間文化主義（interculturalism）の考えがある。間文化主義に基づく社会統合を自治体レベルで推進していくガイドラインとしては山脇啓三・上野貴彦（2021）がある。

た市民権の多重化／重層化は，地位資格に伴う権利／義務の縮小化をもたらしたり，特定のアイデンティティ形成につながる共同体文化の濃密性を希薄化したりする。シティズンシップが「軽い」ものに変化していくということである（ヨプケ 2013）。多文化共生の社会デザインはこのように社会制度を大きく組み替えうるものであり，それ故に慎重な展開を見せやすい。ただし，慎重に検討を進めている過程でも，移動する市民の増大は止まることがない。そのため，シティズンシップに基づく格差（citizenship gap）が拡大することとなっている（Brysk and Shafir 2004）。人権保障が必要となっている在住外国人等は国家の後ろ盾を得られないどころか，寧ろ国家によって排除されているとも言える状況を生み出しているのである（アガンベン 2000: 27）。

ネオリベラル多文化主義への対抗
　人権を保障すべき国家が排除の装置となるのは，在住外国人等を共に生きる人間として位置付けていないからである。現在の日本では在住外国人等は「労働力不足を補う存在」や「創造性を高める存在」など，経済的観点で役立つ人材として位置付けられることが圧倒的に多い。このようにホスト社会にとって有用かどうかで選別的に移民・外国人を受け入れていく「ネオリベラル多文化主義」（塩原 2012: 94）が基調を成す社会では，人権保障にも選別条件が付されることとなる。
　南川文里はアメリカにおけるネオリベラル多文化主義の影響について，「21世紀の多様性規範は，新自由主義的な多様性マネジメントとパフォーマンス向上に力点を置くようになり，もともとの多文化主義政策が持っていた反人種主義への問題関心を希薄化させてきた」（南川 2022: 156）と述べ，現在は「歴史の重石」を喪失した「浅い多様性」に終始しまっていることを指摘している。日本において非-共生の現実を批判するために打ち立てられた「多文化共生」という概念もまた「歴史の重石」を喪失し始め，脱植民地化は後景化している。
　国家による選別的な人権保障を批判し，シティズンシップの再定義を進め，統合的多文化主義に向かっていくためには，ネオリベラル多文化主義に対抗する共生の論理を創出していかねばならない。無選別の受け入れを支えるのは，

第Ⅰ部　社会デザインの足場を組み立てる

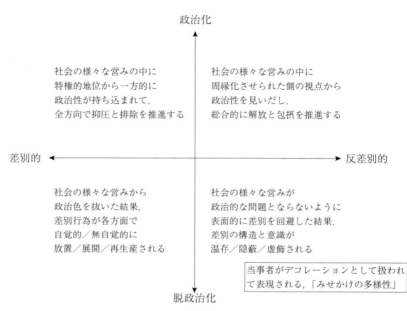

図4　差別をめぐるポリティクスの四象限

（出所）　筆者作成

多様性そのものに価値を見出す態度だと思われる。自らにとって異質な他者と共に生きることは葛藤をもたらす可能性もあるが，同時に新たな世界へ誘われることの「面白さ」や「思いがけなさ」がある。当然ながら，その「面白さ」や「思いがけなさ」から新たな価値が創造される場合もあるだろう。しかし，それは副次的な産物と捉え，無選別ゆえの揺らぎの大きさ／広がりに意味を見出していくことが肝要である。なぜならば，そこに新たな共生の論理の基軸が得られると考えられるからである。

　多文化共生に向けての市民教育には，このように巨視的に社会デザインを問い直し，オルタナティブな論理で社会をリ・デザインしていくための学びも内包していくことが求められてくる。アイリス・マリオン・ヤングは「社会正義とは，制度化された支配と抑圧の除去を意味している」（ヤング 2020: 19）と述べている。社会正義を貫徹する視点で社会のリ・デザインを具体的に進めるためには，制度を変革するリテラシーを涵養する政治教育と多文化共生教育を接

第2章　社会デザイン研究の拡がり

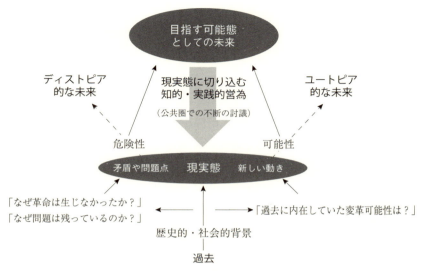

図5　社会の批判的創造の実践

（出所）　筆者作成

合していくことが求められる。こうした学びによって，学習者は反差別のベクトルに加えて政治化のベクトルを得ることとなることが期待される（図4）。そうすることで，反差別の動きが脱政治化されていったところで生じる「みせかけの多様性」による虚飾／隠蔽を看破する市民が育つことにもつながる。

ユートピアとリアリティの動的均衡

　本稿のバックボーンには，「不条理な苦痛」の軽減を目指すため，小さくされた人々の側に立って社会をデザインしていくという思想がある。こうした考えは理想的なもののように思われるかもしれない。確かにエドワード・ハレット・カーは，社会正義から生ずる目的に基づいて願望を掲げるユートピア的観念は未成熟な思考として批判している。同時に，観察と分析に基づいて現実へと機械的に適応するリアリスト的観念は老人の思考であるとも批判している（カー 2011: 39, 420）。その上で，ユートピアとリアリティが共に存するところに成熟した思考があり，健全な政治生活が実現すると述べている。ユートピアとリアリティの動的均衡を目指して不断に取り組まれる創造的調停の営為こそ

103

が社会デザインの実践に他ならない。

　ただし，社会デザインは真空状態においてなされるわけではない。歴史的／社会的な背景への批判的分析から，ユートピアが実現しなかったのはなぜか，ディストピアに至らなかったのはなぜかを問い，現代社会の中にある潜在的な危険性／可能性を掘り起こしていかねばならない。その掘り起こし作業から目指すべき可能態を構想し，現実態へと斬り込んでいく知的・実践的営為が社会デザインの現場では期待されているのである（図5）。　　　　　　　　（川中大輔）

引用・参考文献

アガンベン，G.　高桑和巳訳（2000）『人権の彼方に――政治哲学ノート』以文社

市井三郎（1971）『歴史の進歩とはなにか』岩波書店

伊藤亜希子（2017）『移民とドイツ社会をつなぐ教育支援――異文化間教育の視点から』九州大学出版会

呉永鎬（2019）『朝鮮学校の教育史――脱植民地化への闘争と創造』明石書店

「開発教育」64号編集委員会（2017）「多文化共生社会の未来と開発教育」『開発教育』64号，2-3頁

カー，E.H.　原彬久訳（2011）『危機の二十年――理想と現実』岩波書店

柄谷理恵子（2016）『移動と生存――国境を越える人々の政治学』岩波書店

川中大輔（2016）「社会創造に参加する市民はいかにして育つのか？――『社会』と『学び』からコミュニティ・デザインを考える」新川達郎・弘本由香里編『「コミュニティ・デザイン論研究」読本』大阪ガス（株）エネルギー・文化研究所，52-59頁

岸田由美（2011）「多様性と共に生きる社会と人の育成」馬渕仁編『「多文化共生」は可能か――教育における挑戦』勁草書房，106-123頁

キムリッカ，W.　千葉眞・岡﨑晴輝ほか訳（2005）『新版 現代政治理論』日本経済評論社

クラントン，P.　入江直子・豊田千代子・三輪建二訳（1999）『おとなの学びを拓く――自己決定と意識変容をめざして』鳳書房

国際問題研究会編（2019）『二重国籍と日本』筑摩書房

塩原良和（2012）『共に生きる――多民族・多文化社会における対話』弘文堂

塩原良和（2014）「マルチカルチュラリズム（多文化主義）――他者との対話と協働の論理へ」大澤真幸・塩原良和・橋本努・和田伸一郎『ナショナリズムとグローバ

リズム——越境と愛国のパラドックス』新曜社，253-259頁

清水睦美（2021）「移民第二世代研究を考える」清水睦美・児島明・角替弘規・額賀美紗子・三浦綾希子・坪田光平『日本社会の移民第二世代——エスニシティ間比較でとらえる「ニューカマー」の子どもたちの今』明石書店，15-33頁

多文化共生のための市民性教育研究会編著（2020）『多文化共生のためのシティズンシップ教育実践ハンドブック』明石書店

田村太郎（2000）『多民族共生社会ニッポンとボランティア活動』明石書店

田村太郎（2004）「共生」岡本栄一監修『ボランティア・NPO用語事典』中央法規出版，24-25頁

中野敏男（2006）「植民地主義概念の新たな定位に向けて」中野敏男・波平恒男・屋嘉比収・李孝徳編著『沖縄の占領と日本の復興』青弓社，347-366頁

西川長夫（2006）『〈新〉植民地主義論——グローバル化時代の植民地主義を問う』平凡社

ハタノ，リリアン・テルミ（2011）「『共生』の裏に見えるもう一つの『強制』」馬渕仁編『「多文化共生」は可能か——教育における挑戦』勁草書房，127-148頁

ブシャール，G. 丹羽卓監訳（2017）『間文化主義——多文化共生の新しい可能性』彩流社

松田ヒロ子（2019）「多文化共生に向けたシティズンシップ教育」『現代社会研究』第5号，184-191頁

南川文里（2022）『アメリカ多文化社会論——「多からなる一」の系譜と現在［新版］』法律文化社

山本浩貴（2021）「現代美術史のフェミニズム，ポストコロニアリズム，トランスナショナリズム」『美術手帖』2021年8月号，69-70頁

山脇啓三・上野貴彦（2021）『自治体職員のためのインターカルチュラル・シティ入門』欧州評議会

ヤング，I.M. 飯田文雄・苅田真司・田村哲樹監訳（2020）『正義と差異の政治』法政大学出版会

ヨプケ，C. 遠藤乾・佐藤崇子・井口保宏・宮井健志訳（2013）『軽いシティズンシップ——市民，外国人，リベラリズムのゆくえ』岩波書店

Brysk, Alison. and Shafir, Gershon (2004) "Introduction: Globalization and the Citizenship Gap." in Brysk, Alison. and Shafir, Gershon. (eds)., *People Out of Place: Globalization, Human Rights and the Citizenship Gap*, New York: Routledge, pp. 3-9

第Ⅱ部

社会デザインの力を発揮する

第3章
社会デザイン実践による価値創造

1　現代的「コモンズ」としての
okatteにしおぎ［居場所とサードプレイス］

okatteにしおぎの概要と運営の特徴

　okatteにしおぎ（以下okatte）は，2015年に東京都杉並区の住宅街にオープンした，「食」をテーマとした会員制「パブリック・コモンスペース＆シェアハウス」である。もともとはオーナーの自宅であった住宅を，家族の人数の縮小と相続準備を機に，土間のキッチン・ダイニング，板の間，畳のコモンスペースおよび4室の賃貸個室を備えた施設にリノベーションした。事業コーディネーションは株式会社エヌキューテンゴ（代表　齊藤志野歩氏），設計は株式会社ビオフォルム環境デザイン室（代表　山田貴宏氏）である。

　会員は自由にコモンスペースを利用することができ，時間単位で予約利用（別料金）することも可能である。平日の18時から21時は「okatteアワー」として，1人300円で自由にごはんを作ったり持ち寄ったりして食べることができる。キッチンは飲食と菓子製造の営業許可を取得し，食の小商いにも対応している。内装は国内産の杉等の木材

okatteにしおぎ外観
（出所）　砺波周平撮影

第3章　社会デザイン実践による価値創造

を多用し，環境共生型の快適かつ気持ちが上がる空間となっている。

　okatteではオープン前からコーディネーターのファシリテーションによるワークショップを行い，空間設計やメンバーシップの制度設計のプロセスにオーナー，運営者，設計者だけでなく利用希望者が参加できるようにした。また，草屋根やソーラーパネル設置といった施工作業もオーナー，コーディネーター，利用希望者等が加わって共同作業を行うなど，サービスサプライヤーとしての事業者と消費者である利用者という関係ではなく皆で協力して空間を作

okatteでの食事会
（出所）　筆者撮影

り上げていくことにより，関わる人たちの間に自分たちの場であるというオーナーシップが醸成されることを目指した。

　2023年現在，okatteは4名の住人を含め，自転車10分圏内を中心に，SNS等でokatteのことを知り，説明会を経てメンバーになった約50人（女性が多い）が利用している。メンバーはokatteアソシエーションという任意団体の一員としてokatteを自主管理運営する。アソシエーションにはいわゆる役員や理事といった役職はなく，全員がフラットな立場で関わっている。運営については，コーディネーターが支援しつつ，できるだけメンバーの自主性を重視し，メンバーそれぞれの関わり方で場を育てていく方針をとっている。会員は定期的な掃除や定例会，植栽の手入れ等についてはその時できる人が参加するほか，飲食や物販を行うオープンデーといったイベント等については，その時やりたいこと（カレーの会，ヨガとパンを焼く会，ブックカフェ，手芸，実家の産品の共同購入等）を表明した人に他のメンバーが協力するという形で緩くつながりながら，様々なことが行われている。8年の間には会員の出入りもあり，結婚した人，子どもが生まれた人，地方に引っ越した人，亡くなった人もいるが，そうしたライフイベントの積み重なりの中で，okatte内外でのメンバーや元メンバーの

109

第Ⅱ部　社会デザインの力を発揮する

つながりによる相互扶助的な関係も深化，拡大している。

現代的「コモンズ」の生成

　筆者は21世紀社会デザイン研究科在学中に，okatteを事例として『都市の「空間シェア」における現代的コモンズの生成進化についての研究』を行い，中村陽一先生に副査をお願いした。「空間シェア」とは，空き家などのスペースを複数人で共同利用し，利用者の活動や交流の促進をはかる空間活用事業形態を指す（営利企業による「シェアオフィス」のようなレンタルサービスは除く）。

　研究ではokatte会員への調査から「空間シェア」における利用者の変容が明らかになった。「空間シェア」利用者は，近所に知り合いが欲しい，家以外のところで安価に楽しく食事がしたいといったいわば利己的な動機（サービスの享受）でシェアを始めるが，異質な人が空間の共同利用を行うなかで互いの価値観や利害の相違による葛藤（ふきんの使い方のルールや子ども連れの「うるささ」をどのくらい許容するかといった日常の些細な不満や対立も含め）が生まれる。しかし，葛藤を経験するなかで，細く弱いながらもとぎれないつながりや，二者の対立を超える第三者のアイデア，さらに，思いがけなく自分の持つリソース（きゅうりを切る，コーヒーを淹れるといった小さな能力でも）が人の役に立つ経験を経て，自分や他者の多様な価値を発見し，それを自発的かつ利他的に持ち寄ることが新たな活動や価値の創発を起こすことに気づく。そして，「空間シェア」での経験値を他の場でも活かし，新たな社会関係を結ぶ力が育っていく（図1）。

　こうした変容の結果生成する関係性（okatte会員はそれを「法事の親戚のような関係」と呼んでいる）は，近代以前の「コモンズ」（資源を共同で管理する共有地）における非貨幣的相互扶助的な社会関係の現代的文脈での再生とも考えられる。ここでいう「コモンズ」の相互扶助的社会関係とは，日本のコモンズ論をうちたてた多部田政弘による日本の農山村地域の地域共同体における共的，非貨幣的な循環システムの概念をいう。こうした「コモンズ」は近代以降の市場経済システムの中では衰退を余儀なくされた。しかし，都市空間という資源を共同で管理する「空間シェア」において，市場における「私」の関係と行政におけ

第 3 章　社会デザイン実践による価値創造

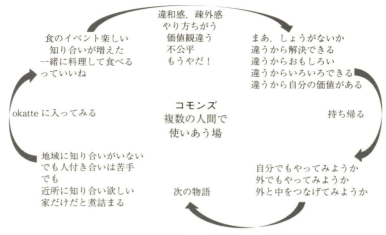

図 1　okatte におけるコモンズ生成

（出所）　筆者作成

る「公」の関係に分断された現代社会における「コモンズ」の「共」的社会関係，すなわち多様な人々の「おたがいさま」の互酬関係や「世話」というケアが，かつての村社会とは異なる，よりオープンかつ緩やかでフラットな形で再構築されているのである。近代以前の「コモンズ」は自然資源のサステナブルな維持を目的とする互酬的管理システムであったが，「空間シェア」で見られる現代的「コモンズ」は多様な人間が集合し，それぞれの能力を利他的に提供し合うことにより創発的に社会資源の遍増が生まれるコレクティブな共創のプラットフォームとして機能するのである。

現代的「コモンズ」からエイブルソサエティへ

　「空間シェア」については，空き家問題や社会的孤立といった都市の課題解決の一助としてとらえられることが多い。そのような側面もありながら，実は「空間シェア」のような現代的「コモンズ」が拡大することは，「共」的な社会関係の中での新しいアイデアの小さな社会実験の場の拡大であるということの果たす役割は大きい。そこでの小さな成功体験は個人のエンパワメントにつながり，ひいては社会全体における多様なトライアルの可能性拡大にもつながる

111

からである。筆者と立教21世紀社会デザイン研究科を通じて知り合った研究仲間はそうした社会を「○○できる社会（○○の中に入れることがらは自由）」という意味で「-able society（エイブルソサエティ）」と呼び，中村先生にもご参加いただき，「-able society（エイブルソサエティ）研究会」を定期開催している。okatteにしおぎという小さな現代的「コモンズ」の試みが「-able society（エイブルソサエティ）」への様々な流れの一つとして，今後も様々な楽しくよきことを生み出していけるよう努力を重ねていきたい。　　　　　　　　（竹之内祥子）

2　ワイナリーで見つけた社会的意義　[居場所とサードプレイス]

ワイン・ワイナリーの探究

　幸にして私は長年仕事で訪れる世界の国々でワインを飲む機会が多く，その興味からワイナリーを訪ねることもあった。そこで知り得ることは，五感で触れるワインの個々に持ち合わせた性質や洗練された果実酒にとどまらず，ワインの造り手や歴史，背景に惹きつけられワイナリーに足を運ぶことで自然とその魅力を感じていた。立教大学大学院入学後は社会デザインを通して今までの知見を形にして人に伝えることが，ワインやワイナリーの社会実装につながるのではないかと考え，ワイナリーの役割を軸にした社会的意義について探究することにした。

ワイナリー・ワインの多様性と社会的意義

　世界のワイナリーはSDGsが追い風になり，持続可能な農業や環境保護を重視することで生産性が高まり，農業や観光産業の振興等，地域社会と密接なつながりをもつことになる。また「持続可能」をキーワードにワイナリーは，循環型有機栽培の採用はもちろん，再生エネルギーの活用やワイン醸造から輸出にかかわる環境保護についても重要視している。

　そして社会的意義要素である地域活性化，教育，福祉，コミュニティの活用に，ワイナリーの場が主軸となり一役担っている。多様な社会性の創出が育まれ，事業性が産業発展に結びつく動機づけとなった。

　例えばワイナリーがある土地に人が参集するファクターは，六次産業化が進みブドウ収穫祭，ワインツーリズム，レストラン，ワイン等の販売につながり，通年人が集う場となりワインツーリズムにも影響を及ぼしている。地域住民，来訪者がワイナリーを訪れることでコミュニティ形成が生まれ，自然発生的な営みが発展して社会性のある事業が成り立つ。これらは社会性と事業性を分別し規定することなく，むしろ融合することで相互補完しあう状態といえる。

第Ⅱ部　社会デザインの力を発揮する

ジョージアワイナリー2017
（出所）　筆者撮影

若年層のワイン離れ

　近年アルコール離れは世界的にトレンドな嗜好として注目され，特に若年層においては以前よりもアルコール消費量が低下している傾向にある。さらに健康とウェルネスへの関心の高まりやソーシャルメディアの普及により，ヴィーガンなどヘルシーライフスタイルが広く共有され影響を与えている。

　一方でアルコール産業自体も変化しており，アルコールフリーの飲料や低アルコール飲料の市場が成長している背景もある。これらの要因によりアルコールを摂取しない選択肢が増え，アルコール離れを支援する現状になっている。

　このような様々な背景から若年層のアルコール離れは，アルコール産業自体以前から深刻な問題であり，withコロナがさらなる向かい風となり停滞している。世界的にもノンアルコール市場が席巻，世の中の様々な事変による多様性が進む中，顕在化してきたという見解も否めない。

　若年層のワイン離れによるワイン業界への今後の影響，そしてワイナリーが将来発展し向かうあるべき姿は，消費者の問題だけにとどまらず，造り手側の産業全体の底上げと成長戦略の加速化が望まれる。

　私が担当する亜細亜大学の授業「ワインサービス論」では，大学3，4年生に「ワインの印象」について尋ねると「ワインは不味い」「ワインは飲んだこ

第3章 社会デザイン実践による価値創造

山梨勝沼
（出所） 筆者撮影

とがない」等々という複数の回答をいただく。ワインへの無関心さと過去出会った味が要因によるワイン離れがうかがえる。毎年おこなう授業アンケートでは，このようなネガティブな意見が相変わらず多い。その背後にある要因や影響は「初めて飲むワインの印象が良くない」「飲める場所や環境に遭遇しない」「核家族化による晩酌の文化や家飲み習慣が薄れている」「食事をする時にアルコールと一緒に食べる，飲む習慣がない」等々である。

今の学生らはSDGs，CSVに取り組むことはあたり前，意識レベルや関心度は相当高い。ならば社会性があることを授業で取り組み興味を持ち考察することに意味があるのではないかと期待した。そこで授業ではアクティブラーニングを実践し，学生ら自ら世界各国のワインやワイナリーのストーリー性や社会的意義について調べて発表の機会を設けることにした。グループワークで共感，共有し積極的に興味を示すことで，ワインやワイナリーの存在価値を知り得ることになる。このワークは生産者と消費者のポリシーやニーズをつかみ，若年層の価値観にマッチしているため取り組みやすいと考える。

その成果としてワイナリー，ワインの社会的意義によるアプローチは，日常的にいくつかの行動変容を及ぼした。

例えば「家族で年末年始ワインを飲もうと考えています。おすすめを教えてください」「母の日に授業ワインのストーリー性で紹介されたワインを贈りま

した」「環境に配慮したワインをスーパーのワインコーナーで見つけて，ラベルをチェック。さらに興味をもつようになりました」「ワイン関係の仕事をしたいと思っています」「ブドウ収穫に行きたいです。紹介してください」等々能動的な言動が多く見受けられるようになった。

実践を通じて目指す社会像とこれから

若年層のワイン離れだけに限らずワイン産業の発展も考え，今後のワイナリー，ワイン成長と消費促進，ブランド価値を高めることを目指し，ワイナリー・ワインの社会的意義を見出すことを今後も継続する。人やモノの価値観が流動的に変化する今，社会デザインを通して「場」「時」「人」「繋がる」をキーワードにどのように向き合い問い続けていくか，ユーザーの視点を忘れずに地域文化，ステークホルダーと連携し寄与する事が私の課題である。

(竹内三幸)

3 アート鑑賞に対話を用いるオンライン授業の有効性［アートと文化］

　アート×○○，アートin ○○，といった言葉を昨今ずいぶんと見聞きするようになった。アート思考やアート作品の対話型鑑賞（後述）をビジネスや教育や介護など社会の様々な領域の現場に取り入れようとする活動の広がりである。かく言う筆者自身もその実践を試みる者の一人である。筆者が授業を受け持つ社会人大学院では2020年のコロナ禍をきっかけに授業が一気にオンライン化した。同年から実験的に授業の一部にアート作品の対話型鑑賞を組み込んでみたところ，オンライン化によって生じた課題の解消に寄与するところがあった。本稿はその実践記録である。

オンライン授業の課題

　2020年春，新型コロナウイルス感染拡大を受け大学院の授業が次々とオンライン形式へと移行した。筆者の担当クラスは秋学期であったが，春に引き続きオンライン開催となることは十分予想された。そこでオンライン化でどんなことが課題となるのかを探りながら秋へ備えることにした。

　春学期を担当する先生方へ授業の様子をヒアリングしたり筆者自身が企業向け研修やウェビナーに登壇したりといった経験を通じて，色々な課題があることが分かった。例えば，オンライン授業に必要な通信環境や機材の整備，それらを履修生・教員双方が使いこなす技術習得，テキスト等教材の共有や授業出欠の確認方法の確立などである。幸いにもそれらの課題の多くは授業にかかわる人間同士の協力で解消することができた。しかし，なかなか乗り越えることが難しい課題もあった。そのひとつが授業の場の心理的安全性の確保であった。

　筆者が受け持つ授業はいずれも毎年5〜10名ほどの少人数参加であり，毎回履修生各自が事例研究やフィールドワークの結果をまとめ，それらの共有をベースにして学びを深めるスタイルをとっている。したがってメンバーそれぞれのものの考え方や表現に対してお互いに理解を深めていきながら，ディスカッションでは相互に安心して率直な物言いができる関係を築く（＝心理的安

全性を確保する）ことが望まれる。教員側としては参加者みんなで広く深く学べる場をつくっていければという思いがあるし，履修生側からしても率直な対話ができることが授業参加への満足度につながる。コロナ禍以前の対面式授業の時からクラス全体がそういう場となるように授業のすすめ方で試行錯誤を繰り返し一定の手ごたえを得てきた。

　ところがオンライン環境ではPC画面上で参加者はフレーミングされ，発言者や資料が共有された窓にのみ皆の視線と意識が集中する。ブレイクアウトセッションではやりとりが自グループ内に閉じられ，対面のように自グループでディスカッションしながら「隣のグループはどんな様子か」を何となく視界の隅に捉えるということがない。誰かが発言している時に声が被るのを気にして他の人たちは発言を控えて聞くに終始したり，「わざわざ全体に表明するほどの意見でもないか」と踏み込んだ発言を思いとどまったりしがちになる。オンライン環境が参加者それぞれのちょっとした遠慮を生み出し全体のディスカッションの深まりを妨げてしまう。つまりオンライン授業は一局面に集中したいパートの進行には適しているけれど，履修生各々がクラス全体をひとまとまりのディスカッションチームとして認識し，各々の角度から各々の良きタイミングで意見を投げかけたり受け止めたりという状態を形成しにくいのだ。これではなかなか場の心理的安全性を確保しにくい。この悩ましい課題の解消に対してうまく機能してくれたのが，対話型鑑賞の導入であった。

対話型鑑賞導入への期待と結果

　対話型鑑賞は，もともとは1980年代のニューヨーク近代美術館（MoMA）で始められた美術館教育の方法論である。ファシリテータがアート作品の横につき，複数の鑑賞者がファシリテータによって促されながらともにアート作品を鑑賞し，話し，聞き合い，理解を深めていく。ファシリテータは参加者それぞれの発言を丁寧に受け取り，ときに発言同士をつなぎ編集しながら，皆に伝えていく。

　筆者は2014年から3年間，東京都美術館と東京藝術大学との連携によるソーシャルデザインプロジェクト「とびらプロジェクト」にアート・コミュニケー

第3章 社会デザイン実践による価値創造

タとして参画したことをきっかけに対話型鑑賞やファシリテータの在り方を学んだ。その後、様々な展覧会や鑑賞会にファシリテータとして鑑賞者として参加していくうちに「対話型鑑賞は、アート作品に対する理解を深めるだけでなく、鑑賞者同士が相互のものの考え方や表現の違いに自然に関心を寄せる作用を生むようだ」と感じるようになった。この経験から「一回限りの対話型鑑賞ではなく、一定期間内に一定頻度で繰り返し対話型鑑賞を実施すると、さらに作用が深化し鑑賞者同士が考え方・表現のしかたの違いを理解しあうことを助けるのではないか？」という期待仮説を持った。そして「筆者が担当する大学院授業で実際に試行してみよう、もし良い作用が認められればクラス全体での心理的安全性の確保につながり、授業の質の向上にも寄与するのではないか？」と考えた。導入を具体的に検討しているさなかにコロナ禍がおとずれた。先述のオンライン化による悩ましい課題解消への効果も期待しつつ、2つの担当授業に対話型鑑賞を組み込み試行してみた（表1）。

表1 オンライン授業への対話型鑑賞導入事例

大学院	立教大学大学院	多摩大学大学院
授業科目	コミュニケーション・デザインと組織運営	サービス・サイエンス
授業時間と頻度	100分/回　週に1回	190分/回　隔週に1回
対話型鑑賞の導入	全14回の授業のうち10回に対話型鑑賞の時間を約30%設定。	全8回の授業のうち2回に対話型鑑賞の時間を約30%設定。
履修者数	5名	6名

（出所）　筆者作成

以下は、毎授業後履修生に提出いただいたリフレクションメモの一部である。

「対話型鑑賞。まったく答えのない（何が何だか分からない）作品の場合は、鑑賞する個々人の感性がより独自性をもって出てくるので、対話し、他者の意見を聞くことによる発見が大きいように思えた」
「対話型鑑賞では毎回参加者の視点が新鮮であり、その人への興味が深まる」
「表現力（言語化）の必要性と正解のない問いに挑戦する困難さと楽しさを今

回のセッションでは今まで以上に感じた」
「鑑賞対話の対象が内面を描くような作品である場合は，作品から得られる具体的な情報に乏しいため，鑑賞者それぞれが作品から想起するイメージの振れ幅が大きくて面白かった」

対話型鑑賞を通じて，履修生同士で「意見を聴かなければという義務感ではなく，自分とは違うものの見方や表現のしかたに興味が湧き自然に聴き入ってしまう」，「すぐに言葉が出てこなくてもじっと待ってみる」，「アート作品がどう感じられるかには正解がないから，問いを楽しむ，思ってもみない意外な解釈を面白がる」，「誰かの意見をきっかけにやりとりの頻度が上がって新たな視点が創発される」体験が繰り返された。対話型鑑賞後に授業の本題のディスカッションへそのまま入り込む流れをつくると，クラス全体で踏み込んだやりとりができる関係性が築かれたという実感があった。

アート・コミュニケータとしての役割

先述のとびらプロジェクトの活動を記した『美術館と大学と市民がつくるソーシャルデザインプロジェクト』にはこのような一節（稲庭・伊藤 2018: 212-213）がある。

とびラー（筆者注：アート・コミュニケータの愛称）として3年間の任期を終えることを，私たちは開扉と呼んでいる。次の新しい扉を開くという意味もある。開扉したとびラーたちは，個々人がアート・コミュニケータとして，地域や職場，家庭など様々な場所で，アートを介したコミュニケーションを広める役割を担っていく。（中略）つまり，開扉してからが本番であり，3年だけで終わらないのが，とびらプロジェクトがソーシャルデザインプロジェクトである所以でもある。

筆者も開扉したひとりとしてアート・コミュニケーションの展開を考え続ける中で，対話型鑑賞をオンライン授業のデザインへ活かすという着想を得るこ

とができた。大学院授業は，対面形式，オンライン形式，ハイフレックス形式（筆者注：対面とオンラインとの混成），オンデマンド形式などから授業目的や社会状況に合わせて最適な選択ができる状態が当たり前になってきた。どのような状況にも寄り添い，授業デザインの最適化にこだわり続けたいと考えている。

（中野未知子）

引用・参考文献
稲庭彩和子編著（2022）『こどもと大人のためのミュージアム思考』左右社
とびらプロジェクト編　稲庭彩和子・伊藤達矢（2018）『美術館と大学と市民がつくるソーシャルデザインプロジェクト』青幻舎
平野智紀（2023）『鑑賞のファシリテーション』あいり出版

第Ⅱ部　社会デザインの力を発揮する

4　社会を創る市民教育の実践——東京都立千早高校の事例　[学びと教育]

(1) 社会デザイン実践で向き合っている問題や課題
シチズンシップ教育の日本での実践

千早高校の生徒たち。立教大学前で

日本の公教育では，政治や経済の仕組みを学習するに止まるのに対して，英国の市民教育（シチズンシップ教育）では，政治や経済のシステムに参加するスキル，考え方，コミュニケーションについても学習する。例えば，社会の問題を解決するために，どこから情報を仕入れ判断し，どのような手段（政治・ボランティアなど）を用いるのか，どのようにして他者と合意形成を行うのか，どのようにして相手を説得するのか，といったより実際的な社会参加・政治参加を学習する。このように本来の行動に繋げるための学習をどのようにして展開していくかが今の日本教育の大きな課題でもある。

その中で，東京都立千早高等学校（以下，千早高校）においては，専門的な知識を学ぶことも勿論のこと，その問題を生徒自ら発見して，自分事化して，どのように考え，行動に移すかを実践的に学ぶことを学校のミッションとして挑戦してきた。この学校に関わる立教大学大学院21世紀社会デザイン研究科1期生の佐藤芳孝氏が学校組織，運営の基礎をつくり，教員として授業や課外活動の実践を推進してきたのが，同じく1期生の筆者である。この2名は同じ1期生の中村ゼミで「教育」に関するテーマで研究を進めてきた。

中村陽一先生のご指導の中にセクターの垣根を越えた「協働」というキーワードがある。この「協働」は，社会における諸問題を解決できる手段として捉え，その「協働」という手段を社会の実践の場で活用できることが必要であると考えた。「協働」の仕組みや専門的な知識や手段をもっと若い世代から感

第3章 社会デザイン実践による価値創造

覚的に身につけることができれば，より良い社会をデザインできると私たちは考える。そのようなことが学べる場としての学校が千早高校である。私たちが創り上げてきた，「多くの人と交わり」，「様々な人の考え方の理解」，「人とのつながり」，「社会への問題解決」，「信頼関係を築くこと」を目指すことが実践できる高等学校の取り組みを紹介する。

都立高校における社会デザインへの挑戦

千早高校は，平成9年9月の「都立高校改革推進計画」による第1次実施計画に基づき，新しいタイプの進学型商業高校として，平成16年4月に開校した。「都立高校改革推進計画」は平成9年から18年の10年を計画期間とし，都立高校の規模と配置については平成23年度までを視野に統合・改編等に着手した。

東京都の商業関係では単独商業高校18校，併設商業科校2校であったが，現在は単独商業高校7校と進学型商業高校2校となっている。

開校2年前の平成14年4月に，母体校の一つであった池袋商業高校内に開設準備室が設置され，都立高校での民間人校長（21世紀社会デザイン研究科1期生 佐藤芳孝氏）が赴任し，開設準備から2009年度（平成20年度）退職まで勤めた。

進学型商業高校である千早高校は，将来，国際社会で活躍できる人材の育成を念頭に，ビジネス

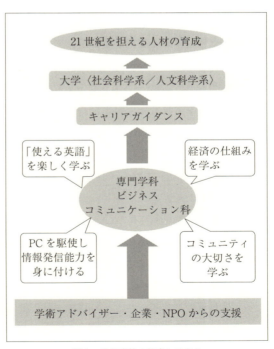

図1　千早高校の教育システム

第Ⅱ部　社会デザインの力を発揮する

初代校長・佐藤芳孝氏と生徒たち

の基本的知識・技能を習得させながら，大学等に進学して継続学習することを目的とした高校である。普通科高校の進学のように"受験勉強中心"とは一線を画し，ビジネスの学習を通して，常に実際のビジネス社会や地域社会の課題に目を向けながら，大学卒業後の生徒自身の姿を考察させるキャリア教育を中心に据えた商業系の進学型ビジネス専門学科高校と位置付けている。この高校から様々なコミュニティをつなげることができる人材の育成（21世紀を担える人材の育成）をめざしているのが千早高校である。その実践活動は，平成16年4月から学校運営がスタートして今日に至る。社会の諸問題に直面して，問題を自分事化して，身近なこととして捉え，具体的な問題解決を考えていく環境が整備されている。

千早高校のコミュニケーション科の特徴

英語とビジネス教育を重視した商業系の専門学科であり，本校ではつぎの4つを教育の柱としている。

① **「使える英語」を楽しく学ぶ**　国際理解のため「使える英語」を楽しく世界の人々とコミュニケーションをとり，異文化を理解していくために英語力は不可欠であり，4技能をバランスよく，間違いを恐れずに使っていくことで，現在から大学等に進学後も英語に腰を引かない姿勢を持つことをめざしている。

② **経済の仕組みを学ぶ**　グローバルに，かつ，めまぐるしく変化する経済社会を生きる私たちにとって経済の仕組みを学び，ビジネスの基礎を習得することは不可欠であり，生徒の進路，キャリアを考えるために役立たせることをめざしている。そして，経済活動も含めた社会の問題にア

プローチする考えを学んでいる。

③ **コミュニティの大切さを学ぶ**　コミュニケーションの大切さを学ぶ多くの人々が支えあって生きる現代社会で，地域を含めた「国」「世界」の様々なコミュニティの活動（NPO・NGO活動，社会デザイン）を理解し，社会や人間関係を学ぶことで福祉や環境問題，国際支援，地域貢献などを考え，より良い社会づくりのリーダーとして活躍する心の育成をめざしている。

④ **PCを駆使し情報発信能力を身に付ける**　情報発信能力を身に付ける大量の情報をいかに価値ある情報として活用していくか，そのためのコンピュータ操作から活用方法まで，コンピュータを情報受信，作成，発信ツールとして，生かせるように実践的に幅広く学習することをめざしている。特にコンピュータ活用によるプレゼンテーション能力育成に重点を置いている。

(2) 千早高校で展開されている社会デザインに向けた教育実践

コミュニティデザイン

本校のビジネス教育には，簿記や情報処理といった基礎的な科目の学習の他に，本校独自の「コミュニティデザイン」という授業がある。立教大学大学院21世紀者社会デザイン研究科にもあるこの授業は，社会を学ぶ上で，若いうちからこのような科目を学ぶことの意味を早くから経験してもらうことを目的にしている。この科目は，千早高校の学校設定科目であり，全国でも唯一の授業である。より良い社会をデザインするために何ができるかを考え，話し合い，自分自身やグループで研究発表する授業である。具体的には，人がつながる仕組みをデザインすることである。様々な社会問

コミュニティデザインの授業

題や身近な気になることを，「こうしたら良くなる」，「もっと，こうしたらみんなが喜ぶ」などを自分なりに調べ，関係の人と話をして，自分なりの考えを提案化し，関係する人や興味・関心・共感してもらう人たちに協力してもらい実現していくことが「コミュニティデザイン[1]」である。今でこそ，当たり前になってきているこの授業は，千早高校の創設時から始まっていたことになる。

具体的には，2年生においては，社会の問題や身近な問題を「自分事化（理解と共感）」することや「社会が求めていること（社会の軸）」を調べ，より良いものにしていく「提案（企画）＋実行（実践）」を実施する。

3年生においては，自分の提案を多くのコミュニティに説明し，その周りの方々をつなげていき関係する全体で実践を行えるようにつなげていく演習授業である。教科書等はなく，様々な専門性を持った方々との連携や，色々なコミュニティの力を借りて，授業を作り上げていくものである。

ソーシャルビジネス

この「ソーシャルビジネス」とは，環境・貧困などの社会的課題の解決を図るための取り組みを持続可能な事業として展開することとしている。具体的には，低利融資を通じて貧困層の自立を支援し，ノーベル平和賞を受賞したグラミン銀行が典型例である。社会的企業，または，環境・地域活性化・少子高齢化・福祉・生涯教育など社会的課題への取り組みを継続的な事業活動として進めていくことである。地域の自立的発展，雇用創出も含めて，これらのことを高校生が本校の授業として学ぶのである。この科目は，課題研究の中で学ぶ形をとっている。社会的課題の解決を目指すためにもビジネスの活動が重要になる。持続可能な事業として考える上で必要なビジネス的要素を様々なコミュニティ（千早高校では，イオンやユニクロなど）と連携して「ソーシャルビジネス」として，学ぶのである。社会起業家として，基礎的な要素を学ぶことができるのも大きな特徴である。現在は，SDGsの取り組みを含めて学べるものとなっ

---

[1] 立教大学21世紀社会デザイン研究科の中村陽一先生に監修していただく。現在は、様々な大学生やNPO、社会貢献を実施している方々が積極的に授業参加して生徒とともに授業を進めている。地域社会や行政と連携して問題解決に向けて提案，発表，実践活動を実施している。

ている。

CBP（千早ビジネスプロジェクト）の実践について

　千早高校では，社会の諸問題の解決に向けてビジネス的な要素で考えるために，社会に飛び出して，企業体験・社会見学や外部活動の実施を進めている。ビジネスをより身近に，より理解を深めビジネスの学習に興味・関心を持ち，社会への意識を高めている。

　だれでも参加できるように大学で実施しているサークル活動のような組織で，登録した生徒が自由にビジネステーマごとに集まり，話し合い（ゼミ学習）をして，実際にそのビジネスの学び体験活動して，社会の問題点や解決方法をみつけるプロジェクトである。

　このCBP（千早ビジネスプロジェクト）のポイントは，次のとおりである。

---

① 「ビジネス」を幅広く知ってもらうと共にもっと身近にわかりやすくする。
② 生徒たちが学んだビジネス教育や一般知識を実際の社会でどのように活かせるかを体験的に知る機会をつくる。
③ ビジネスの学習が，社会ではどのように活かされているかを知ることができる。経済・経営の仕組みを身近に感じる問題解決のもととする。

　このCBPを通じ，企業をはじめとする関係の方々やその顧客（関係者すべて）の人のつながりや考え方，求めていることを身近に感じて，経営の仕組みやネットワークの重要性を理解するものとして，実践活動をしている。さらに，現在はグローバル教育を推進する立場から異文化理解を深め，将来の国際社会の様々な分野において活躍できるグローバルリーダーを育成する取り組みの一つとして活動をしている。

　CBPの実践例には以下のようなものがある。

●日本郵政～カーボンニュートラルに関する連携活動

第Ⅱ部　社会デザインの力を発揮する

- WIPO（国連機関・知的所有権機関日本事務所）との連携活動
- 特許庁・ハーゲンダッツ株式会社との知的財産教育（模倣品対策）についての連携
- 豊島区との連携・池袋ファーマーズマーケットへの参加（フードロス問題への挑戦）
- ガイアックス株式会社との起業ゼミの開催（投資の学習体験）
- H.R.I株式会社との起業活動連携

以上のように佐藤芳孝氏と筆者で千早高校の授業や課外活動を新たに作り上げ指導してきた。

(3) その実践を通じて目指す社会像（これからの活動および今後の展開）

　千早高校は，20年以上の歴史をつくり，今後を担う若者を引き続き育てていく基盤が整備された。この学校作りに関わった佐藤芳孝氏と筆者は，現在千早高校を離れている。

　佐藤芳孝氏は，文京学院大学女子中学校，高等学校の校長を歴任し，多くの生徒を育ててきた。自尊心を持ち，自らの目標を実現するために積極的に行動する生徒，多様性を楽しみ，他者に対して気配り豊かで礼儀正しく接することのできる生徒，探究・思考・議論によって鍛えられた内容を，日本語と英語によって発信する力のある生徒を育て，グローバルリーダーを生み出している。現在は，学校法人文京学院の監事として在籍している。

　筆者は，現在，東京都立深沢高等学校の副校長として，新たな学校作りに寄与している。また都立学校改革の役割を果たすべく東京都の教育活

WIPO（世界知的所有権機関）日本事務所を訪問

第3章　社会デザイン実践による価値創造

動にも従事している。千早高校在籍時に培った経験などを活かし，都立学校の活動の他，立教大学において学校・社会教育講座の兼任講師や一般社団法人発明推進協会などの知的財産教育を普及させるための役割も担っている。

社会デザインを考える上で必要な，「人との繋がり」から，社会

東京都児童・生徒優秀者表彰受賞者

を良くするための活動を実践的に推進するためにも，多くの若者に社会デザインの機会を与えられる教育を当たり前に推進できることをめざしていくことが今後の教育界での課題となる。その課題を解決するためにも，私たちの21世紀社会デザイン研究科での学びが必要でこれからの若者に役立つ環境を整備していく必要がある。

私たちが目指す，様々なコミュニティをつなげることや協働できる人材の育成の成果が少しずつ，目に見える形になってきている。社会を創る人材が育ちつつある。この21世紀社会デザイン研究科の学びが日本の教育に大きな影響与えていると感じる。今後も若者のために様々な連携や人とのつながりを活かしながら，社会をより良いものとして実践できる市民社会の中心的な役割を担える人材を育成することが私たちの使命でもある。千早高校のような市民社会の実践ができる高等学校を少しでも増やしていきたい。そのために今後の新たな教育づくりに大いに期待したい。そして，筆者自身も大きく貢献していきたい。

(親泊寛昌)

5　ヤキイモタイムで地域の人と人との
　　繋がりを編み直す［ケアと福祉］

地域福祉×社会デザイン

　本稿では，主として筆者のNPO法人での実践を通して，地域福祉分野における社会デザインの展開の可能性について考察したい。地域福祉とは「地域住民が暮らしの場において，生活問題の地域性を規定する社会的な条件を改善・向上させていく実践的な活動であり，その改善・向上に向けて力を合わせて（協働）実現していくこと」（牧村 2022: 18）だとされている。従来は公的サービスの補完的な役割との認識も持たれていたが，近年家族構成や地域社会の変化に伴い，ニーズが多様化・複雑化し，児童，高齢，障害等による対象ごとの支援体制では十分に対応できないニーズが増加しており，地域福祉への期待が高まっている。そのため，地域共生社会の理念の元「医療・保険・福祉サービス等のフォーマルサービスと地域住民による支え合い等によるインフォーマルサービスをネットワークでつなぎ包括的にケアを提供できる体制」（白井 2022: 203）即ち，地域包括ケアシステムの体制づくりが国の政策として法的に位置づけられている。

　一方の社会デザインについて，中村は社会デザインを実現するための不可欠の要素であり基盤となる概念としてコミュニティ・デザインがあると指摘している。さらに，現代におけるコミュニティ・デザインの特徴として「社会を変革する力，イノベーション（革新）を起こす機能，コミュニティを再編し形成していく機能，新しい政策や社会づくりへの提言・提案を含む一連の具体的なアクションとしてのアドボカシー機能等」を挙げると共に，これからのコミュニティ・デザインには「『正しさ』と『楽しさ』（や豊かさ）を合わせて求めながら，人々の中に『行動の起動力となる精神のバネ（鶴見俊輔）』を生みだそうとしていくこと」（中村 2014: 395）が大事であると指摘している。

　以上のことを踏まえると，これからの地域福祉の推進において，社会デザイン，特にコミュニティ・デザインの視点をもつことが有効であると考えられる。

第3章　社会デザイン実践による価値創造

実際，地域福祉の現場においては，社会デザインという言葉や概念は認識しておらずとも多様なコミュニティ・デザイン実践が展開されている。

ハンズオン埼玉が向き合う社会課題と社会デザイン実践

　私たちの社会は，住民同士の支え合いを訴える一方で，互いに言葉をかけあわなくても暮らしていける社会をつくってきた。日常で必要なものやサービスは，買うもの，そして，なにか問題がおこったら専門家やサービスに解決を委ねるのがよいと考えるようになってきた。誰かと一緒に何かを創り出したり，問題を解決したり，そんな場や時間をうまくもてなくなってしまったのではないだろうか。結果として，ひとりでがんばって，「迷惑をかけたくない」「責められたくない」「失敗してはいけない」「それは誰のせいか」……と，常に緊張し，身を固くして暮らす人が増えているのではないだろうか。

　私の所属するハンズオン埼玉では，このような問題意識から，「ほっ」と，ひと息つける場，「くすっ」と，笑いが生まれる場，「うんうん」と，誰かが応えてくれる場……そんな"あそび"（余白の時間，場所）が，もっとたくさんまちに増えてほしいとの願いを持ち，様々なプロジェクトを展開している。それは，人が人として出会い，困ったときには自然と支え合えるような関係性を地域の中で編み直す試みでもあると考えている。ここでは，その取り組みの一部を紹介したい。

みんなのヤキイモタイム

　本キャンペーンでは，埼玉県内の生活協同組合の協力を得て，県内でヤキイモを開催する団体（NPO・市民活動団体や保育所・幼稚園・保護者会・PTAなど）に対して，10キロのお芋を無料で届ける活動を19年続けており，2023年度現在累計1,000箇所以上で開催している。大切にしているのは，ヤキイモを開催するプロセス。主催者が準備して，参加者ができあがったヤキイモを食べて帰るだけでは，そこに交流や繋がりは生まれない。お客様としてその場を消費して，終わってしまう。

　ヤキイモづくりを通して，地域の繋がりを作るため，住民同士が企画・準備

温かいヤキイモ

段階から一緒に創っていくことを条件にしている。当日の参加者にもヤキイモと一緒に焼きたいものを持ってきてもらう「持ち寄り」や一緒に火の番やヤキイモづくりを手伝ってもらう等「お客様にしない」仕掛けを大切にしている。ちょっとしたハプニングを共に乗り越えながら、一緒に火を囲み、できあがったヤキイモを食べたあとには、始めて出会った者同士でもお互いリラックスしながら笑顔で会話をするようになっている。

トークフォークダンス／大人としゃべり場

　もう一つの取り組みは、京都で生まれ、福岡で育ち、コロナウイルス感染症が広がる前には全国で広がりつつあった「大人としゃべり場」（そのワークの手法である「トークフォークダンス」）である。二重の輪になって交替しながら、「子どもの頃やっていた遊びは何ですか？」「人が地域の中で支え合うために必要なことってなんですか？」等、進行役から投げかけられる問いにわずか1分ずつ話すという単純なワーク。しかし、教室では、まったく口をひらかない中学生も、なぜか、このワークでは話をしてくれる。現在の私達の暮らし方は、子どもは学校へ、親は会社へ、高齢者はデイサービスへ、と普通に暮らしていると、親や先生以外の大人と出会うことなく、子どもたちは大人になっていく。ごく少数の身近な人だけとのやりとりの中で育つということは、多様な人々と関係をつくるということを困難にしていく。多様な人々と話すことができるようになるには、多様な人々と話す経験を繰りかえすことが重要と考え、このワークを全国に広める活動を行っている。

　これらの活動は中村が指摘した「『楽しさ』と『豊かさ』を大切にしたコミュニティの再編と形成」を目指したコミュニティ・デザインの実践であると同時に、人と人とが支え合うための基盤づくりとして地域福祉の実践であると

第3章　社会デザイン実践による価値創造

二重の円で互いに向き合い語り合う

考えられる。新型コロナウイルスの感染が拡大した際には3密（密閉・密集・密接）の回避が推奨され、人々の孤立がより深刻化している。団体としては、コロナ禍においても、オンラインを活用した「温かい場づくり」の可能性を模索し、オンラインアイスブレイクの研究会等も開催してきた。新型コロナウイルスが感染法上の「5類」に移行した現在、改めて人と人との関係を編み直す地域福祉の推進、そして社会（コミュニティ）デザインを実践していきたい。

(川田虎男)

引用・参考文献

白井絵里子（2022）「第12章包括的支援体制の構築と地域共生社会」木下聖・佐藤陽編『地域福祉と包括的支援体制』みらい、198-217頁

中村陽一（2014）「社会デザインからみた図書館——つながりを編み直すワーク、活かすワーク」『情報の科学と技術64(10)』一般社団法人情報科学技術協会、395-400頁

西川正（2017）『あそびの生まれる場所——「お客様時代」の公共マネジメント』ころから

特定非営利活動法人ハンズオン埼玉ホームページhttps://hands-on-s.org/（2023年9月1日閲覧）

牧村順一（2022）「序章2 多様化する生活課題への地域福祉の対応」木下聖・佐藤陽編『地域福祉と包括的支援体制』みらい、17-20頁

6 「安全・安心」の先に「自分らしさ」を求めて ［ケアと福祉］

既存の福祉制度を超える社会デザインの必要性

　少子高齢化，生活課題の複雑化の中で，どんな課題を抱える人も，どんなことでも相談できるシステムづくりを進めていくことが，国では謳われている。

　私が活動している練馬区は，2021年1月現在人口約74万人。その中で，例えば外国人は人口の2.7%。75歳以上の人は11.8%，障害者手帳を持つ人は4.5%。1世帯の平均人数は1.95人と少ない。そんな中で，誰もが安心して，自分らしく楽しく自分の人生を送ることのできる支援が求められている。

表1　2020年度の練馬区の人口
単位：%

人　口	740,090	
うち外国人	20,128	2.7
65歳以上人口	161,380	21.8
うち75歳以上人口	87,493	11.8
障害者手帳	33,272	4.5
身体障害者	20,320	2.7
知的障害者	5,125	0.7
精神障害者	7,827	1.1
自立支援医療（精神科）	15,386	2.1
生活保護	16,729	2.3

　高齢の人が地域生活を送るために，自動応答電話やセンサーによる見守りサービスや緊急通報システムを提供する会社はとても増えている。でも，それだけでは，「安全・安心」は得られても，自分らしさのある生活としては足りないだろう。

　私は大学卒業後，ヘルパーの仕事を始めたが，制度の範囲でできることだけをやる，という福祉のあり方に疑問を感じた。例えばヘルパーは，生活に最低限必要な掃除や買い物，通院への付き添いなどを担うことが中心で，お散歩をしたりお茶に付き合うことはできない。ひとり暮らしの高齢者の世帯でも大掃除はできない。ではそれは誰が担うのか。全額自費のサービスを利用することにはなるが，低所得の人はどうしたらいいのか（ちなみに練馬区の高齢者の約2割は年金収入80万円以下である）。

　介護の仕事を始めた当時，こうした疑問を持った私は，ケアマネジャーに「一人暮らしのAさんが，お茶を飲みに行きたいとおっしゃっています。傾聴のボランティアなどにつなぐことなどはできないのですか？」と聞いたが，

第3章　社会デザイン実践による価値創造

「それは私の仕事ではない」と言われてしまった。人は食事，排泄，清潔といった生理的欲求を満たすためだけに生きているわけではない。介護保険制度では，「社会的存在としての人」への支援が不十分なのではないか。そんな問題意識から，27歳の時に区議会議員になった。現在は議員の活動も継続しつつ，非営利型一般社団法人「ウイズタイムハウス」を立ち上げ，福祉のサポートを必要とする人の住まいの支援と地域の居場所づくりをしている。

住まい探しの背景に見える福祉の困りごと

ウイズタイムハウスは2018年5月にオープンしたシェアハウスを運営している。福祉の制度は使わずに，高齢の人や障害のある人など福祉的なサポートを必要とする人の住まいを創る取り組みだ。な

ウイズタイムハウスの外観

ぜあえて制度を使わなかったのか。福祉制度の中には「グループホーム」というものがあり，6畳前後の部屋と共用の水回りというように住まいの形態はウイズタイムハウスと似ている。しかし，介護保険制度のグループホームは「認知症対応型」というもので，認知症のない高齢者は暮らせない。また，障害のない人，子育て中の人，障害のある人，DV被害者等々，多様なニーズを持つ人の住まいとすることはできない。

厚生労働省は今，認知症対応型グループホームと障害者グループホームは水回りの設備などを共有することも可能である旨のガイドライン（「地域の実情に合った総合的な福祉サービスの提供に向けたガイドライン」厚生労働省2016年3月）を出しているが，残念ながら東京都は今のところ，ひとつ屋根の下に異なる対象の人が暮らす形のグループホームは認めないそうだ（ウイズタイムハウスの居室の一部をグループホームにすることは可能かを問い合わせたら断られた）。

福祉制度を活用することが地域生活における「人の分断」を生むことは避けたいという思いで，ウイズタイムハウスではあえて福祉制度を使わずにいる。ニーズの違いによる分断があると，例えば，「知的障害のある息子と暮らしてきたお母さんも介護が必要になったが，できる限りこれからも一緒に暮らしたい」という複合したニーズに対し門を閉ざしてしまうことになるからだ。

　ウイズタイムハウスでは，2021年度までに合計15世帯の入居の受け入れをしている。家族を亡くしてひとり暮らしになった高齢者，実家からひとり暮らしを目指す知的障害のある人，コロナ禍で関係が悪化した家族から逃れてきた人，精神障害や身体障害のある人など，その生活課題は多様である。

　人付き合いが苦手な人はシェアハウスは合わなかったり，介護などのケアが手厚く必要な人は老人ホームのほうが合うこともある。そこで，ウイズタイムハウス以外の住まい探しの相談も受ける「居住支援法人」の指定を2020年4月に受けて，不動産事業者との連携や同行支援なども行っている。

　住まいに関する相談を通じ，その背景に福祉的ニーズが多くあることを感じている。例えば精神障害があって，起き上がれないほど体調が悪いのになんの福祉サービスにもつながっておらず，住まいの退去を求められている人。ひとり暮らしをしたいけれど，計画的にお金を使うことが難しく，生活を成り立たせることに困難のある人。障害者制度は，グループホームも就労支援も，「訓練して次のステップへ」を前提に設計されているが，繰り返してしまう生活課題を持つ人には，継続的なサポートが必要である。

※　住まいの選択肢を増やすことを目標に，2023年7月からは障害者のグループホームも開設した

地域とのつながりが，権利擁護につながる

　障害のある人がひとり暮らしをしている場合，医療と生活保護など，生きる上での必要最低限のサポートにしかつながっていないこともある。行政のケースワーカーや保健師との信頼関係を築くことができず，不安と孤立感を抱きながら暮らす人も多い。一方で，ヘルパー，看護師，通所事業所などが密な連携を取り，支えることのできている人もいる。同じ地域に住んでいても，どんな

支援者と出会うかによって，落ち着いた生活ができるかどうかが大きく変わってしまう現状がある。ウイズタイムハウスとして，支援のネットワークのモデルケースをつくっていきたい。

また，ウイズタイムハウスでは定期的なイベントも実施している。地域の人が気軽に参加してくださるよう，味噌づくりなど食のイベントを中心に行ってきたが，コロナ禍になってからは距離を保ちながら活動できる屋外での「庭づくりワークショップ」を実施している。ウイズタイムハウスの入居者はもとより，近隣にお住まいの人も地域とのつながりを持ち，困ったときには相談できる場として，コロナ禍でもあえて止めることなく活動を継続している。

ウイズタイムハウスでのイベント

場を地域に開いていくことは，孤立防止という意義だけではなく，生活に困難を抱える当事者の権利擁護のために不可欠なことだと考えている。先にも述べたように，当事者はともすれば，福祉サービスや生活費の支給を決定する支援者と1対1の密室的関係の中で，自分の思いは本当に受け止められているのか，不安を感じることがある。当事者の思いが尊重されず，当事者抜きの決定がなされる権利侵害も起こり得る。地域に開かれた場は，その密室性を解消する役割も持つ。

生活に困難を抱えた人が，自分らしさを大切にされる福祉分野の社会デザインを進めていきたい。

（加藤木桜子）

第4章

社会デザイン実践による環境創造

1 「ネットカフェ難民」報道はなぜ政策決定に影響したか
[メディアとコミュニケーション]

　日本における「貧困報道」としての代表的なドキュメンタリーとして，2007年1月に放送された日本テレビ「NNNドキュメント」『ネットカフェ難民』[1]が挙げられる。それまで，貧困に関連する報道と言えば，発展途上国の飢餓や，中高年のホームレスの実態を扱うことが多かった。しかし，この番組では，バブル崩壊後の「失われた20年」と言われた長い不況後の，「新しい貧困のカタチ」として，ネットカフェで暮らす20～30代の若者の「ホームレス」の実態を映し出し，2つの問題提起を行っている。

　第一に，これまでセーフティネットとされていた家族の機能が不全になっていること。第二に，バブル崩壊以降，長く続く不況によって，労働市場の規制緩和が行われ，その結果，企業は雇用調整が簡単にできる日雇いの派遣社員や契約社員などの非正規社員に切り替え，若者たちの生活が一気に不安定化したことである。

　この番組は，「新しい貧困」を問題提起しただけでなく，放送からわずか5カ月後に，厚生労働省が『ネットカフェ難民』の実態調査を行い，2008年4月に厚生労働省と自治体が，困窮する若者に対し生活や就労を支援する窓口「チャレンジネット」を開設するなど社会デザインに大きな影響を与えた点である。テレビ・ドキュメンタリーの影響力がなぜこれほどまでに，高まったの

---

(1) 『ネットカフェ難民』は，日本テレビ「NNNドキュメント」で5回シリーズとして放送された。第1回目の放送は2007年1月である。

か，その影響過程を読み解いていく。

「ネットカフェ難民」の政策決定の影響過程

日本テレビ「NNNドキュメント」『ネットカフェ難民』の視聴率は，5.0%であり，深夜帯の放送時間としては高いが，ゴールデンタイムの時間に比べると極めて低い。従って，テレビ放送だけでの直接的な視聴者への影響力は限定的だといえるだろう。

表1は，1月の放送直後から，「政治・行政」，「市民活動」の動きを示し，また番組のタイトルとなった『ネットカフェ難民』という用語が，マスメディアや議会でどのくらい取り扱われ，インターネットでどのくらい検索されたのかをまとめたものである。

表1 『ネットカフェ難民』をめぐる動き 2007年（放送から厚生労働省実態調査報告まで）[2]

	日本テレビ NNNドキュメント	政治・行政	市民活動	マスメディアの扱い 新聞(5紙)	大衆雑誌	図書	議会での取扱い 都議会	国会	ネット検索回収
1月	ネットカフェ難民1			0	0	0	0	0	6632
2月				1	0	0	1	0	15337
3月			「反貧困ネットワーク」シンポジウム	0	2	0	0	2	16166
4月			民間や労働組合で実態調査	3	2	0	0	1	33160
5月		選挙活動開始	全国青年雇用大集会	16	5	0	0	7	41450
6月	ネットカフェ難民2	実態調査開始	ホームレス全国支援ネットワーク	10	3	0	1	2	26948
7月		参議院議員選挙		63	7	1	0	0	28601
8月		実態調査報告		25	2	0	0	0	36475

特筆すべき点は，視聴率でも言及したように，放送直後の1月から2月にか

---

(2) 「市民活動」は，水島（2007）『ネットカフェ難民と貧困ニッポン』，日本テレビ，276頁を参照。「新聞5紙」（朝日・読売・毎日・日経・産経）は，新聞記事データベースより。「大衆雑誌」は，大宅壮一文庫の雑誌検索サイトより。「図書」は国立国会図書館の検索サイトより。「ネット検索回数」は，Googleトレンドから実数を割り出した。いずれも検索用語は『ネットカフェ難民』とした。

けては，まだそれぞれの活動・行為に大きな影響を及ぼしていなかったことが分かるだろう。大きく動き出したのは，放送から4カ月経った5月である。ここで，国会で7回も『ネットカフェ難民』という用語が使われている。これは，翌月の6月から厚生労働省により実態調査が開始されるため議題となったと考えられる。また，5月は，ネット検索回数も最も高かった。国会で取り上げられたことで関心をもったことが考えられるが，この時期から参議院選挙の活動が始まったことも大きな要因と考えられる。2007年7月の参議院議員選挙は，自民党が大敗し民主党が勝利した。そのとき，民主党は「フリーター，ニートの就職を支援する」を公約にしていたのである。民主党が『ネットカフェ難民』のことを言及したかは定かではないが，非正規社員への問題意識は，番組とリンクしており，興味をもった人たちが検索した可能性が考えられる。さらに「新聞（5紙）」の取り扱い回数では，7月の63件が最も多い。このことも，民主党の選挙活動と関連して紙面にとりあげた可能性が高い。

　放送から厚生労働省実態調査までの流れを整理すると，テレビそのものの影響力というよりは，7月の参議院議員選挙の活動で，『ネットカフェ難民』と同じ問題意識を民主党が持っており，それによって影響力が増したと考えることができるだろう。

テレビと社会活動家の社会デザイン

　困窮した若者たちが住まいをなくし，ネットカフェで暮らしているという，番組企画の「情報源」は，社会活動家であり，生活困窮者の支援活動を行っている認定NPO法人「自立生活サポートセンター・もやい」の代表（当時）の湯浅誠氏からだった。また，湯浅氏は，日本テレビ「NNNドキュメント」『ネットカフェ難民』にも出演し，それを皮切りにニュース番組や新聞メディアでも，貧困問題の現状，そして政策提言にまで踏み込んだ。テレビは「公共の電波」を使用している以上，局側は一方的な政策提言を敬遠する傾向がある。だが，それを湯浅氏が行い，テレビ・メディアと社会活動家による協働によって政策決定にまで影響を及ぼしたと言えるだろう。

　政策シンクタンクPHP総研の金子将史・亀井善太郎らは，政策決定は「正

統性（legitimacy）と正当性（rightness）」の相克によって行われると述べている。[3]正当性とは，行政が社会問題を見い出し市民に伝えるものである。しかし現代は，社会問題が複雑・多様化し，行政のみが社会問題を見出すことは困難となった。日本テレビ「NNNドキュメント」『ネットカフェ難民』では，民間在野の社会活動家，貧困問題の専門家が正当性による政策アジェンダを見い出し，それをテレビ・ドキュメンタリーが新たな「メディア・アジェンダ」として提示し，双方による協働が行われたことで，行政の正当性を補完する役割を担ったと考えられる。NPOや社会活動家とテレビ・ドキュメンタリーの協働は，今後も重要な「社会デザイン」の在り方になるものと考える。

「貧困報道」のこれからを考える

2007年の日本テレビ「NNNドキュメント」『ネットカフェ難民』により「新しい貧困のカタチ」が放送されてから，16年が経つ。現在，コロナ禍やロシア・ウクライナ戦争によって，また大きな貧困の波が押し寄せてきている。しかし，そのことはあまりテレビで報じられていない。貧困問題を映像化にして伝えることは，長年の経験や当事者との関係性を構築していくための長期間の取材が必要である。テレビ・メディアが先細っていくなかで，貧困問題をどう報じていくのか。社会活動家や研究者，市民らがどのように協働して，この問題をどう伝えていくのか，それが今後の課題である。

（淺野麻由）

* 本稿は，2020年の博士学位論文「テレビ・ドキュメンタリーにおける社会的影響力の研究——福祉・貧困分野における政策アジェンダ構築過程の事例分析」の一部を大幅に修正したものである。

---

(3)「統治機構改革1.5＆2.0——次の時代に向けた加速と挑戦」（2019年3月），PHP研究所，参照。

2 いまはない「何か」を伝え・共有するために
[メディアとコミュニケーション]

社会デザインに不可欠な「言葉」

　老い衰えゆく過程と死（看取り），死後（弔い・供養や死後事務）を支えるのは誰かを考察することが筆者の研究の中心である。家族や地域コミュニティが担うことが言語化するまでもなく前提されていた社会構造が，個人化によって変化し，「誰」を各人が考える必要が生じている。国はその担い手を地域社会に求め，地域包括ケアシステム構築，地域共生社会の創造を提唱するものの，実践は各地域に委ねられている。ここに社会デザインが必要とされている。リソースを地域の人々自身で発見し，つなぎ，新たに創り上げていく協働の必要性である。そこでメディアがどのような役割を果たしうるのか。

　ここでいうメディアとは，主に言葉を介して他者に意見や情報を伝え，対話，議論するための手段を指す。新聞やテレビ，雑誌，書籍といったマスメディアだけでない。SNSによる発信も含む。共通するのは「言葉」である。

　私は「終活から集活へ」を提唱し，メディアを介しての概念発信が活動の柱になっている。集活とは縁を結ぶの意。関係的存在である人のありように，死を意識することで改めて目を向け，他者との関係性を再認識して社会のありようを考える契機とするための言葉である。直面する問題と，その解決の方向性を結びつけて言語化する。それが，言語化の必要がないほど当然視されていたものに代わり，新たな社会構造・社会的関係を意識的に構築していく上で不可欠と考えるからである。そこにメディアの機能を意識する。

メディアの普遍化機能が弱まっている

　言葉を介したやり取りはあらゆる社会活動に不可欠なことは言を俟たない。だが，新たな社会構造や関係性の編み直しを目論む社会デザインにおいてその意義は格段に増す。完成している何か，すでに機能している社会構造を再生産するのではなく，「いまはない何か」を想像・創造するには，時に新たな概念

第4章　社会デザイン実践による環境創造

を生み出してまずは言語化する必要があるからである。想像と創造は主に言葉による。社会デザインがこうした想像と創造の不断の実践だとするならば，言葉による不断の考察とやり取りこそが肝となる。

　メディア，特にマスメディアは言葉や概念を，身近な対話だけでは届かない広範囲の人々に送り出し，対話や議論を通じて何度も還流させるなかで概念を鍛え直していく大切なツールだ。お互いが同じ言葉に対して抱く感情や理解の違いを前提し，違和感は違和感として大切にしながら，共通の言葉として言葉自体の振幅の幅を狭めて普遍化していくツールと言い換えてもいい。

　例えば「自由な社会」という言葉は受け取る人の立場や考えによって様々な受け止め方がある。アメリカ建国時の「自由」が含意していたのは「白人男性にとっての自由」だったが，多くの人たちの考えや実践がメディアを介してやり取りされ，対話，議論する過程で性別や人種の違い，障害の有無などを超えたものとしての概念が盛り込まれ，立場の違いによるブレ幅は徐々に狭まり，共通する姿がみえてくる。それが鍛え直す，普遍化するということである。

　だが，いまメディアは本当にその機能・役割を果たしているのか。普遍化が社会を維持するうえで不可欠だと前提すれば——普遍化が前提されなければ，各人の言説が交わることなく「私」が並列するだけで「我々」にはならない社会もどきであろう——，メディアが機能していないならばどのように機能を取り戻すのか，あるいは新たな使い方を想像・創造していくのかを考える必要がある。メディア自体が社会デザインの対象となる。

　主にマスメディアがメディアの中核だった時代は「公共圏」が前提され，市民が共通の関心をもって話し合うことで普遍化がなされると考えられた。直接会うことのない人々と自分が同じ「国民」という共同体の一員であるという認識も，他者も自分と同じ情報を享受していると想像するからこそ成立するという考えもある[1]。だが，インターネットを中心に自分と似た考えや価値観を持った人ばかりが集まる閉鎖的な場でただ肯定が繰り返される「エコーチェンバー現象」が広まり，あたかも自分の考えや言説が普遍的なものであると錯覚する

---

[1]　ベネディクト・アンダーソン　白石隆・白石さや訳（2007）『定本 想像の共同体——ナショナリズムの起源と流行』書籍工房早山

143

第Ⅱ部　社会デザインの力を発揮する

老いや死などをテーマにした「縁起でもない話をしよう会」で
対話する人たち
（出所）　鹿児島市・妙行寺提供

状況が生まれている。「我々」という感覚が対象とする範囲がどんどん狭まり，想像の共同体は萎んでいる。

ささやかな日常体験こそが鍵

　他者と共に生きる方法は，暴力・強制力で屈服させる以外は，言葉による絶えざる対話と調整を通してしかありえない。多様性を尊重する社会とは，対話の面からは面倒な社会である。前提として共有しているものが多く，価値観・関心が類似した人同士なら説明しなくて済む内容を，多様な人々の間では丁寧に説明する必要がある。野球を知らない人に「大谷が二刀流」といっても通じない。二刀流がどんな状態を指し，それがどれほどの偉業か，言葉を補わなければ伝わらない。面倒だが，同じ感動を味わえるとしたら嬉しいだろう。

　すごくささやかなことかもしれない。だが，言葉の機能や可能性を再生する鍵は，そのささやかな喜び——実は驚くべき日常的奇跡——を信じられる人の存在ではないか。そうした人を増やす方法とは，迂遠だがささやかな「小さな体験」を積み重ねることしかないように思う。身体性で語れる身近な人々の範囲での対話や議論を通して，お互いが異なる存在であるという当たり前のこと

を「発見」し，それでも対話で豊かな関係性が紡がれることがあるという体験。面倒くさくも，生きる喜びでもある体験を積み重ねることから，社会という大きな場でも鍛え直しと普遍化がもたらす喜びや成果を体験していけるはずだ。

　例えば鹿児島市の妙行寺が開く，老いや死をテーマに語り合う「縁起でもない話をしよう会」はそんな一例である。老いや死をテーマに，様々な人々の実体験を伴う語りが対面で相互に行き交うことで共感・理解が進む。他人事が実は自分事と気づく体験を経て，語りがたいと思われていた話題が穏やかに共有されていく。人々の目的が一方向のみにあるわけではない，小さいながらも公共圏的色彩を帯びた場の存在は，対話の可能性の一つの希望を示す。「自分の世界」を作って他者を排除することが可能な時代に，言葉の可能性を信じることは容易ではない。だが，希望はあると信じたい。人が徹底した関係的存在である限り，他者との間に言葉による架け橋が必ず渡せるはずである，と。

（星野　哲）

第Ⅱ部　社会デザインの力を発揮する

3　対面式コミュニケーションとオンラインコミュニケーション
［メディアとコミュニケーション］

コミュニケーションの形の変容

　コロナ禍がきっかけとなって，テレワーク，オンライン会議，オンライン授業・講座，オンラインによる企業のインターンシップ等々，コミュニケーションの形が劇的に変わり，まさしく情報伝達革命が起きている。私が所属する一般社団法人話力総合研究所では，「話す・聴く」を科学的に分析し，よりよい社会を構築するベースとなる効果的なコミュニケーションに関する研究・教育をおこなっている。同研究所では従来，基本的には対面式コミュニケーションを第一義として提唱してきたが，昨今の状況から，研究所の教育方針も見直しを余儀なくされている。しかしながら，従来型の対面式コミュニケーションとリモート型のオンラインコミュニケーションを比較検討することにより，より効果的なコミュニケーションの形を追究していくことが喫緊の課題と考えている。コミュニケーション不足あるいは適切なコミュニケーションができないことによるトラブルや

話力総合研究所主催の定期講座「話力常設講座」

---

(1)　前身は，1972年12月永崎一則により設立された株式会社話力研究所。永崎は，単なる話の技術を超えた，人間の総合力としての話力理論に基づく「話力運動」を展開した。（株）話力研究所は，2016年，一般社団法人話力総合研究所として再編される。現所長・理事長は秋田義一。
(2)　一般社団法人話力総合研究所は，人と人とのかかわりがますます希薄になり，日常生活，地域社会，職場等々において問題が生じている状況に対して，現代社会をよりよく生きていくためにはコミュニケーション能力こそが重要である，という基本理念に基づき，「話力運動」を展開している。具体的には，話す力，聴く力の総合力を「話力」と定義づけ，話力を高めるための講座，研修（企業研修，教育機関での講義，定期的な常設講座等々）を開設している。また，話力に関する講座・研修を実践できる人材の育成にも努めている。話力を高めることによって，コミュニケーション能力を向上させ，ひいてはよりよい人間関係づくり，よりよい社会づくりに役立てることを目標としている。

事件の発生を抑え，よりよい社会を構築する観点からも，コミュニケーションのあり方を早急に模索する必要があると考える。

従来型対面式コミュニケーションと直前観念[3]

同研究所では，効果的なコミュニケーションは対面式でおこなうべきというスタンスをとってきた。それは，対話は言葉のみで成り立つものではなく，話し手と聴き手の双方の五感をとおしてなされ，双方がその場で直接的に感じる思い（直前観念）によって話の印象が変わることもあり，そのために話の効果も大きく左右される，という観点に立っているからである。

「直前観念」についてあらためて定義しよう。直前観念とは，話す直前に話し手と聴き手の相互に構成される観念をいう。この直前観念が「好ましいもの」か「好ましくないもの」かによって話の効果が左右される。さらに，直前観念が生じる接点は大きく分けて2つある。一つは，五感すなわち視覚的・聴覚的・嗅覚的・味覚的・触覚的な刺激によるものである（仮に「観念A」と名付ける）。例えば，相手の服装，声のトーン，態度等々である。目上の人や仕事の取引先と話をする際，相手に対して失礼のない服装や態度であるか否かによって印象が違ってくる。それが対話に影響し，話の効果を左右する。これらが，観念Aがもたらす影響である。もう一方は言葉そのものである。つまり，話し手の考えや言わんとしている内容の言語化である（仮に「観念B」と名付ける）。従来型の対面式コミュニケーションでは，観念Aと観念Bという総合的な直前観念によって対話が構成されていたので，話し手にとっても聴き手にとっても，理解の窓口がより幅広かったと言える。

リモート型オンラインコミュニケーションと直前観念

一方，オンラインコミュニケーションの便利さは世界中で，つとに実感されている。たとえばZoomによる会議や公開講座では世界中の人が同時に議論できるし，テレワークでは紙からの解放，時間からの解放，場所からの解放という自由を得た。しかし良いことづくめではない。直前観念の視点から見てみよ

---

(3) 永崎一則（1992）『話力における表現力・聴解力の研究』小林出版，90-95頁

う。画面をとおしての対話であるから，当然ながら観念Aは非常に限られてくる。被写体はほとんどが上半身のみである。たとえば目上の人に直接対面するとき服装も態度も失礼のないものにするが，画面での対面では，極端な例ではあるが，下は短パン，あるいは，足を組んでいても相手には見えない。それは便利な一面もあるが，服装や態度によって自分の思いや意欲を相手に感じてもらう，あるいは好意をもってもらう機会は少なからず減少する。観念Aの機能が対面式よりも大幅に少なくなると言えよう。即ち，「全身的コミュニケーション」が見えにくくなるのである。このことは，話し手と聴き手の双方にとって，ある種の機会の損失と言えるのではないか。したがって，双方の意思疎通をはかり，理解を深めるのは観念Bが非常に重要になってくる。つまり，意思疎通や相互理解には言葉が非常に重要な装置になるのであり，それゆえ，より厳密な言語化が必要になってくると言わざるを得ない。

オンラインコミュニケーションへの期待と課題

　オンラインコミュニケーションは便利である。上述したように，紙，時間，場所という側面での解放あるいは節約も可能である。そして一旦その便利さを知ると人は後戻りできない。いわゆる「リモコン効果」である。また，登校拒否の高校生がオンライン授業ならば参加するといった事例もあるときく。このような利点もあるが，その分，言葉の取捨選択，言葉の使い方などに，より一層の神経を使う必要がある。そのために注意すべきことは多いが，その中で最も重要と思われる２点をあげたい。一つは，話したい内容を言語化する際に，言葉の抽象性を考えることである。一般的には，抽象度の高い言葉が抽象的な言葉であり，相手によって理解度が異なってくる。抽象のレベルを上げ下げすることによって，相手に正しく理解してもらい，より効果的な対話になるように努力する必要がある。もうひとつは，発話に関して，である。オンラインによる対話は，ときとして聞き取りにくい。技術や経験によって改善されるにし

---

(4)　田中優子講演（2020）「コロナ禍で発見した５つのこと」朝日新聞社主催　朝日　教育会議2020　Vol. 4，2020年11月22日
(5)　出口治明講演（2020）「還暦からの底力」朝日新聞社主催Reライフ，2020年９月20日
(6)　話力総合研究所研究室編（1997）『話力強化講座（科学編）』話力総合研究所，20-22頁

ても，とにかく，一語一語きちんと発声することで聞こえにくさを改善し，誤解を回避する必要がある。また，オンラインでは，発話によるとっさの応答が難しいという意見もある。チャットで対話するにしても，その間に話し手の言葉を聞き漏らしてしまう危険性もある。オンラインコミュニケーションには，便利であるがゆえの不便もあることを認識し，改善していくことがいわずもがなの課題であると同時に，オンラインコミュニケーションにおける直前観念も探っていく必要があると考える。

(株)システムズでの管理職研修

教育機関での講義「産能話し方実践講座」

まとめ

　オンラインコミュニケーションが今以上に活用されていくことは疑うべくもないが，個人的には，対面式コミュニケーションとオンラインコミュニケーションをうまく併用していくことが，効果的コミュニケーションにとって，さらに，よりよい人間関係の維持・構築にとって，最善の道と考える。それには，私たちがこれまで対面式コミュニケーションで何を得ていたのか，言葉で何を伝達し合っていたのかを，あらためて考えてみる必要がある。例えば，対面式コミュニケーションでは相手の身体的なメッセージや空気を読んでいたはずである。言葉についても口調や語調で何かを感じていたはずである。対面式でもオンラインでもそれぞれの利点を活用し，双方がバランスを保って活用されることが望ましいと考える。話力総合研究所ではこの点を更に分析し，講座内容の充実とよりよいコミュニケーションの構築に寄与していきたい。　　（稲見陽子）

4 既存の枠組みから「私」を解放し，新たな地縁を結ぶ
[組織とネットワーク]

　19年前，一つのNPOと出会い，活動を開始した。その後，活動の経験を活かして地域のNPOを支援する仕事を始めた。今回紹介する2つの活動で共通するのは，どちらも既存の枠組みから個人を解放し，新たな地縁を結ぶということだ。NPOが個人と社会のインターフェースとしてどのような役割を果たしているのか，これまでの私の実践をもとに考察する。

NPOとの出会い
　筆者は現在，コレクティブハウジング社(1)というNPO法人で活動している。立教大学21世紀社会デザイン研究科の授業でその存在を知ったことがきっかけだ。程よい関係を持てる隣人の存在がなく，隣人をつくるきっかけもないことに漠然とした不安を感じていた頃だった。居住者との緩やかな関わりをもてるコレクティブハウスの暮らし方は興味深く，新たに始まったプロジェクトに参加することになった。

コレクティブハウスとは
　各世帯が独立した住戸に住みながら，別に居住者全員が自由に使うキッチンやリビング，ランドリーなど様々な共用スペースを持つ賃貸住宅である。特徴は，居住者組合による暮らしの自主運営である。建物の維持管理に加えて，食事作りやガーデニングなど家事の一部を共同化することで，より合理的に暮らしの豊かさを生み出し，居住者や地域とのつながりを育む暮らしである。
　まず，集まって暮らしたい人たちが集まる。数人集まったら，次は建物を提供してくれる大家さんを見つける。そのつぎは居住者組合を作る。組合と大家さん，NPOの三者のパートナーシップ事業として，建物をコレクティブハウス用に整え，運営の仕組みをつくっていく。これらをNPOがコーディネート

---
(1) 特定非営利活動法人コレクティブハウジング社　https://chc.or.jp

第4章　社会デザイン実践による環境創造

コレクティブハウスの定例会

している。

どのように暮らしたいのか

　集まる人々の動機や実現したいことはそれぞれに違う。NPOは参加する一人ひとりに「どのように暮らしたいのか」と問いかける。その答えを参加者同士が対話していく。数カ月にわたるワークショップを重ねたのち，実際に入居して暮らし始める。ワークショップによる対話はつくるときだけではなく，暮らし始めてからも継続する。お互いに「このように暮らしたい」ということをフラットに伝えあえる関係をつくる。そこを出会いの出発点として，居住者が入れ替わっても対話を繰り返し，新たに関係を結ぶことで，コレクティブハウスの自主運営による暮らしは成立し，今も続いている。

NPOを支援する中間支援組織との出会い

　暮らし始めて4年が経ったころ，都内のNPO活動を支援する中間支援組織（以下，センター）で働くことになった。当時このセンターには約120団体が登録していた。施設利用や専門的な相談を通して，センターと各団体のつながりはあったが，団体同士の関係性が薄く，連携して何かに挑戦するようなこととは程遠い状況だった。団体の活動を支援するために最も力を入れたのが，団体同士の交流であった。

151

第0回の企画会議

　委託元の行政から，年に1度のNPOを主体としたイベントを実行委員会形式で実施してはどうかと打診があった。過去に出展した団体に意見を求めたところ「実行委員会形式のイベントはマンネリ化して評判が悪い。委員会に出席できる人の意向が強く反映されてしまう」とのことであった。

　団体同士のフラットな関係性をつくり，さらに行政とセンターとNPO団体が同じテーブルで企画を考えることができるように「第0回」と名付けた企画会議を開いた。また，代表者に限らずメンバーであれば誰でも参加できるようにすることで，関心のある人々を広く集めることを狙った。

　企画段階でワークショップを実施したのは初めてであり，参加者は13団体17人であった。イベントの目的について議論するとともに，出展内容についても，様々なアイデアが提案された。初年度は計4回の企画会議を実施したが，当日参加しなかった団体にも議事録やワークショップの様子を共有するなど，回を重ねるごとに参加団体も増えていった。会議の中で「団体同士が協同してNPO活動を広報すること」と「団体同士の交流」をイベントの目的として定めたことで，その性格が固まった。後に「出展に際しては他団体と協同すること」というグランドルールができたことで，団体同士の交流が加速し，分野を超えた連携がはじまった。

　その後6年間をかけて出展団体が3倍，参加者数も6倍という地域を代表するイベントになった。予算も場所も限られる中で，知恵を出し合い，毎年新たな企画が練られた。出展者同士がお互いを知っており，会場内で頻繁にコミュニケーションがあるアットホームな雰囲気のイベントとして，多くのリピーターが来場するイベントになった。

既存の枠組みから個人を解き放ち，フラットにつながる

　コレクティブハウスの暮らしでは，世帯単位ではなく，個人単位で役割がある。したがって，○○さんちの旦那さんや○○さんちの子ども，という関係ではない。家族と一緒に入居していても，みんながそれぞれの個人であることが，この暮らしの協同の仕組みを支えるとともに，この暮らしの居心地の良さ，

第4章　社会デザイン実践による環境創造

地縁組織があることで個人（核家族）が地域と接続する

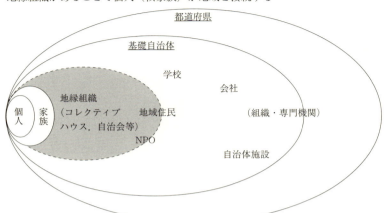

図1　地域と個人（核家族）をつなぐ地縁組織
（出所）筆者作成

清々しさにつながっている。

　センターの企画会議の場面でやっていたことは「あなたはどうしたいのか」を繰り返し問うことだった。それまで，団体や組織の立場で意見を述べることはあっても，団体の意向とは関係なく個人として，どのようにしたいという場面はなかったのではないかと思う。地域のNPOが協同して出展するということになったときに，組織を超えて，地域の人として「私」と「私」の協同が始まったのだと思われる。

　その後，一緒にプロジェクトを立ち上げて活動していた複数の団体が一つの団体を設立した。メンバーの一人が所有する土地に2階建てのビルを建て，別のメンバーがそこに保育園やNPOの事務所をつくる計画が具体的に進んだ。現在は，コミュニティカフェを併設する民設民営の中間支援施設として活動している。この事例は，地域のためにともに企画し，協同したこと。そこでさまざまな人との関係がつくられていったことがさらなる協同につながった結果である。中間支援機関が機能した結果，新たに結ばれた地縁といえるだろう。

新たな地縁をつくる

　現在，コレクティブハウスの2つのプロジェクトが動いている。旧独身寮を73世帯の賃貸住宅として改修し，中にコレクティブハウスを埋め込むという民間企業との協働事業。もう一つは，再開発跡地の分譲マンションの中に賃貸コレクティブハウスを埋め込む公的セクターとの協働事業。分譲マンションの住民と地域住民がゆるやかにつながる可能性を前提としている。

　地域社会において，社会的孤立の問題が深刻さを増す中で，個人（核家族）を包摂し，地域住民を含めた地域社会とつながる地縁組織が求められている。コレクティブハウスの事例のように，時間はかかるが自治する組織をつくることはできる。「私」と「私」がつながっていくことで自律した組織は可能である。

　今目の前にある社会の状況に対応しながらも，その時々の資源を活用して，人々がつながりをもてるための環境を整備しつつ，その家や町に暮らしたい人々の「私」と「私」の「どのように暮らしたい」ということを重ね合わせて，それぞれに暮らしをつくっていくことが，求められている。　　　　（宮本　諭）

5 なぜ私たちは組織を必要とし，組織に翻弄されるのか？
[組織とネットワーク]

　私たちは生活のあらゆる場面において組織とかかわらない日はない。組織のもたらす効用をほぼ無意識で享受しつつ，一方で組織との利害に汲々とする。でありながらその本質を把握し，納得して組織とかかわっているとは言い難いのではないだろうか。
　そもそもなぜ人は「群れる」のか？　なぜ人間社会に「組織」が必要なのか？必要であるならば，なぜ組織は人びとに束縛感や不条理さを感じさせるのか？

虚構と共同幻想
　大昔にさかのぼってみよう。ユヴァル・ノア・ハラリの『サピエンス全史』によると，私たちの祖先であるホモ・サピエンスと同時期に存在していたネアンデルタール人は，ホモ・サピエンスよりも筋肉が発達し大きな脳を持っていた。そして道具と火を使い，狩りが上手。つまり，ネアンデルタール人の方が優秀だった。ところが彼らは滅んでホモ・サピエンスは栄えた。なぜか？
　カギは「虚構」だそうである。人間は架空の事物，つまり虚構について語る能力を手に入れた。そしてその虚構を集団でやり取りして共同幻想に仕立て上げる。そうやって人間は大きな集団で効果的に協力する術を手に入れたというのである。ネアンデルタール人に1対1ではかなわなくても，何百人規模で競ったらホモ・サピエンスの力が圧倒した。[1]
　考えてみれば，私たちは生活空間のほぼすべてで虚構に取り囲まれている。宗教，主義，国家，時間，お金……全て人間が虚構でつくりあげた共同幻想である。「虚構」と「共同幻想」のメカニズムが人間に莫大なパワーをもたらしてくれた。
　そして「組織」こそがまさに虚構と共同幻想の産物である。

---
(1) Harari, Yuval Noah, 柴田裕之訳, (2011=2016), 27-52頁

第Ⅱ部　社会デザインの力を発揮する

　私たちは日々様々な仕事にいそしんでいるが，一人でできることはたかが知れている。一方，組織で取りかかると，中にいる人たちの多くはそれほど情熱を持って動いているわけではないのに，大きな成果をあげてしまう。
　他方で私たちは，組織の持つ負の側面にも敏感に反応する。「会社が悪い」「会社はなにをやっているんだ」という愚痴をよく聞く。しかしそう言っている時の私たちは，じつは「会社」の実態を把握しようとしていない。
　「会社」とは何か？　あの本社ビルがそうなのか，工場か，店舗か。いや，それらは器に過ぎない。では「会社」とは社長か，専務か，人事部長か。彼ら彼女らも個人に還元すればただの人である。
　「会社」に実体はない。虚構なのだ。その虚構に対して合意をもって参加している人たちの結束メカニズムこそが「会社」，つまり組織の正体なのである。

疎外装置としての組織

　この「組織に合意をもって参加する」ということが難物である。その合意は必ずしも喜びをもってなされているわけではない。往々にして「しぶしぶ」だったり「他に選択肢がないから」だったりする。あるいは参加当時の喜びが時とともに失せて，苦痛に入れ替わってしまうこともある。
　組織は大きなパワーの源泉である。が，私たちは組織に属していること自体にストレスを感じる。組織は束縛と不条理の原因でもある。なぜだ？
　ここに社会学や社会デザイン学に勤しんだ人にはおなじみの「疎外」という概念が登場する。この概念については膨大な研究があるが，ひとまずここでは疎外とは「人間が自分たちの便益のために発明したものであるはずが，それに逆に支配されてしまったり，発明したシステムの末端に人間が追いやられてしまう現象」ということにしておこう。
　組織はまさしく「疎外装置」なのだ。

新しい組織モデル

　しかし「組織は疎外の元凶だ」と文句ばかり言っていても発展はない。私たちを疎外に追いやっている組織を，自由で参加しがいがあるように変えること

第4章　社会デザイン実践による環境創造

はできるか。そういう新しい組織モデルをつくれるだろうか。

　筆者は「コーオウンド・ビジネス（従業員所有事業）」という事業モデルを提唱している。従業員がみんなで自分たちの勤める会社の大株主，つまりオーナーになる事業モデルである。従業員として給与・賞与を受け取りながら，株主なので会社の利益配当も受け取る。会社の業績が自分たちの利害に直結するので，自律的に業務に邁進する。そうなると従業員に対する管理監督業務が漸減して，最終的には不要になる。会議も激減する。「縛り」がどんどんなくなってくる。

　社長にしてみると，社内のみんなが部下でありながら自分の経営をジャッジする株主でもある。つまり権力がループ構造となって循環する。

　このメカニズムがさらに進むと社内に分かち合いの文化が醸成されてくる。利益を分配するだけでなく，それをみんなの合意でプールして福利厚生や社会貢献に回す。

　米国のあるコーオウンド会社では，そのプール金で社内にジムやヨガ・スタジオを作って勤務時間中でも無料でレッスンを受けられるようにした。また本社敷地内に保育園を作った。従業員は無料で利用でき，また，近隣住民にもコスト負担のみで利用してもらっている。

　この分かち合いの文化は社外にもあふれ出す。フェアトレード，地域・社会・環境への貢献など，ステークホルダー（会社にとってのすべての利害関係者）との分かち合いが広がり，深まっていく。

　コーオウンド・ビジネスは米英では重要な潮流となっているが，日本では未発達の事業モデルである。

　筆者はこのすてきな事業モデルを敷衍すべく一般社団法人従業員所有事業協会を設立し，同モデルの研究・実践の普及活動を行っている。既に複数の会社のコーオウンド化を実現し，さらに多くの会社に対しての支援活動を行っている。詳しくは拙著『コーオウンド・ビジネス——従業員が所有する会社』（2015）をお読みいただければ幸甚である。

　もう一つ，「ホラクラシー」という組織形態を紹介しよう。これは固定化された組織図は存在せず，活動の全てがプロジェクト・チームでまかなわれる組

第Ⅱ部　社会デザインの力を発揮する

英国のコーオウンド会社
保育事業を営むChildbase
（出所）　Childbase Partnership

日本を代表するコーオウンド会社
株式会社日本レーザー
（出所）　株式会社日本レーザー

織である。

　組織メンバーは「この指とまれ」方式で自分が気に入ったプロジェクトに参加する。多くの場合，一人の人が複数のプロジェクトに参加して，内容に応じてリーダーを務めたりスペシャリスト役を担ったりする。プロジェクトには自らの意志で参加するので「やらされ感」は起きないし，タスクと本人の特性のミスマッチも起きにくい。

　参加するプロジェクトの数も自分で決められるので，自分のライフスタイルやライフステージに合わせて自由にアレンジできる(2)（Robertson, Brian J., 2015）。

　コーオウンド・ビジネスもホラクラシーも，現代の組織が抱える疎外問題を解決し，人びとがイキイキと活動でき，かつ組織自体も活性化することを目指す組織モデルである。

　とはいえ，これらも人間が発明したものである以上，新たな疎外問題を起こ

---

(2) ホラクラシーをさらに発展させた「ティール」という組織形態も存在するが，本稿では言及しないこととする。ちなみに，少ないながら実地の調査に基づき，筆者はティール組織の有効性については懐疑的である。

し得るし，実際そうなるだろう。そうなったら，さらにその疎外問題を解決すべく新たな組織モデルの発明に挑戦することになる。そうするとそこからまた新たな疎外，そしてまた発明……と，どうやら私たちは延々と疎外と発明のイタチごっこを演じ続ける宿命にあるようだ。そしてこの永遠の挑戦に倦むことがないという性質こそが人間の特性なのだろう。

（細川あつし）

引用・参考文献

一般社団法人従業員所有事業協会　参照先：コーオウンド・ビジネス　従業員所有事業：http://www.jeoa.org

細川あつし（2015）『コーオウンド・ビジネス――従業員が所有する会社』築地書館

Harari, Yuval Noah, 柴田裕之訳（2011=2016）*SAPIENS: A Brief History of Humankind*（『サピエンス全史』上巻）Yuval Noah Harari c/o The Deborah Harris Agency=河出書房新社

Robertson, Brian J. (2015). *HOLACRACY: -The New Management System for a Rapidly Changing World*. Henry Holt and Company.

第Ⅱ部　社会デザインの力を発揮する

6　CSRの再定義と企業の社会への適応［企業と価値］

「常は無い＝無常」を体験

今，私たちの社会は，急激に変化している。

2020年からの新型コロナウイルスの世界的な蔓延により私たちの日常生活は様変わりし，企業もまた大きな変革をせざるを得ない転換期を迎えた。

さらに，ウクライナ問題に端を発した国際情勢の変化によっては，国際社会の大きな枠組みは再考を迫られるものとなり，世界経済においても大きな影響をもたらしている。これは，私たちの生活もさることながら企業にとっても大きな問題となっている。ただ，歴史を振り返ってみても社会や世の中は，その価値観においても，時代にかかわらず常に変化している。現代社会においても，「常は無い＝無常」を心しておかなければならないことを我々は，今体験しているのである。そうした中，これからの社会・私たちの未来を考える上で，何をどのように取り組む事が必要なのであろう。又どのような思考を持つことが必要なのであろうか。

社会デザインとは，人の幸せを追求する学問（考え方）である。

社会を考える上で，現代に生きる我々は，何らかの形で企業そのもの，企業の行う事業活動にかかわっている。では，その企業の目的とはなんであろうか。

企業は社会的な課題を担う機関

P.F. ドラッカーは，「組織はそれ自身のために存在するのではなく，それぞれ社会的な課題を担うための機関である」とその著書『イノベーターの条件』など複数の著書の中で度々述べている。[1]今，企業は，企業活動及び事業活動を通じて様々な社会的課題を解決し，社会と共によりよい未来に向かって歩んでいくことが求められている。それを一時的ではなく，できる限り続けていくことだと私は考えている。そのため，場合によっては存在し続けることもまた，

---

(1) P.F. ドラッカー　上田惇生訳（2000）『イノベーターの条件──社会の絆をいかに創造するか』；P.F. ドラッカー　上田惇生訳（2007）『ドラッカー名著集7　断絶の時代』など。

企業の目的であると考えている。

　例えば，企業も一定の規模を超えると，もはや企業は法人という一企業市民としての存在ではなく，"社会の公器"としての性質を強めてくるが，それらの企業の背後には，数多くの利害関係者が存在することを忘れてはならない。

　そして，企業の役割を考えるとき，市場の物質的な充足を満たすのでなく，社会的課題を解決することにその役割が変化してきたのは言うまでもない。

　現代マーケティングの父であるコトラーは，「マーケティングとは，どのような価値を提供すれば市場ニーズを満たせるかを探り，その価値を生み出し，顧客に届け，そこから利益を上げる事である」とその著書の中で主張している[2]。今や市場は，企業に対して便利なモノという物質ではなく，社会的課題の解決というソリューションを要請しているのである。

　そうなると，企業において，今，まず見直すべきことの一つに，「CSRの定義の見直し」が求められるのではないだろうか。もはや，「CSR＝企業の社会的責任，企業の社会貢献活動」という一義的な定義では今後企業内での改革は容易ではない。企業は，時代と共に変化していく社会が求めるものに適応した企業活動を生み出していく企業文化，企業体質を作り上げていかなければならない。

　社会に対して影響力の大きくなってきた企業が，企業市民として永続的に存在していくためには，社会的課題に対して真摯に取り組み，社会をより良い方向に導いていくためのリーダーシップをとるのが企業の役割となるのではないか。それには，目まぐるしく変化する社会情勢，課題をいち早くキャッチし，それに適応していくことが不可欠である。その解決方法は必ずしも事業活動だけではないだろう。CSRとは複雑な社会課題に対応するための，「企業の社会への適応」に他ならないのではないだろうか。

　また，「企業は人なり」と多くの経営者が謳っているが，そのために重要なのは，そもそもその企業が人（社員・家族）の拠り所となれるような企業なのかどうかである。そこには，会社の規模は関係ない。都心部で働くのか，地方

---

[2] フィリップ・コトラー　木村達也監訳（2004）『コトラーのマーケティング講義――基本コンセプト300』ダイヤモンド社，3頁

で働くのか，という場所ももはや関係ない。社会と寄り添う企業こそが，企業の持続的発展につながり，人の拠り所になりうる。特に，昨今の若者が企業に求めるものの価値観は大きく変化しているようである。従来のように退職まで安定的に就業できる環境を求めているわけではなく，如何にして社会の役に立つのか。社会を変革できるのか。このような価値観を持った若者の拠り所になることが企業には求められている。その為には，企業は自らが変革をする必要がある。企業は従来の本業重視の考え方にとらわれず，一人ひとりの従業員に，個人として，企業人としての感性を磨き，社会の変化に敏感に対応できる場を提供し，それを応援していく体制をつくり，人材を育成する仕組みを整えていくことが企業に変化をもたらすために，必要なのではないだろうか。その一つとして，副業という形で異業種経験をすることで，社内に留まるのではなく，社会に飛び出して視野を広げることも大切で必要なことではないだろうか。

　ここで，大和ハウス工業で実施されている取り組みについて紹介してみることにする。

副業という形で異業種経験

　Daiwa House Group Sustainability Report2023によると「人的資本経営の重要さが増すなか，従業員の成長や自律的なキャリア形成のため，副業を中心とした「越境体験」の提供を主な目的として2022年度に越境キャリア支援制度を導入致しました。会社が斡旋する副業先で副業を行う「副業（公募型）」，個人で見つけてきた副業先で副業を行う「副業（申請型）」，現所属のまま所定労働時間の一部を使い，他部署の業務やプロジェクトなどに携わることのできる「社内副業」，他企業へ一定期間出向する形で，自社以外の業務を経験する「他企業との人材交流」のメニューを設けて，従業員の越境体験を創出しています。既存のFA制度や社内公募制度などの制度と共に，従業員が自発的に組織の垣根を越えて活動の場を見いだす制度の拡充によって，自律的なキャリア形成を支援しています」というように人事部主導で取り組んでおり，2022年度の副業者数は，公募型4人，申請型20人，社内副業23人となっている。

　元々，会社を興した多くの創業者たちは，社会の課題の中に事業のヒントを

見つけ，大きなビジョンを掲げて創業を志したはずだ。今，社会環境変化のうねりの中で，原点に戻る時が来たということではないだろうか。もちろん，副業に拘らなくてもNPO法人への人材派遣，企業内でジョブローテーションなどを行うことで，より社会に近い仕事を経験させるという方法もある。既に，様々な企業がそれをスタートさせている。しかし，大切なことは，多くの企業がそれに気づき，潮流となってくることではないだろうか。企業においては，社会と結びついた人材の育成が今後ますます重要になってくるのである。

　今後企業が新しい時代の変化の対応に舵を切り，その変革の中心的役割を果たすためには，社内の意識改革と共に，社会への適応を戦略的に捉える必要があるのである。

　社会は，いろいろな価値観を持った人々が共生し，多くの様々な課題に直面しながら知恵をだし，協力しながら乗り越え社会を発展させてきた。これこそが，今で言うところの「社会デザインである！」今，我々は，現代に生きる人が経験したことのない問題や課題に直面しているが，人が様々な分野で，従来の枠組みや常識にとらわれずに社会をよくするために，様々な課題に取り組むことが未来の成長につながると私は信じている。それを可能にするのが「社会デザイン」ではないかと思う。

（山本　誠）

7 パンデミックという危機がもたらしたパラダイムシフト
[企業と価値]

　社会デザインの目的は，社会全体の課題に対処し人々の生活の質を向上させ持続可能な未来を築くことであり，社会の構造や仕組みを再考して，より良い社会を作り出すために革新的な方法やアイデアをデザインする広義なアプローチであると考える

　デザインされたアイデアを具体的な体験や経験を通じて理解し，実際の現場で試行し調整しながら問題の共感性を確立，問題の本質を理解しながらデザインの方向性を決めていくプロセスが社会デザインの実践であり，実践されることで理論やコンセプトを現実の課題に適用し，経験を通じて深化させることで社会全体の改善と発展が促進されるのである。

　科学者でもあり哲学者でもあるトーマス・S・クーン（Thomas Samuel Kuhn）は，著書『科学的革命の構造』の中でパラダイムシフトの概念を科学の発展に焦点を当てて解説しているが，この概念は社会や文化の変革にも適用できる。最初にある特定の枠組みやアイデアが科学または社会の主流として確立された段階から始まるパラダイムは，その時点で主要な理論や価値観を表しており一般的に受け入れられている。

　次に，異端的な理論が登場し，従来のパラダイムとは異なる方法で問題を捉え，新たな視点を提供して社会においても既存の価値観や慣習に疑念を投げかけるようなアイデアが生まれる。そして，アイデアが広まり受け入れられると既存のパラダイムが危機に陥る。社会はその異端的なアイデアが新たな社会的ニーズや価値観に合致する場合，既存の制度や価値観に疑念を持ち始める。

　パラダイムシフトが起こるには，新たな異端的なアイデアや理論が従来のパラダイムと対立するか，それに代わるものとして受け入れられる必要がある。新たなアイデアや理論は徐々に広まり社会で議論され，いくつかの実践，経験のあと，受け入れられるまでしばしば長い年月が経過し，従来のパラダイムに固執する者や，新たなアイデアに懐疑的な者もその可能性に期待をして社会の

理解の末にパラダイムシフトが起こるのである，としている．

　新型コロナウィルス感染拡大（パンデミック）という未曾有の事態によって経験した働き方の変化は，まさにパラダイムシフトの一例と言えるであろう．このパンデミックの影響下で急速に広まったリモートワークやデジタルコミュニケーションツールの利用は従来の社会構造に深い影響を与え，新たな価値観を社会に植え付ける契機となったが，このパラダイムシフトには従来のパラダイムシフトと異なり，一つ条件が加わっている．

　ジェラルド・キャプラン（Gerald Caplan）は精神医学に精通する学者である．キャプランによって提唱された「危機理論」は，様々な分野で危機的な状況に立ち向かう際の新しいアプローチを提供し，古い習慣を打ち破り，新しい発展を促す要因として捉えている．

　具体的には，危機は人々に新たな視点や洞察をもたらすことがあり，過去の経験から学び自己成長を促す重要な要素となる．危機的な状況は人々が協力し支え合う方向に導く．相互の支援体制が構築され危機は優先順位を見直す契機となり，新たな目標や価値観が形成される．

　リモートワークという働き方は数年前から注目されていたが，懐疑的な考えもあり社会や企業に浸透したとは言い難い．しかし，危機によって急遽実践した新たな価値観が社会の理解に繋がる予感がするのである．

企業に求められる新たな価値観

　従来の労働価値観や職場文化に根ざした働き方が一変し，リモートワークや柔軟なワークスタイルが受け入れられるようになったことは，まさにパラダイムの転換点と言える．伝統的な職場の概念に新しい働き方が急速に普及した背後には，パンデミックによって引き起こされた危機理論もしくは，危機的適応という現象があったと考えてよい．

　危機的適応とは，窮地に立たされたときに新たな環境や状況に適応し，生き残るための行動を起こすことを指すが，未曾有のパンデミックにより，多くの企業や個人が既存の働き方では対応できなくなり新たな方法を模索した結果導いた答えであり社会的な危機に対する適応であった．

第Ⅱ部　社会デザインの力を発揮する

　新たな労働価値観が形成されれば,「会社にいることで仕事をした」という概念から,「成果が評価されるなら場所は問わない」という新たな価値観が企業に生じる。さらに企業は場所にとらわれない柔軟な働き方を提供し,職住近接という地理的な制約を減少させ,労働者の移住やライフスタイルに合わせた働き方を可能にすることで優秀な人材を確保できる可能性が増すのである。
　しかし,会社に出社し上司や同僚と同じ場所で働くことが真の労働とみなされ,根強く共有されている価値観を変えることは容易ではない。
　クーンはパラダイムシフトが完全に受け入れられるには時間がかかるとも論じており,事実,伝統的な価値観や慣習は根強く,新たな価値観や働き方に対する懐疑的な意見も存在する。例えば,リモートワーク環境では対面でのコミュニケーションが限定的であるためチームビルディングと社員のモチベーション維持が課題となりチームの一体感や信頼感を構築することが難しくなる。組織にはチームビルディング活動や社会的なつながりが重要であり,目標設定や成果評価の透明性を確保した上で,個人とチームの達成感を共有する仕組みが必要なのである。
　マネジメントにおいてもリモートワークの場合は,オフィスでの直接的なコミュニケーションが制限されるため部下に対する仕事のオーダーも曖昧ではなく明確にする必要がある。プロジェクトの成功において必要な仕事をどう分割し,部下の能力を把握した上で適切に分配するか,部下に対して「誰が何を担当するのか」を明示し重複や不明確さを排除する。高い自己管理能力を要求し役割と責任を明確に定義するなどマネジメントにも新たな価値観やスキルが必要とされるのである。
　社員にとっても生活と仕事の境界が曖昧となり適切なワークライフバランスの維持が課題となる。オフィスからの帰宅時間がなくなり業務が日常生活に浸透することで労働時間が長引き過労やストレスが増加する危険性があり労働基準法に反する状況が生まれる。
　リモートワーク社会の未来は潜在的なポジティブな変化をもたらす一方で,新たな課題に対処する必要がある。

第 4 章　社会デザイン実践による環境創造

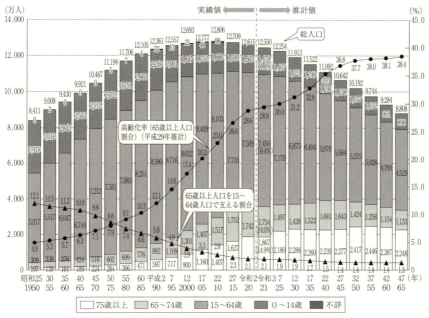

図 1　生産年齢人口の減少

（出所）　総務省 情報通信白書令和 4 年版

未来の危機によって加速するパラダイムシフト

　総務省統計局が2022年（令和4年）10月1日現在で発表した我が国の人口推計は，深刻な人口減少の現実を浮き彫りにしている。総人口は1億2494万7000人で，前年に比べ55万6000人の減少となり，これは12年連続の減少を示している。さらに，総人口のうち日本人の人口は1億2203万1000人で，前年に比べ自然増減73万1000人の減少となり，16年連続で減少幅が拡大している。
この人口減少や生産年齢人口減少（図1），若年労働者の不足が，経済，社会，そして労働市場に大きな影響を及ぼしている。

　人口減少は労働力の減少を意味し，企業や組織は人材確保に難渋する状況に直面し，新たな価値観への挑戦に踏み切る必要性に迫られるのである。場所を問わずに仕事ができるリモートワークは労働力確保の手段として，人口減少に対処するための解決策としてさらに注目されることとなる。

第Ⅱ部　社会デザインの力を発揮する

　例えば，こうした手法によっていくつかのパラダイムシフトが発生する。
　第一に，組織文化や働き方のパラダイムシフトはワークライフバランスの再評価を促し，副業や個人事業主の増加に繋がり，企業の雇用形態も多様化することになる。ダブルワークの普及は人材不足に悩む企業にとっても好都合である。
　第二に，人口減少が都市部におけるオフィス需要の低下をもたらす一方で，地方ではリモートワークに適した環境の整備が整えば，地方への移住や地域コミュニティの形成が促進されることで地方創生が進み，地域間の格差が縮小，改善されれば社会全体のパラダイムシフトに繋がる可能性が高い。
　そして，リモートワークの普及によってテクノロジーの発展，高度なデジタルツールやセキュアな通信インフラの整備が進むことでリモートワークがより効果的で安全な方法で実現する。パラダイムシフトによってテクノロジー産業の発展と新たなビジネスモデルの創出が期待される。
　人口減少とリモートワークの相乗効果は，社会に大きな変革をもたらす要因となり地方創生，ワークライフバランスの再評価，テクノロジーの発展などがこれを支え，社会のパラダイムシフトを加速させる。この未来への適応が求められる中，社会全体が柔軟かつ前向きに変化を受け入れることが重要である。
　最終的には，従来の価値観と新たな働き方の価値観を調和させる方法が求められ，一部の仕事は会社に出社する必要があるかもしれないが，他の仕事はリモートで行うなど，個人の選択肢とニーズに合わせた柔軟な働き方を提供することが新たな価値観を受け入れるジレンマを解消し社会と企業の価値観を進化させる一助となるのである。
　社会デザインは短期的な目標だけでなく長期的な持続可能性にも焦点を当て，将来の世代にも影響を及ぼすことを考慮に入れて設計されるべきである。
　社会デザインの実践による環境創造は，本来はゆっくりと問題や課題を明確にしながら実装されるべきであるが，パンデミックという突如として現れた危機的状況や急激な変化は社会全体に大きな衝撃を与え，その緊急性の認識によってデザインの実践が行われ，その価値の認識を社会，企業，個人が持ってしまったという稀有な例である。

こうした急激な価値観の変化が，待ったなしの問題解決に繋がると考えるのは早計であるが，この体験や経験が新しいパラダイムへの移行を早めたという事実は疑う余地もない。社会構造に深刻な変革をもたらし，今後の進化が期待される一大変革の兆しと言えるのである。 (山崎宇充)

引用・参考文献

総務省（2022）『情報通信白書令和4年版』日経印刷

総務省統計局「人口推計（2022年（令和4年）10月1日現在）──全国：年齢（各歳），男女別人口・都道府県：年齢（5歳階級），男女別人口」
https://www.stat.go.jp/data/jinsui/2022np/index.html（2023年7月11日閲覧）

トマス・S・クーン・イアン・ハッキング序説　青木薫訳（2023）『科学革命の構造』みすず書房

GERALD CAPLAN　山本和郎訳（1968）*An Approach to Community Mental Health,* 医学書院

8 同性パートナーシップ制度実現における議会内の合意形成
[公共政策と制度設計]

中野区の同性パートナーシップ制度（DP制度）設計に向けた流れ

　筆者は，2011年4月の統一地方選挙でゲイ（男性同性愛者）であることをオープンにした全国初の議員となった。（この時，私石坂わたると，豊島区の石川大我議員が同時当選）その後，関連部署の区職員や区議会全党派の様々な議員と平場でのLGBTに関する会話を重ねつつ，LGBTに関する施策展開を進めるべく，議場等で質疑を適宜行い続けた。

　なお，2015年に世田谷区と渋谷区が全国初の同性パートナーシップ制度（以下，「DP制度」）を導入した。世田谷区は社民党の元国会議員である保坂区長の存在があり，渋谷区では無所属会派がキャスティングボードを握っていたため，様々な障壁はありつつも他自治体に先駆けて制度を実現することができた。一方で中野区では区長が保守系の政党の支援を受け，区議会でも保守系の議員等を除いた勢力が過半数を得るのが難しい状況にあった。私としてはDP制度やその他のLGBTに対する支援施策が，特定の党派やその支持者層から批判にさらされる事態や，政争の具とされてしまうことを避けつつ，議会の党派の勢力図が大きく変わっても安定的な制度とする必要があると考えて議会に臨んできた。

　そのため，議会での質疑において，「取り組みをしない」という結論が出ないよう，区長等の答弁で「No」と言わせない質問をおこなうようにした。LGBTが区民として当然の権利を得られることの確認から始め，誰の目から見ても政策的ケアの必要性が明らかであると受け止めてもらえるような形で対応を求めるようにした。そして，国レベルの動きを紹介しつつ，それを踏まえた区の施策展開を求めるようにした。併せて，「議会外において，LGBTの住民と区長が触れ合う機会」，「区長が（区議会議員も聴衆と混じって参加をし，名前を紹介される）公開の場でLGBT当事者と語り合う場」を設け，後日それらの場での区長などの発言について改めて議会質問を通して区の公式の見解としてい

第4章　社会デザイン実践による環境創造

く作業をおこなっていった。

　その結果，区内LGBT団体が主催したDP制度についての議員向け講演会には，自民党，公明党，共産党，民進党，都民ファーストの会の区議会全会派から１名以上の議員及び生活者ネットワークを含む複数の無所属議員が参加をした。そして，直後の定例議会において，公明党，共産党，石坂がDP制度についての質問をした。それぞれの質問に対し，同性パートナーシップの実現に向けた区長の答弁がなされた。その後，私は，推進勢力と慎重勢力の間での政争を引き起こさないよう，他会派の議員と連携して担当職員や区長との対話を重ねた。その結果，議場で賛否を問う形になる条例ではなく，区議会への報告のみで済む要綱でのパートナーシップ制度を実現させた。その結果，関連委員会への報告で全党派から異論が出ない形でDP制度が開始した。

　なお，DP制度はゴールではなく，手段であり，さらなる施策展開を求めるべく議会質問を続けている（同性カップルが住宅確保要配慮者である旨の答弁が得られつつも，2022年策定の住宅マスタープランにおいて，支援が必要な施策層としてLGBTは明示されなかった。また，同性カップルを男女の事実婚と同じく区営住宅に入居可能とする方針が示されつつも，2022年６月段階ではまだ実現できずにいた。その後，2023年９月の募集よりパートナーシップ制度を利用した同性カップルの入居が可能となった。その他にも，LGBTの人権について区が取り組むべき課題は山積している）。

同性パートナーシップ実現までの道のり

　当事者議員として，行政職員や，同僚議員との議論や合意形成を重ねていった流れ，同性パートナーシップ実現までの道のりとその後について，以下の表１のようになっている。

表１　同性パートナーシップ実現までの道のりとその後

注：石坂の議会での質問 ●，石坂の関与した動き ▲，その他の動き ■

2011年４月	▲ゲイをオープンにしている区議会議員として，私石坂わたるが当選
2011年６月	●LGBTが行政サービスや人権啓発の対象であると確認した
2011年12月	●住替支援事業の住替住宅情報提供対象者にLGBTを含めさせる
2012年２月	●企業への性的指向・性自認を含むダイバーシティの啓発を求める

171

第Ⅱ部　社会デザインの力を発揮する

2012年10月	●同性愛者を含む個別施策の必要層へのHIV予防啓発を求める
2013年2月	●同性カップル間DV対策や対LGBTのセクハラへの相談対応を求める
2013年11月	●区作成の災害時緊急連絡先カードで連絡先を同性パートナーも可能に
2014年5月	▲①区内で開催のLGBTのトークイベントに登壇者として区長が参加 ▲②区長の区内ゲイバーやLGBT団体の事務所訪問とそこでの意見交換 （公式な参加ではないが，石坂同行で選挙告示前の区長の政治活動として実現）
2014年7月	●5月のイベント等での区長の発言を，公式なものにすべく確認する
2014年12月	●困窮者支援でLGBT等ハイリスク層の当事者団体等との連携を求める
2015年2月	●国連合同エイズ計画での安倍昭恵委員（＝首相の配偶者《当時》）の発言を引用し，ゲイ向けのHIV対策をどう進めていくのかを問う
2015年6月	●文科省通知「性同一性障がいに係る児童生徒に対するきめ細かな対応の実施等について」を引用し，LGBTについての対教員啓発を求める
2015年10月	■中野区と中野にじネット（LGBT当事者団体）が合同で主催するシンポジウムに区内LGBT当事者，区医師会会長，区長，教育長が登壇
2016年3月	■区主催の区内中高生有志参加の「ハイティーン会議」の人権に関するテーマのサブテーマとしてLGBTの人権が取り上げられる
2016年4月	▲「新しい中野をつくる10か年計画（第3次）」の案にLGBTが記載され，石坂がLGBT当事者に向けて呼びかけをしたところ，パブリックコメントの87件中7件においてLGBTに関する内容の意見が寄せられた。まとめると以下のとおりである ・今後区が作成する諸計画にLGBTに関する内容を盛り込むこと ・「LGBT」の用語の定義にLGBT以外の性的少数者を含むものとしてほしい ・多目的トイレを増やすと共にトランスジェンダーも使用することを明示してほしい ・性的少数者に関する総合窓口を整備してほしい ・自殺予防について，自殺企図率が高く，メンタルヘルスの問題を抱えやすいＬＧＢＴ当事者が，偏見や差別を恐れることなく相談や受診できる対策や啓発の実施を望む ・学校内を含めたLGBTの人権啓発
2016年8／9月	■区内LGBT団体が区議会全会派（及び無所属議員）との会派別の懇談
2016年9月	●オリンピック憲章を引用し，LGBTの選手や観戦者が利用しやすい施設の設置や人権啓発，それらのレガシーについて質問
2016年11月	■中野区と実行委員会が共同主催の中野まちめぐり博覧会に区内LGBT団体が区民向けの啓発企画で出展
2017年1月	■区内LGBT団体が区議会各会派の賀詞交歓会に参加
2017年4月	●中野にじネットシンポジウム「ＬＧＢＴ×中野区×条例」（中野区ユニバーサルデザイン推進条例についてのシンポジウム）
2017年6月	●①同性カップルの公正証書による相互委任契約の効果を確認 ●②同性カップルが住民票上同一世帯になれるよう求める

2017年9月	●区営住宅の入居において同性カップルを事実婚と認めるよう求める
2017年9月	●①LGBT児, 外国籍児, 障碍児の虐待相談のハードルを下げるよう要求 ●②住宅確保要配慮者にLGBTが含まれることについての確認
2017年11月	▲日本エイズ学会と関連イベントを中野区にて開催
2017年11月	■区内LGBT団体が区民向けに, DP制度についての講演会を開催。(1月にかけて連続3回)
2018年2月	■①区内LGBT団体が議員向けDP制度の勉強会開催(自民・公明・立憲・共産・都ファ・無所属から1名以上ずつの参加) ●②石坂を含む複数の議員が議会質問でDP制度について質問。行政から始めて前向きに検討をしていく主旨の答弁
2018年3月	■①親族以外の者を同一世帯とできる住民登録の取り扱いの変更 ●②現に子育てをされている区内レズビアンカップルへの保育園での親身な対応を小学校にも引き継ぐよう求める
2018年7月	■中野区DP制度の開始
2020年11月	●区児相設置後に同性カップルも里親登録ができるようにすることを求める
2023年7月	●パートナーシップ制度では解決できない課題があることや国の法制定・裁判の判例を踏まえ, 石坂わたるが提案代表者となり, 中野区議会から国に対する「同性間の婚姻に関する議論を深めることを求める意見書」を超党派の議員と連名で提案。本会議において全会一致で可決

合意形成という社会デザインの力を用いた政策形成

　筆者は21世紀社会デザイン研究科で市民やNPO, 行政, 企業の間における合意形成を学び, 議員となった。地方議会では二元代表制の区長と議会の合意形成, 与野党が明確ではない中での右派と左派の間の合意形成などが求められる。

　多数決では不利なマイノリティが自分たちのための政策を実現するためには合意形成の戦略は不可欠である。合意形成が不十分なまま独善的な主張を振りかぶれば意見が対立する相手の硬化をもたらして実現が遠のいてしまう。一方, 一時的な多数派の協力で強引に進めると, その勢力の衰退や多数派の入れ替わりによって方針が転換してしまうことや施策展開の停滞や後退が生じる可能性がある。

　そのためにも, 反対派や慎重派との合意形成は(当事者を蚊帳の外に置いてしまうことがないようにしつつ)不断の努力で全体の合意を図っていくことが必要なのである。

(石坂わたる)

第Ⅲ部

社会デザインの未来を創造する

第5章

社会デザインへの試練と可能性

1 日本の貧困問題の現在地
——30年の支援活動から見えてきた新たな貧困のカタチ

語り手：稲葉 剛

➤30年の支援活動からみた貧困の変容とは？

「ホームレス」という言葉をどう定義するかによっても変わってくるんですね。路上とか公園とか河川敷とか，屋外で暮らさざるを得ない人たちの数というのは激減しました。厚生労働省が，ホームレスの人たちの調査を行ってるのですが，今まで一番多かったのは2003年の全国で約2万5,000人。現在は約3,000人まで減っています。ですから，人数的に言うと，この20年程で約8分の1程度にまで減ってきてはいます。ただ行政による調査は手法に限界があるので，実際はもう少し多いのですが，この20年間で大きく減少してきたことは明らかです。

私が路上生活者への支援活動を始めた1990年代は，一度路上生活になってしまうと，公的な支援がほとんどなかったので，そこから抜け出すことが困難でした。しかし行政の支援策が徐々に整い，民間支援団体の活動も広がったことで，路上から抜け出す人が増えていきました。一番大きかったのは生活保護の運用が改善されたことです。

以前だとなかなかホームレス状態にある方が生活保護を利用するってことが，難しかったのです。制度上では，申請は可能なんですけど，行政窓口で追い返されてしまっていたので，なかなか利用できませんでした。法律家の方々と協

力してもらい，生活保護を一緒に窓口に行って申請するっていう活動を広げた結果，運用が改善されて，路上生活の方も法律通りに制度を利用できるようになりました。

――見えてきた新たな貧困のカタチとは？

　生活保護申請の利用が改善されたことで，路上生活者が減ってはいるんですが，2つ問題が残されていています。一つは，医療関係者の研究によると，路上生活者の中に，実は精神疾患や知的障害をお持ちの方が割合として多いということがわかってきました。そういった方々も，路上から生活保護の申請をするのですが，以前は行政が紹介する施設のほとんどが相部屋の集団生活を前提とする施設でした。民間の施設が多いのですが，そこには，いわゆる「貧困ビジネス」というような劣悪の環境下の施設も多く，人間関係のトラブルにまき込まれたり，場合によってはいじめられたりとか，職員からもひどい対応を受けたりして，路上に戻ってしまうというケースが非常に多いということがわかってきました。ですから，せっかく私達が夜回りをして声をかけて生活保護を申請しても，3ヵ月後，6ヵ月後にまた同じ人に路上で会うみたいな無限ループに入っている方にたくさんお会いしました。

　そこで，2014年に「つくろい東京ファンド」という団体を立ち上げました。それは，他団体とも連携しながら「ハウジングファースト」，つまりアパートの空室を借り上げて，最初からプライバシーを保たれた個室を提供するという事業を進めているところです。

　2つめは，広い意味でのホームレス状態が広がっているという問題があります。私は「ハウジングプア」と呼んでいますが，路上ではないけれども安定した住まいを持っていない，例えば今の若い人たちにみられる，ネットカフェや友人宅・知人宅を転々としてるみたいな人たちは，むしろ逆に増えていると推測されています。1990年代は私達がお会いする路上生活者のほとんどが建築土木現場で働いてきた元日雇い労働者でしたが，2000年代になって，労働者派遣法の改定の影響もあって，非正規雇用が広がり，「ワーキングプア」と言われる貧困層を生み出しました。

働いていても，年収200万円未満しか稼げない人が増え，特に東京の場合は家賃が高く，アパートを借りる際の初期費用・敷金礼金も大体20万円ぐらい必要になるという状況の中で，自分の住まいを確保できない人が増えたのです。

➤コロナ禍とロシア・ウクライナ戦争で加速した貧困の現在地

2020年からのコロナ禍では「ハウジングプア」の貧困がさらに顕在化しました。私達，支援団体のもとに，10代20代の若者から，「仕事もなくて住まいもなくなった」という相談がどんどんくる状況でした。それまでは，中高年の単身男性の相談が多かったんですけど，コロナ禍の3年間は，10代20代やシングルマザー，そして外国人たちが問い合わせをしてきます。まさに生活困窮が多様化している状況です。

コロナによる緊急事態宣言が発令された日に，このままだったら，支援を必要とする人が増え，大変なことになると考え，支援団体のホームページにメールフォームの相談窓口を設けました。なぜメールかというと，すでに携帯電話の通話料金を払えず，電話が止まってる人が多かったからです。ただ，電話は止まってるのだけど，皆さん若い世代だからスマートフォンを持っているので，フリーWi-Fiのある場所に行けば，例えばコンビニとかに行けば，メールの送受信はできるのです。その機能に着目して，メールでの相談窓口を設けました。

そして，皆さん交通費もない方が多かったので，その方がいる場所までスタッフが駆けつける形での支援を始めました。例えば，新宿のネットカフェから追い出された人だったら新宿のアルタ前に待ち合わせしたり，池袋の家電量販店の前で待ち合わせしたりと，私を含むスタッフが手分けをして駆けつけました。携帯電話が使えないと会うのも大変なんです。本当に昭和の時代の待ち合わせみたいな感じですね。例えば「今夜8時新宿アルタ前待ち合わせ」と，決めて，「あなたは今何色の服を着てますか」とメールで質問します。電話が通じないので「今いますか」って聞けませんので。「こちらからこういう者が行きます」と，私の顔写真が出ているSNSアカウントを教えたりもしました。そして無事にお会いできたら，例えば週末だったら，2泊分のビジネスホテル代をお渡して，そして，週明けに一緒に役所の窓口で，生活保護の申請をすると

第5章　社会デザインへの試練と可能性

いう活動をずっとやっていた。

　コロナ禍で個別の支援を続けるのは大変でした。今も大変なんですけども，「つくろい東京ファンド」で借り上げている部屋数は，コロナ以前の2020年2月までは，25部屋だったんですね。しかし，コロナ禍で困窮者が急増したので，それに対応するために，私も不動産屋さんに通って，採算を度外視して次から次へと部屋を借り上げて58部屋まで増やしたんですね。アパートのワンルームを借り上げて，私たちと連携してるリサイクルショップから家電製品を届けてもらって，布団を購入して入れて，着の身着のままの方がいつもでも入居できるように準備を整えると，その2時間後，3時間後には入居者を迎えにいっているという状態でした。入居される方も，10代から上は70代までと，様々でした。

——2023年に入り，コロナ禍は収束したように見えるが……。

　支援現場は収束していないんです。新宿や池袋などで炊き出しを，定期的に行っていますけど，今が一番多くて忙しいんですね。やはり，物価高騰の影響です。新宿も池袋の炊き出しでは，約600人以上が集まる状況で，コロナ以前の3倍，4倍という人数になっています。特に，2022年の春に始まったウクライナ戦争で，食料品とエネルギー価格が高騰していき，生活に困窮する人が増えています。もうずっと右肩上がりで増え続けていて，支援団体が息切れしてる状況です。

　今炊き出しに並んでる人で，路上生活者ってむしろ少数派なんです。住まいがある人が並んでいるんですね。それは，最近の特徴です。この状況を私は「生活困窮が多様化し，日常化している」と呼んでいます。多様化とは，色々な世代や性別，そして国籍も多岐に渡る状況を指しています。それと同時に，物価高騰の影響が非常に大きく，じわじわと日常が削り取られていきます。

　一般的に貧困は，これまで仕事があった人が急にリーマンショックで派遣切りにあって困窮するとか，コロナの影響で急に仕事がなくなるという100が0になるイメージで語られます。こうした劇的な変化はメディアも注目しやすいのですが，物価高騰の影響は，じわじわ詰められてくるという状況なので，な

179

かなか見えづらいんですね。

　困窮している当事者は，家計が逼迫する状況が長期化すると，まず，交際費・人との付き合いに関するところを全部削ります。それは，社会的な孤立に繋がります。

　さらに家計が逼迫すると，家賃や携帯代を払うのが苦しくなってきますが，そこを削ると社会生活を送ること自体が困難になってしまいます。そうした事態を避けるために，削減の対象になるのが食費になります。食費を節約するために，ホームレス支援団体の炊き出しや各地で開催されているフードパントリーを回り，それで，なんとか家計を維持しているという人が増えている。

　支援団体の活動は週末に集中する傾向がありますが，新宿と池袋で同じ日に炊き出しがあると，両方を掛け持ちをするために，電車を使わずその距離を徒歩で移動する方もいらっしゃいます。お子さん連れで炊き出し回りをする親御さんもいます。民間団体から食料の支援を受けることが日常のスケジュールに組み込まれており，そうしないと家計を維持できない状況にまで至っているのだと思います。

▶貧困支援で残された課題とは

　貧困問題が解消しない，一番の問題は，行政がなかなか実態調査をしないことなんです。2007年に，日本テレビ「NNNドキュメント」で放送されて，「ネットカフェ難民」問題というのが社会に知られるようになって，その年に一度だけ東京都と厚生労働省が，ネットカフェ生活者，行政用語で言うと「住居喪失不安定就労者」という，よくわかんない言葉使っているんですけど，その概数調査をしたところ，当時で，全国に5,400人いて，そのうち東京都内が2,000人という数字が出たんですね。その後も私達はずっと調査を継続してほしいということを厚生労働省に申し入れしたのですが，結局していません。国としては2007年に一度しか調査していない。そして，2017年になってようやく東京都が単独で調査をして，そのとき都内だけ4,000人という概数結果が出ています。だから東京都の数だけでいうと2007年の2,000人から2倍も増えていて，おそらく今はもっと増えてるんじゃないかと思ってます。

菅元総理大臣が、目指す社会像として「自助・共助・公助、そして絆」と言い、「まずは自分でやってみる」と言っていたのですが、その順番は逆ではないか、まずは「公助」、公的機関が責任をもって、貧困対策を進めるべきだと主張してきました。自助・共助だけでは限界だってことをずっと言い続け、公的な支援策をもっと使いやすくした上で拡充してほしい、と訴えてきた結果、ある程度の成果を得ることはできました。

　一番大きかったのは生活保護行政で、2020年の12月から厚生労働省が公式サイト上に特設ページを作って「生活保護の申請は国民の権利です」という広報を始めました。生活保護の制度と利用者に対するスティグマ（社会的に形成されたネガティブなレッテル）の解消は長年の課題です。各支援団体は炊き出しの現場では、食料を配るだけでなく、福祉相談のブースも設けているのですが、ほとんどの人は食料をもらうだけでそそくさと帰ってしまい、相談まではしてきません。制度を利用することに対する心理的ハードルが高いのですね。

　このハードルを下げるため、「つくろい東京ファンド」の活動拠点のある中野区では官民協働の取り組みを進めています。中野区の社会福祉協議会が区内各地でフードパントリーを実施しているのですが、そこに生活相談のブースを作ってもらい、私たち民間団体のスタッフだけでなく、区の生活保護担当の課長さんや職員にも来てもらって、一緒に来場者への声かけや生活相談をおこなうというものです。行政の職員が窓口で待っているだけでなく、民間団体と一緒にアウトリーチをすることで制度につながる人を増やそうという取り組みです。

　生活保護は生活に困窮した人々を支える「最後のセーフティネット（安全網）」と言われますが、実際には安全網が充分に機能しておらず、網に開いたほころびからこぼれ落ちている人たちがいるので、ほころびを修繕する必要がある、と私は訴え続けてきました。これまで問題となっていた、生活保護の申請窓口に相談しにきた人を職員が追い返す、いわゆる「水際作戦」は、以前ほどは見られなくなってきています。

　しかし、制度的なハードルとしては扶養照会という問題が残っています。扶養照会とは、生活保護を申請した人の親族に役所が問い合わせをすることです。

役所の方が,「親族の方で援助してくれませんか」というような問い合わせをするんですけれども,それがネックになって申請をためらう人に何人もお会いしてきました。

2021年に私たちは,ご本人が嫌がる場合は無理に家族に連絡しないよう,扶養照会の運用を改善してほしい,という趣旨のネット署名を集めて厚生労働省に申し入れをしました。マスメディアでも大きく取り上げられ,国会でも議論になった結果,本人の意思を一定,尊重するという通知が出されたのですが,現在でも自治体間の運用にばらつきがあります。残念ながら,未だに親族への照会に固執している自治体もあります。そこには,ご本人の意思よりも役所の長年の慣習を重視するパターナリズムがあると私は思います。

そういった,福祉の現場におけるパターナリズムっていうのは未だに感じますし,そこが変わらないと,いくら厚生労働省が「生活保護は国民の権利」と言っても,権利としての実態が保証されません。扶養照会を強行する自治体の言い分は,「いくら,あなたが嫌だろうが,仕組み上,役所が親族に問い合わせをしてもよいことになっているので,あなたを飛び越えて役所が連絡をしても問題はない」というものです。

福祉行政が利用者の自己決定権を無視しても構わないという姿勢を変えない限り,利用者の尊厳は守られないし,利用者との間に信頼関係を構築することはできません。そこが,一番の課題ではないかとは思います。

▶市民レベルで貧困問題に貢献できることとは?

路上生活になったときに困ることの一つとして,「情報の貧困」という問題があります。ネットカフェに暮らしている人ですと,インターネットが使えるので,自分で検索して,支援団体の相談窓口にアクセスしたり,生活保護の申請の仕方を自分で調べたりすることができるんですね。しかし,完全に路上生活になってしまうと,何曜日にどこで炊き出しをやってるか,という基本的な情報にもたどり着けなくなってしまうので,日々の命を繋ぐためにも,情報へのアクセスを保障することが必要なんです。

生活に困窮した際に活用できる支援情報を提供するために,私が共同代表を

務める認定NPO法人ビッグイシュー基金では、「路上脱出・生活SOSガイド」という冊子を作成して無償配布しています。

　東京23区版、大阪版、熊本版など、各地版があります。ガイドはＡ５判の小冊子で、何曜日のどこで炊き出しが行われてるとか、生活保護の申請をするにはどうすればいいかといった支援情報に加え、各相談窓口の情報を載せています。ガイドは各支援団体が炊き出しや夜回りで配布するだけでなく、図書館や教会、お寺も置いてくれて、配布に協力してくれています。

　各支援団体には、地域住民から「自宅や職場の近くに路上生活者がいるので気になっている。自分にできることを教えてほしい」との問い合わせがよくあります。コロナ禍の初期、渋谷区幡ヶ谷で女性のホームレスの方が殺された事件がありました。その事件の後に、「路上脱出ガイド」を紹介したネット記事が広く読まれ、「自分もガイドを配りたい」という問い合わせが事務所に殺到しました。

　ガイドは送料のみで無償配布しているのですが、地域の住民の方にお送りする際は、「直接声をかけて渡すことにハードルを感じるのであれば、気になる人が寝てるときに枕元に置いておいてくれれば、後で、その人が起きたときに、自分のことを気にかけてる人がこの地域にいるんだということは伝わる。それだけでも全然違いますよ」という話をしています。

➤本来あるべき「共生社会」とは？

　「共生社会」という言葉には、「みんな仲良く」というイメージがありますが、私は決して仲良くする必要はないと考えています。仲良くしようとすることよりも、誰一人、排除されない社会をつくることの方が重要です。

　社会的排除の観点に立つと、ホームレスの人であろうと、貧困状態の人であろうと、外国籍の方であろうと、障がいをお持ちだろうと、制度や社会資源にアクセスできるかどうか、というところにポイントがあると思います。例えば住まいを借りるときに、住宅の入居差別ってすごいんですよ。高齢者が借りられないとか、障がいがある人が入れないとか、外国籍お断りとか言われたりします。お金があっても部屋を借りられない場合も結構あるんですね。住宅にア

クセスできない人がいる一方で,民間の賃貸住宅は,空き家・空き室がたくさん余っているという皮肉な状況があります。

近年では通信手段へのアクセスも重要になっています。コロナ禍では携帯が止まってしまっているために仕事探しも事実上,できなくなっている若者にたくさんお会いしたため,支援団体でスマートフォンの無償貸与事業も始めました。

社会的排除とは,自分が生きていくために必要なものにアクセスできないという状態に置かれてしまっているので,共生社会の前提として,誰もが必要に応じて制度や社会資源にアクセスできる環境を整備することが求められていると考えます。

誰一人,取り残されない社会を作るためには,私たち一人ひとりが「この社会をつくる当事者である」という意識を持ち,社会的な連帯感を育むことが重要です。

格差が広がり,階層社会になってくると,社会的な連帯感は損なわれていきます。私がよく例として出すのは,アメリカのゲイテッド・コミュニティの話です。富裕層が自分たちの居住区のまわりにゲート(塀)を建てるんですね。塀に囲まれた中で暮らし,自分たちで警備員を雇って,自分たち富裕層のエリアだけ治安を守る。貧困層のために自分たちの税金が使われるのは嫌だと言って,行政区からも分離独立するという動きもあります。

そこまで格差が広がってしまうと,社会的な連帯感を取り戻すことはかなり困難になります。富裕層にとってみれば,ゲートの中だけが安全であればいいという意識になってしまう。ゲートの外側で,例えば路上生活者が飢えていようが,自分たちとは関係ないという意識になってしまいます。

災害などの危機が起こると,社会的な連帯意識は一時的に高まります。コロナ禍の1回目の緊急事態宣言が発令されていた時期にも,私たち生活困窮者支援団体への寄付が増える等,困っている人を助けようという意識が社会全体に広まっているのを感じました。

実は同じような現象は,2008年〜2009年のリーマンショックの時にもあったのですが,その後,2012年には生活保護利用者へのバッシングが起こる等,揺

り戻しが起こってしまいました。

　コロナ禍が落ち着いた後，日本社会がどちらの方向に向かうのか。「包摂」「共生」なのか，「排除」「分断」なのか。私たちの選択が問われています。

（聞き手：淺野麻由）
2023年3月16日収録

2　介護はプロに，家族は愛を

語り手：石川治江

➤介護はプロに，家族は愛を

　私の運営する施設のコンセプトは，「介護はプロに，家族は愛を」というものです。現在（2023年11月時点），12の事業所に約700人の職員が在籍し，特別養護老人ホームや老人保健施設など，介護保険に係る事業はほぼ網羅しています。このような事業を運営する中で，私がずっと言ってきたキーワードが「手法を編み出す」ということでした。実践を通じてどのように新しい手法を編み出せるかを常に考えてきました。

　私たちの国は手法を編み出すこともマネジメントもすごく苦手です。私は実践のなかから手法をどうやって編み出したらいいのかという問いを自分で立てていた。ちなみに，21世紀社会デザイン研究科は新しい手法がつくれる研究科ではないかとずっと言ってきました。それが，研究科と関わり始めたときからの思いです。

　施設をつくるプロセスというのは，非常にイノベーティブなわけです。色使いや建物のハード，ソフトとしての運営の方法に至るまでね。特に，ソフトの部分については，日本で初めてISO9001認証を取得し[1]，どうやったら介護をシステマティックにできるか，また介護の社会化やデザインを論理的に構築していこうということを考えました。「困っている人を助ける」ではなく，介護という領域でちゃんと飯が食えて，専門性の高いものにする。

　私たちの国を振り返ってみると，医療も介護も，家族のなかでおまじないや葉っぱを煎じて治療していた時代から，ヒポクラテス時代の近代医療と共に，家の中から医療を取り出して外部化（社会化）して専門性を持たせてきたという歴史があります。それは介護も同じです。家族介護から介護を取り出して外

---

[1] ISO9001は，顧客に提供する製品・サービスの品質を継続的に向上させていくことを目的とした品質マネジメントシステムの規格

部化し，介護の社会化をする。介護保険制度も「介護の社会化」をキーワードにしてつくられてきました。そうやって，介護の専門家を育ててきたという流れです。

その実践場，実験場として社会福祉法人にんじんの会と特定非営利活動法人ケア・センターやわらぎを運営してきました。この2つを動かしてきたのは確信犯なわけです。そうじゃないと，ISO認証を20年間維持できなかった。この国でISO認証を20年間，介護の領域で維持したのは，にんじんとやわらぎだけです。

そうした思いを論理的にどう実現していくかで相当悩んだときに大きかったのが，糠谷真平さんという存在でした。[2]

第五次全国総合開発計画の親分で，全国の首長が200〜300人くらい集まって湯沢で大決起集会があった。市町村の市長・副市長・開発部長や県のお役人ばかり集まって，女性は一人もいない。そこに私が遅れて行ったら「すぐに壇上に立って何かしゃべれ」と。それで「こんなおじさんばかりのところでは，物事は動かない」って叫んだら，皆きょとんとしていました。そうしたら，そこに糠谷真平さんが待っていて「あんたね，この酒が一番うまい」と二人で宴会を始めまして，そのご縁で仲良しになって，事務次官室に行くと大きい冷蔵庫に全国の酒が入っていて，「どれから呑む」なんて言って下ごしらえして新橋とか銀座に繰り出していました。

それでISOの話をしたら，実はISOを管理しているところのボスだった。「治江ちゃんのところはちゃんとシステムができているからISO取れるよ」といわれて，よし挑戦しようと，ここからISOを取るという物語が始まりました。

——取り組まれてきた活動や実践に至った背景には，どのような経緯や動機がありますか？

私は，様々な活動を通じて，多くのことを学んで来ました。例えば，国鉄が車椅子ユーザーに対して「2日前に予約しなければ乗車できない」というルールを設けていました。また，障がいのある人々が生活する施設で「女性は子宮

---

[2] 日本の経済企画官僚。経済企画事務次官，国民生活理事長などを歴任。

を摘出し，男性はパイプカットをする」という措置（優生保護法）が普通に行われていたことには激怒したし，絶望しましたね，この国に。もう何だと。だから，新しいシステムとか技法とか，考え方を何とかしなきゃというのは，切実にあった。

障がいのある人が自由に駅を利用できるように，1978年に「立川駅にエレベーター設置を要求する会」を立ち上げ，16年の歳月をかけて実現したエレベーター運動や，24時間365日の在宅ケアサービス組織「ケア・センターやわらぎ」任意団体を1987年に設立した時は40歳でした。新しいシステムとしての24時間の在宅ケアは誰も何処も実践実行していなかった。

だから障がいのある人々と出会っていなかったら，たぶん私はここにいません。経験とは，実際に体験したことが積み重なって形成されるもので，障がいのある人々と一緒に街を歩くだけで，様々な障害に直面します。例えば，少しの段差でも進むことができないし，転んだ場合，体重と車いすで140キロや170キロの人を一人で起こすことは不可能です。このような多くの小さな体験も私を「怒りのおばはん」にしたと思います。まあこういう話をすると，9泊10日ぐらいかかります。この「怒り」が私の活動や実践の原点にあるのだと思っています。

▶現在携わっている社会デザイン実践

現在，長寿社会開発センターと共に，小・中・高の方々に向けた「探究学習介護ラボ」のワークブックを作成しています。このプロジェクトは確実に興味深いものになると期待しているのですが……。

長寿社会開発センターは厚生労働省の外郭団体であり，私たちは過去20年間，このセンターの教科書を使用して初任者研修を行ってきました。また，年に一度，私たちのスタッフが地元の小学校を訪れ，4年生の生徒たちに70分または90分の授業を行うのですが，この授業は文科省通りの授業で，車椅子の使い方など基本的な内容にとどまっています。しかし，私たちはより実践的で深い理解を促す内容へと変化させたいと考えています。

例えば，障がいのある方々と関わった時，子どもたちは大いに興味を示し，

第5章　社会デザインへの試練と可能性

なぜ歩けないのか，なぜ足がそのようになっているのかと質問します。この時，障がいについて学び，理解を深める貴重な機会です。「触ってはいけない」「聞いてはいけない」と制限するのではなく，子どもたちの好奇心を大切にすることが重要です。また，誰もが生まれながらにして完璧ではなく，例えば生まれた時に眼鏡をかけている赤ちゃんはいない，ある意味誰もが障がいを持つ可能性があるという視点が大切です。このようなワークショップを通じて，介護に対する理解と受容の促進を目指します。

　介護を特別視せず，より身近で理解しやすいものにすることです。介護は，誰もがいずれは支援を必要とする普遍的な事柄であり，特別なものではないという考え方を標準化し，普及させたいと思っています。

　——スタッフの育て方についてどのようにお考えでしょうか。
　職員の育成は非常に困難な作業です。単に一度指示すれば理解してもらえるというわけにはいきません。まるで子どもを育てるかのように，何度も繰り返し伝えていく必要があります。私は「自分が成長しなければ，組織は成長しない」と「組織は生き物だ」と常に自らに言い聞かせ，職員の皆さんへも伝えています。「自分はこのようにしているから，あなたたちもそれに従え」と指示するだけで，責任を取ろうとしない経営者にはならない，すべての責任はとると覚悟しています。

　私は幹部職員に対して，「どのような事業所を作りたいのか，より高い基準を求めるなら，まず自分自身が1ミリでいい成長しよう」と伝えています。つまり，組織を成長させたいと思うなら，そのための努力と責任は自ら始めなければならないということです。

➤立教大学大学院21世紀社会デザイン研究科について
　——研究科の構想と社会デザインについての話を聞いた際にはどのような印象を
　　持たれましたか。また大学院での研究指導についてお聞かせください。
　研究科とのつながりは，高橋紘士先生と森本佳樹先生（共に当時，立教大学コミュニティ福祉学部教授）からです。最初「私，がらじゃない」と断っていまし

189

た。とにかく，北山晴一先生と会ってくれということで立教に行ってみたら，全部階段で，車椅子の人が来たら教室に入れない，トイレに入れないという場所がものすごく散見されて，北山先生に文句を言いました。北山先生はあんなに文句を言われたことはなかったと思います。それで採用通知がきました。とにかくダメ元でやってみるかというのが最初のとっかかりです。

　私は「21世紀社会デザイン」というキーワードにはものすごく感銘を受けました。「これはいいね」と言っていましたし，とても腑に落ち「これだっ！」と直感しましたね。と同時に，日本にイノベーションとして，そういうことを教えるところがないという問題意識もありました。それまでの大学・大学院では，「デザイン」というキーワードはあまり使われていなかった。こうしたキーワードは私にぴったりくると思いました。いま振り返ると，その思いと私がやってきた実践がすごくリンクしていたと思います。

　それは，外資系の非営利組織IWS［国際羊毛事務局］（現在，ザ・ウールマーク・カンパニー・ピーティーワイ・リミテッド）に入ったとき，私たちの国には，NPOのマネジメントを教える大学がないということが明確にわかった。そういう目に見えないけれどとても重要な手法を開発していないし，開発しないでもやれてきた国なのですね。目に見えないけれど大事なシステムとか手法を考える問題意識もないし，一つの民族だと思っていたわけだから必要ないとされていた。そのことがIWS時代に嫌というほどわかった。

　研究科でいろいろな先生や生徒さんたちからかなり刺激を受けました。最初のころ，中村先生が20人だか30人だかの論文指導をやるというので仰天して「大丈夫ですか？　大丈夫ですか？」って，いやいやよく乗り越えてきました。まあ，最初に「事を起こす」というのはこういうことですね。

　大学院生への研究指導は私にとってハードルは高かったけれど，とても学びの多い経験でした。やわらぎでの調査研究のまとめ方が論文指導で非常に役に立っています。私は卒業論文も書いたことがなければ，論文を書いた経験もありませんでしたが，40歳でやわらぎを立ち上げて以来，毎年調査研究を続けてきたことが，研究指導への取り組みにつながりました。研究指導では，多くの本を読む機会があり，それは喜びであると同時に，院生のテーマに関連するた

め読まざるを得ない，という苦労も伴いました。喜びと苦労が半分ずつの経験でした。

しかし，今振り返ってみると，私はやはり現場での仕事が好きだと感じています。細胞がプチプチ弾けるような，生き生きとした体験を好む傾向があるようです。脳を使うよりも，身体的な喜びの方が私には合っているようで，そこから得られる真実は非常に価値が高いと思っています。

——研究科のこれからについて，外の立場からご覧になって，「こうあってほしい」「ここを大事にしなさい」とのメッセージをいただけますか。

これからどういう視座を持って，どういう山のてっぺんをつくっていくかということが大事だと思っています。21世紀社会デザイン研究科を設立した当初の方針や目的を見直し，より具体的で強固なビジョンを持って進めてほしいと思っています。研究科が設立されて20年余りが経ち，「幹」は徐々に築かれてきました。これからどのようにその「幹」を強化し，拡大していくか，そして「強さ」には「柔軟性」も含まれることが重要です。新しい領域をどのように築いていくかに期待しています。

（聞き手：中村陽一・川田虎男）

2023年9月24日収録

3　4つの授業から学んだ4つの「関係性の編みなおし」

「フォロワーシップ」による社会組織のデザイン

　私は人生の大半をビジネスフィールドで過ごしてきた。50代後半になって社会デザインという不思議な言葉を知った。ご縁あって2015年から立教大学大学院21世紀社会デザイン研究科に奉職することになった。

　忘れもしないのが研究科委員長でいらした中村先生との面談である。特任教員は4教科とゼミを担当するため，私にふさわしい教科の話となった。中村先生は開口一番，「スターバックスで実践されてきたフォロワーシップは，社会デザインにとっても大切な考え方なので，是非講義をお願いしたいと思います」と要請いただいた。予想もしないお話を嬉しく拝聴したことを昨日のことのように覚えている。

　華やかで力強いイメージが伴うリーダーシップと違って，フォロワーシップは地味で弱々しいものと思われがちである。リーダーシップが光とすれば，フォロワーシップは影のような印象であろうか。実際，フォロワーシップを最初に学問として取り上げたアメリカの経営学者ロバート・ケリーは，研究を開始した当初，アメリカ人の知り合いにこのアイデアを話すと，「イエスマンで羊のように従順な人の研究をして何になるんだ？」とあきれられたと語っている（ケリー 1993）。

　そのような反応は，日本においても大同小異だろう。バブル崩壊後，日本は長い下り坂の時代となった。方向性を見失い，救いをリーダーシップに求めた。強いリーダー，優れたリーダーが登場し，映画のスーパーヒーローのように危機を正面突破し，困難にあえぐ人々に救済をもたらす。私たちが深層心理でリーダーシップに期待するものは，そのような戯画的側面があるではないかと思う。

　しかし現実の社会，現実の組織，現実の様々な関係性をありのままにみつめれば，そのようなリーダーの在り方，リーダーシップの捉え方がいかに偏った認識であり，リアリティがないかわかる。端的にいって，フォロワーのいない

第 5 章　社会デザインへの試練と可能性

リーダーはそもそも存在できない。リーダーシップの「シップ-ship」は，「状態」や「関係」を意味する。リーダーはフォロワーとの関係によってリーダーという状態になる。同様にフォロワーはリーダーとの関係によってフォロワーという状態になる。それがフォロワーシップである。

私は「社会組織とフォロワーシップ」という講義のシラバスづくりを，見よう見まねで初めたところ，ハーバード大学でリーダーシップ論の講師をしていたバーバラ・ケラーマンの論考が目に留まった。ケラーマンは，「西洋の歴史を振り返ると，一貫してリーダーの力が衰え，フォロワーが力を得ていく」と指摘する（ケラーマン 2013）。

上に立つ強力な権力者としてのリーダーと服従することを前提としたフォロワー，あるいは知識や智慧をもつリーダーと無知で蒙昧なフォロワーという認識がかつての常識であったことが，古代の歴史を紐解くと見える。それが中世，近代から現代にいたる長尺の時間の中で，上下の関係がフラットな関係に移行し，力の偏在から対等な関係へと変容してきた。ケラーマンのこの見立ては，リーダーシップ研究の変遷にも反映されている。

初期のリーダーシップ研究は，もって生まれた資質によってリーダーとなるという考え方を前提にしていた。この前提に立つと，リーダーとフォロワーの関係性は固定化する。その後，リーダーの行動に注目する研究に移行し，リーダーシップは学習可能な特性としてとらえる視点が登場し，リーダーとフォロワーの関係性は，入れ替わり可能なより柔軟なものになった。その後，様々な変遷を経て，サーバント・リーダーシップ論が登場したことで，リーダーとフォロワーの立場・関係性の逆転が生じた。そして今日では，シェアード・リーダーシップ論など，ひとりのリーダーに依存しない組織の在り方が論じられるようになった。

このように今日のリーダーシップ論は，社会デザインの視座と大きく重なる。その上で，もう一歩社会的な「関係性の編みなおし」を推し進めるためには，リーダーではなくフォロワーに力点をおいた理論，研究，実践が必要である。フォロワーシップ論を拾い上げてくださった中村先生の慧眼はそこにあったと思う。

フォロワーシップは社会デザイン的である。賢明なフォロワーは、リーダーのビジョンの価値を理解しフォローするだけでなく、自律的（生命的）な活動を小集団で開始する。それはやがてネットワーク的な広がりを見せる。自律的で分散的な活動の中から、集団の智慧、すなわち衆知（集合知）が創発される。

ビジョンを磨き込むフォロワーたちの自律分散の活動は、リーダーをも包摂し、絶えざる「関係性の編みなおし」となる。それは良いアイデアや智慧が創発され続ける社会や組織の在り方となる。

中村先生の一言で始まった社会デザイン研究科におけるフォロワーシップ論は、コミュニティやNPOのみならず、営利企業にも洞察を与える「社会組織のデザイン」（社会組織におけるリーダーとフォロワーの関係性の編みなおし）の大切な視座となりつつある。

「経営戦略の社会実装」によるコラボレーションのデザイン

中村先生と、2課目名を何にするかという段で、私は「経営企画、経営戦略の仕事を長くしてきたので、NPO等にも役立つ経営戦略の授業はいかがでしょうか」と提案した。しかし授業シラバスを考え始めると、講座タイトルとして提示いただいた「社会実装」というものにまったく知見がないことに気づかされた。

中村先生は、協同組合、市民事業、消費社会、まちづくり、ネットワーキング等における実践活動と研究活動を通して、「ソーシャル」と「ビジネス」は、限りなく重なり合い、融合していく歴史的展開を自覚されていたと思う。いっぽうの私は、ビジネスのど真ん中を走り続け、「ソーシャル」な視点を著しく欠いていたことを、社会デザイン研究科に着任して自覚させられた。その象徴が、「社会実装」という言葉であった。

経営の分野は実践も学問も、軍事組織から大きな影響を受けてきた。戦略も情報も軍事の概念である（野中・山口 2019）。戦争も社会の現実であるが、軍事を参照することは社会デザインにはなじまない。ところがビジネスにとっては、競争戦略という形で軍事（戦争）のアナロジーが積極的に使われてきた。

経営戦略の基本は全社ポートフォリオ戦略にある。これは「ヒト、モノ、カ

第5章 社会デザインへの試練と可能性

ネ」という資本（経営資源）をどの分野に配分するかという大きな見取り図である。その目的は「勝つこと」である。そしてそれは，相手が「負けること」とセットである。つまりビジネスにおける戦略論とは，Win／Loseのゲームである。

　この価値観をそのままNPO活動やコミュニティ活動に適応したらどうなるか。効率化が進み，ある種の成果は期待できる。しかしその陰で，弱者の切り捨てや面倒な課題の先送り，格差の拡大や社会的分断が強くなる懸念がある。公的活動の民営化や，営利組織へのアウトソーシングは，Win／Loseゲームのわかりやすいメリットと，目に見えにくい深刻なデメリットの両面を併せ持つ。

　全社ポートフォリオ戦略で，優先順位の高い事業（製品，サービス）を選択し，経営資源を傾斜配分したあと，個別競争戦略を策定実行する必要がある。その基本がポジショニングと呼ばれる「位置取りで勝つ」作戦である。敵より優位な陣形を組むこと，さらに，そもそも敵が手薄な場所に進出し支配下に置くことが，軍事において有力な打ち手となるように，ビジネスにおける基本形としてのポジショニングは，競争相手を出し抜いて勝つことを志向する。

　裏を返せば，ポジショニング戦略は，自分たちにとって不利な状況は回避する。エッジを効かせるために「やらないこと」を決める。ビジネスでは「顧客」を選ぶ。しかし，行政においては，地域住民すべてのニーズに対応していくことが大前提となる。ビジネスマインドでやってきた者にとって，社会デザインはWin／LoseゲームからWin／Winゲームへの発想転換を要求される未知の領域である。

　ところが，この20年ぐらいの間に，ビジネスはWin／LoseゲームからWin／Winゲームへ転換を求められるようになってきた。21世紀に入り，地球の危機が否定しようがない現実になった。SDGs，ESG投資の本質は，「Win／Loseゲームを続ければ未来は全員にとってLose／Lose」という気づきである。これがビジネスに突き付けられた社会デザイン的なテーマである。

　2005年に国連採択されたMDGs（ミレニアム開発目標）と2015年採択のSDGs（持続可能な開発目標）の違いは，先進国を地球規模の危機的テーマに包摂したことである。同時に，先進国の"先進性"をけん引してきたグローバル企業を

巻きこんで地球の危機・社会の危機に，ビジネスマインドをもって真正面から取り組んでもらうことを企図したところにある。

ビジネスのWin／Loseゲームから生まれるイノベーションを地球社会のWin／Winに活かすことで，環境問題も社会問題も解決される可能性がある。逆に企業を巻き込まなければ問題解決が遠のくのみならず，Win／Loseゲームの継続により，取り返しのつかないことになる。

ではビジネスを社会課題解決にどう役立てれば良いのか。

私は日本におけるスターバックスの立ち上げと経営実践を通して，すぐれたビジネスは経営を9つの次元で組み立て回していることに気づいた。①理念⇒②規範⇒③目的⇒④目標⇒⑤戦略⇒⑥戦術＆文化⇒⑦戦技＆動機⇒⑧計画＆機構⇒⑨実装＆検証をダイナミックかつ繊細に回し続けることで，卓越したビジネスが実現する。

これを簡略化したのが，サイモン・シネックがTEDで提唱した「WHYから始めよ」である。シネックは，すべての企業はWHAT（⑨実装する製品やサービス）のことはわかっているし，HOW（⑤戦略）に長けた企業もあるが，WHY（①理念）から始める企業のみが卓越すると論じる。スターバックスを見てきた立場からして，これは真理である。

「経営戦略と社会実装」の講義を通して，受講生とのディスカッションをしながら，営利組織と非営利組織の違いが次第に明確になっていった。利益という数値をベースに活動する企業は，HOW（戦略）とWHAT（実装する製品やサービス）をしっかりつなぐが，WHY（理念）は軽視する。逆に非営利組織は，何らかの社会課題を解決したいという純粋なWHY（理念）の元に人々が集う。しかし，HOW（戦略）が弱いためにWHAT（具体的な活動）で持続的成果を上げることに苦労する。

ソーシャルとビジネスを融合するという中村先生の実践知が，私の中で実感を伴うものとなった。

経営戦略の「社会実装」は経営の9つの次元を実践することで確かに可能となる。NPOと企業が9つの次元の過不足を重ね合わせるコラボレーションをすれば，Win／Winゲームを実行できるようになる。そういうビジョンが見え

第5章 社会デザインへの試練と可能性

るようになった。

　これは世界の大きな潮流となっている「パーパス経営」と重なる。どれほど利益を上げ株主に還元をする企業であっても，パーパス（社会的存在意義，地球的存在意義）を明示し実行できない企業は存在価値がなく，退場を求められる時代になった。

　経営戦略の「社会実装」とは，パーパスという名のWHY（理念）の実現を意味する。地球社会のWin／Winは，ソーシャルとビジネスの「コラボレーションのデザイン」（ソーシャルとビジネスの関係性の編みなおし）によって実現する。

「ライフストーリー」による価値のデザイン

　上記2課目は，私にとってなじみのある分野であり，軸足をビジネスに置きつつ，社会デザインに「ピボット」できた。しかし3科目，4科目となると，いよいよ未知の領域に挑戦する必要があった。

　私は下宿人や居候が家主の用意した食事の席で，「三杯目はそっと出し」の気持ちになっていた。

　中村先生に，「私の大学時代の恩師が晩年に『これからはライフストーリー研究が重要になる』と語っていたことがなぜかとても印象に残っています。これを研究し講義したいのですが……」と率直に伝えた。のちになってだが，ライフストーリー研究は，社会学の重要な一分野であり，社会デザインは社会学をより実践的にとらえた学問領域であることを知った。そのような背景からか，中村先生はライフストーリーというアイデアをポジティブに受け止めてくださった。

　ライフストーリーとは，「日常生活で人々がライフ（人生，生活，生）を生きていく過程，その経験プロセスを物語る行為と，語られた物語」を探究する学問である（やまだ他 2000）。生きることは語りnarrativeの連続であり，語りは物語storyを形作っていく。言い換えれば，語りの質を高めることができれば，私たちは人生の意味や価値を再編集できるということである。これこそ中村先生が社会デザインの鍵概念として強調されてきた「関係性の編みなおし」その

197

ものである。ライフストーリー論は，骨太な社会デザインの研究実践領域だと気づかされた。

　ライフストーリーが「関係性の編みなおし」を喚起する領域は多様だ。わけても「沈黙」に向き合う姿勢が大事だ。私たちは人生の中で語りたくないこと，語りえないことを密かに抱えている。何らかの理由でネガティブな体験をした場合，その記憶を浮上させ言語化することは，つらい記憶の追体験となるため，語りが止まる（桜井 2012）。

　ここで語り手（インフォーマント）と聴き手（研究者）の関係性が問われる。ライフストーリーを語ることは自分の過去の体験の意味を問うことである。ネガティブに感じていることに意味を付与することは，つらさを一層強め恒常化しかねない。語り手はそのことを恐れ，沈黙する。聴き手が何らかの理由で優位な立場にあるために，語り手の語りが止まることもある。聴き手が何らかのストーリーを想定し，その方向の話を期待して待つ場合も，語り手のほんらいの語りが阻害される。

　しかし，聴き手が何も期待せず，何も排除せず，ただ共感的に語り手の存在を受け入れると，場のダイナミクスが変化する。インフォーマントと研究者という固定した関係性が緩み，対等な立場で双方向のエネルギーが流れ出す。語り手は，聴き手の存在を通して，自らの語りを聴くようになる。聴き手は，語り手の語りが，まるで自分の内側からの語りであるかのように感じはじめる。すると，語り手と聴き手の中間に，「新しい共同の語り」が創発される。

　これは実際に授業で起きた。

　受講者同士でお互いのライフレコードをつづるワークをしたときである。ライフレコードは，人生で起きたことを年表のように時系列で書き，数年単位の出来事をくくるタイトルをつける作業なのだが，どのような出来事を選び，何を選ばないかという判断のなかに，すでに自分自身のライフストーリーの傾向性，偏りがまぎれこむ。50代男性と40代女性がお互いのライフレコードを共有するワークをした。お互いに語り手と聴き手を交互にした結果，男性に大きな気づきがあった。「自分の人生で結婚とふたりの子供のことが，ライフレコードにまったく入っていなかった！」

第5章 社会デザインへの試練と可能性

　相手の女性は自分と同じようにフルタイムで仕事をしながら結婚，出産，育児という大きなライフステージの変化を意識したレコードであった。男性も実際には家族のことは大きなライフイベントであったのに，そのことを自覚し，意味づけができていなかった。いっぽうで女性もまた，男性と女性ではライフレコードの捉え方が大きく異なることへの気づきを得た。相互に語り手と聴き手を実践したことで，ふたりの中間に「新しい共同の語り」が創発された。

　同じくライフレコードのワークで，今度は40代の女性4名の中で，大きな気づきが生まれた。概ね30代前半までは類似した軌跡を描いていた女性たちが，「結婚の有無」で最初の分岐があり，次に「出産・育児」（子を持つか否か）の分岐があり，さらに出産育児体験女性において「離職するか否か」「離職後，復職するか否か」といった分岐があることが明確になった。それは単なる客観的事実（ライフレコードの記述）にとどまらず，各自の生きてきた軌跡として，様々な感情や思考を生み出しているというライフストーリーの気づきがもたらされた。それぞれの選択のプロセスに，それぞれの葛藤と充実，それぞれの後悔と納得があることがわかった。

　すると，ワークをした女性たちの中間に「オルタナティブ・ストーリー」（社会で認知されてこなかった代替的な物語）が浮上した。30代から50代にかけての女性のライフステージの多様な分岐は，一方にジェンダーからくる問題を抱えつつ，他方，現代日本における「内なる多様性と包摂」の象徴なのではないか。このときのメンバーを中心に，このオルタナティブ・ストーリーを継続して探究するために，社会デザイン研究所で「女性のライフストーリー研究会」が立ち上げられた。

　社会や組織には，暗黙的に共有されたコミュニティ・ストーリーがある。その上位に，国家など公の制度レベルでの価値観や行動規範となるマスター・ストーリーが存在する。個人のライフストーリー（パーソナルストーリー）は，孤立した個としては成立しない。身近な人々との関係性の中で，各自のアイデンティティが形成され，それがひとつの強固なストーリーとして定着する。それは個人的な物語に見えて，実は社会から半ば強制された物語でもある。

　こうした重層構造を自覚し，固着したライフストーリーを解き，再編集する

ことで,「オルタナティブ・ストーリー」が創発される。それは人生の意味づけの再編集となる。社会デザインとは,実は一人ひとりのライフデザインと直につながっている。ライフストーリーをひもとき,語り合い,新しい物語の創発に身を委ねることで,「関係性の編みなおし」が自然に起こり,ライフデザインの可能性が一気に広がる。それはまさに,新しい人生の物語の始まりとなる。

　社会デザインにおけるライフストーリーは,新しい社会的意味の生成であり,新しい社会的価値への気づきである。ライフストーリーに取り組むことで,「価値のデザイン」(個人と社会の関係性の編みなおし)の真髄に触れることができた。

「物語」によるコミュニケーションのデザイン

　「三杯目はそっと出し」のライフストーリー論は,結果として社会デザインの真髄に連なる研究実践活動となった。しかし「四杯目」はどうしたものか。

　私は,ビジネスはロジック(IQ)とセンス(EQ)のキャッチボールだと実感してきた。ロジックは,客観性と合理性を重視する。冷静な観察や実験でエビデンスを積み上げ,再現性のある「理論」を導出する。ところがセンスに身を委ねると,一転して感覚の繊細さや感情の揺れを実感する。そのときどきに感じ取ったことが,小さなエピソードとして積み上がっていく。そしていつの間にか,多様な可能性を生み出す「物語」が紡がれる。

　センスとロジックのキャッチボールによって,単なる空想の物語が,現実化することを,私は日本におけるスターバックスの立ち上げプロジェクトで経験していた。ロジック偏重の分析では見えなかったスターバックスの価値をセンシングした瞬間,私の中で「日本スターバックス物語」が見えた。このときの体験を講義化できないか。実践的な理論にできれば,きっと社会デザインの役に立つ。そういうセンシング(直感)はあったが,うまく論理的に説明できずにいた。

　中村先生に「物語の方法論を講義にしたいという思いがあるのですが……」と恐る恐る申し出た。この意表をつく「四杯目」に,さすがに中村先生も「沈

黙」された。実際には十秒ぐらいだったのかもしれないが、私には3分にも5分にも感じられた。中村先生の答えは「うん、面白いですね！それでいきましょう！」であった。

あの瞬間、物語の方法論を研究し理論化するという私のライフワークが動き出した。そして思い返すと、中村先生の社会デザインの思想は、すぐれてセンスの賜物であるということだ。これは私が接してきた優れた起業家、経営者に共通する。スターバックスのCEOだったハワード・シュルツやサザビーリーグの創業社長だった鈴木陸三氏も、重要な意思決定の瞬間にセンシングしていた。

社会デザインとは絶えざる「関係性の編みなおし」であり、そのプロセスでソーシャル・ムーブメントやソーシャル・イノベーションが生まれる。こうしたダイナミクスは、しかし小さな一歩、ときに一対一の「コミュニケーションのデザイン」から始まる。そこでのセンシングが、越境をもたらし、未知の世界への探索が始まる。それが「物語」である。

「社会デザインとしての物語法」という4つ目の講義を任せていただいたおかげで、私は、物語マトリクス理論と命名するフレームワークの構築と実践をできるところまで来られた。

これも中村先生が紡いでくださったご縁で、いま静岡市で就職氷河期世代のためのライフデザインプログラムを展開している。「もう一度、人生をデザインしよう　誰もが何度でも自分のままで再チャレンジできるまち、静岡」という呼びかけのもと、静岡市のなかで「関係性の編みなおし」が静かに確実に広がっている。

このライフデザインの取組みの核となっているのが物語マトリクス理論である。【起】ライフレコード⇒【承】ライフストーリー⇒【転】ライフデザイン⇒【結】ライフワークと物語の4象限（マトリクス）を巡るワークショップを通して、当事者も支援者も事務局も、「関係性の編みなおし」が起きる。

センスとロジックの「コミュニケーションのデザイン」によって、新しい可能世界＝新しい意味と価値を予感させる物語が、私たちの眼前に広がる。私のライフワークは「21世紀社会を包摂する希望に満ちた新しい物語の協働生成」

である。社会デザイン研究科にご縁を頂いたことで，私の物語マトリクスもまた大きく動いている。

（梅本龍夫）

引用・参考文献

ケラーマン，バーバラ　板谷いさ子訳（2013）『ハーバード大学特別講義　リーダーシップが滅ぶ時代』SBクリエイティブ

ケリー，ロバート　牧野　昇訳（1993）『指導力革命——リーダーシップからフォロワーシップへ』プレジデント社

桜井厚（2005）『ライフストーリー論』せりか書房

野中郁次郎・山口一郎（2019）『直観の経営——「共感の哲学」で読み解く動態経営論』KADOKAWA

やまだようこ編著（2000）『人生を物語る——生成のライフストーリー』ミネルヴァ書房

第6章
社会デザインの学びの意義と実際

1　大学教育における社会デザイン教育の現状と課題

はじめに

現代は，VUCA（Volatility（変動），Uncertainty（不確実），Complexity（複雑），Ambiguity（曖昧）の頭文字をあわせた造語）とも表現されるほど，社会が困難かつ予測不可能な時代に直面している。こうした中，学校教育には，社会生活を営む為に必要な一般的な常識や知識の習得だけではなく，社会の動きと自分の生活を結びつけて考えることができる思考力や，社会的課題について情報を自ら収集し，独自の視点で定義し，今後のあるべき姿を描くことができるといった，社会を自らデザインすることができるチカラの育成が求められている。

筆者らは，こうした「社会を自らデザインする基礎的な力の育成」を目指す教育を「社会デザイン教育」と命名し，現在，その全体像を把握すべく調査および研究を行っている。

その一方で，日本財団が9カ国で実施した「18歳意識調査　国や社会に対する意識」（2019年版）調査において，日本の若者は国や社会への意識がいずれの項目でも最も低い割合であることが示された。これを受け，新保は，大学学部生が「社会について当事者意識を持てるようになること」が重要と考え，専門に関わらず，また専門に入る前の段階として，一般教養科目の一部に上記のような教育を展開すべきとの思いから，先行実践例の調査・研究と，シラバスモデルや，そこで活用できるテキストブック（ワークブック）の作成を行うことを目指し，2020年に中村陽一教授をアドバイザーとした研究会を発足させた。2023年からは社会デザイン学会の研究会の1つとして支援を受け，社会デザイ

ン教育の調査および研究を行っている。これまでの成果としては、名古屋産業大学環境経営研究所から共同研究助成金を得て、社会デザイン教育実践者へのインタビュー調査を報告書として発表。また、目白大学科学研究費助成事業申請のための学内助成を得て「社会デザイン教育を実施している学部・学科・科目の調査」を実施している。研究を通して若干方向性を修正したものの、将来的には社会デザイン教育のモデルやツールを提供できるようなプラットフォームを提供することを目指し研究を進めている。

社会デザイン教育の拡がり

　日本の教育機関において「社会デザイン」を教育カリキュラムの中心に据えたものとしては、2002年に設立された立教大学大学院21世紀社会デザイン研究科によるところが大きいと考えられる。この設立の中心となった北山晴一氏（立教大学名誉教授）は、「社会デザイン」を定義しないとしたうえで、社会デザイン学の目的は「単なる社会運営上のスキルではなく、人権意識に裏付けられた真に共生的な社会を創生するために必要な理念と知識の明確化であり、またそうした理念と修得でなければならない」と語っている。その後、一般社会の中でも「社会デザイン」「ソーシャルデザイン」「コミュニティデザイン」などの言葉が見受けられるようになり、関連した一般書籍も多く出版されるようになった。

　さらに近年では、その他の大学においても「社会デザイン」に相当する名称を付した学部・学科、またカリキュラムや科目が設置され、全国的な広がりを見せている。例えば学部や学科としては、国立大学法人宇都宮大学地域デザイン科学部には、コミュニティデザイン学科（地域社会を構成する社会集団や制度などをデザインする人材を育成）や社会基盤デザイン学科（土木工学を基礎として安全で持続可能な社会基盤・都市機能をデザインする）があり、地域デザインセンターも擁している。また、東洋大学福祉社会デザイン学部や桃山学院大学社会学部ソーシャルデザイン学科では福祉の領域から社会デザイン教育を進めているし、2024年4月に設置された実践女子大学人間社会学部社会デザイン学科は、デー

(1) 社会デザイン学会　第16回年次大会　公開シンポジウム、2021年7月11日

タサイエンスやメディアといった，最新のトレンドやテクノロジーを意識した社会デザイン教育を展開している。

　カリキュラム全体として社会デザインの傾向を強く持っている学科として，跡見学園女子大学観光コミュニティ学部コミュニティデザイン学科や叡啓大学ソーシャルシステムデザイン学部などが挙げられる。さらに目白大学社会学部社会情報学科には，科目群として社会デザイン系列が存在する。その他にも，様々な大学で社会デザインを科目の学びの中に取り入れている。

大学教育における社会デザイン教育推進の背景
　こうした各大学において社会デザイン教育が推進される背景には，昨今，公表された次のような提言からも伺い知ることができる。まず首相官邸に設置された「教育未来創造会議」は，2022年5月10日に公表した第一次提言「我が国の未来をけん引する大学等と社会の在り方について[2]」において，「未来を支える人材像」とは「好きなことを追究して高い専門性や技術力を身に付け，自分自身で課題を設定して，考えを深く掘り下げ，多様な人とコミュニケーションをとりながら，新たな価値やビジョンを創造し，社会課題の解決を図っていく人材」であるとし，大学教育にこのような能力を養成することを希望している。また（一社）日本経済団体連合会（経団連）は，2022年1月18日に公表した提言「新しい時代に対応した大学教育改革の推進──主体的な学修を通じた多様な人材の育成に向けて」において，「Society 5.0人材には，リテラシー（数理的推論，データ分析力など），論理的思考力と規範的判断力，課題発見・解決能力，未来社会を構想・設計する力，高度専門職に必要な知識・能力が求められる。〔産学協議会における産学間合意〕」としている。このように現在の大学教育には，特定の専門分野における深い知識を学生に教えるだけではなく，その知識を用いて社会的な問題に取り組み，新しい未来や将来の社会を築く方向性を示す能力を持った人材を養成することが，社会からの強い期待となっている。

---

(2)　教育未来創造会議「我が国の未来をけん引する大学等と社会の在り方について（第一提言）（令和4年5月10日）」https://www.cas.go.jp/jp/seisaku/kyouikumirai/teigen.html（2023年8月30日閲覧）

現在では，小・中・高等学校の教育においても，先に述べたような社会背景を踏まえ，2016年に改定された学習指導要領において，これまで小学校3年〜高校3年生まで行われてきた「総合的な学習の時間」をより発展させ，高等学校では「総合的な探究の時間」が2022年4月より導入され，「社会デザイン教育」に資するカリキュラムが展開されるようになった。文部科学省『高等学校学習指導要領（平成30年告示）解説 総合的な探究の時間編』によると，「総合的な探究の時間」の目標は「探究の見方・考え方」を働かせ，横断的・総合的な学習を行うことを通して，自己の在り方生き方を考えながら，よりよく課題を発見し解決していくための資質・能力を育成することを目指すものである，としている。

社会デザイン教育の課題

社会デザインを教育に取り入れている大学・学科・科目は拡がりを見せている一方で，研究者らがこれまで実施してきた調査によると，大学・学科・科目の専門分野は多岐にわたり，また内容や手法についての共通認識または共通の必要条件等は定かではない。現状としては，それぞれの担当教員が，自身の専門分野に引き付けて授業を行っている状態であることがうかがえる。例えば，井上他（2017）[3]は，ソーシャルデザインを「問題の所在の確認，その解決方法，企画，カタチ，売り方やサービスといった，目に見えない問題から実用に至るまでの仕組みづくりやアウトプットに至るまでの"コト"」として捉え，モノ作りの分野におけるデザイン教育の考え方の一つとして研究・教育活動を行っている。また，松行（2017）[4]は，「ソーシャルデザイン教育は，イノベーション人材を育成するいわゆるイノベーション教育またはアントレプレナーシップ教育（起業家教育）と共通する部分も多い」として，ソーシャルデザインとソーシャルイノベーションを同義のものとして扱い，教育プログラムの開発とともに実践教育を行っている。さらに，山岡（2013）[5]は，ソーシャルデザイン

---

(3) 井上友子他「ソーシャルデザインと教育」九州産業大学芸術学会研究報告 第49巻85-91頁，2018-03-01 九州産業大学芸術学会
(4) 松行輝昌「ソーシャルデザイン教育とマインドセット」計画行政 40（3），21-26頁，2017-08-15 一般社団法人 日本計画行政学会

とは「社会的課題を解決するための概念（コンセプト）や方法論，仕組み」と定義付けし，「大学の地域連携活動が社会貢献を果たすためには，どのような設計や運営が求められるのか」について考察をしている。

　このように現状では，社会デザインに関する認識が曖昧になったり混乱しており，それは「何をデザインするか」と「どうデザインするか」が十分識別されずに使われていることにも起因している。「何をデザインするか」はデザインの対象物を指す言葉であり，建築デザイン，プロダクトデザイン，グラフィックデザイン，ウェブデザインなどが代表である。一方，「どうデザインするか」はデザインの方法を指す言葉であり，バリアフリーデザイン，ユニバーサルデザイン，インクルーシブデザイン，サステナブルデザイン，コミュニティデザインなどが社会デザインの方法を端的に示している。これらについて，十分な識別・整理がされないままに，各々の視点から社会デザイン教育が展開されている状況であるといえる。

　小・中・高等学校における上記「総合的な学習の時間」や高等学校における「総合的な探究の時間」の実施により，近年，大学には社会課題に対する一定の興味関心を有して入学する学生が増えている。例えば，現在大学に入学する学生のほとんどが，それまでの教育課程において文部科学省が上記，『高等学校学習指導要領（平成30年告示）解説』において「目標を実現するにふさわしい探究課題」のテーマの一つとして推奨するSDGsに関連する事項について探求的に学習した経験を持つが，中には課題解決に向けた活動を企画・運営した経験を持つ学生もいる。このような学生の割合は今後さらに増加することは間違いない。これら学生の変化を受け，また社会から求められる人材像を踏まえ，大学学部にふさわしい教育のあり方を検討する必要がある。

（志塚昌紀・田中泰恵・新保友恵）

---

(5)　山岡義卓「ソーシャルデザインから見た大学の地域連携活動――大学の地域連携活動のあり方に関する一考察」東京家政学院大学紀要 = Journal of Tokyo Kasei Gakuin University (53), 101-108頁, 2013　東京家政大学

第Ⅲ部　社会デザインの未来を創造する

2　スポーツで共生社会を拓く，スペシャルオリンピックス

NPO／NGO前史時代

　1995年1月に発生した阪神・淡路大震災での市民団体の活躍を契機に，日本における市民活動がエンパワーされた同年が，NPO／NGOの幕開けの年だと言われているが，私が，1994年に任意団体として活動を開始したばかりの「スペシャルオリンピックス日本（以降，SON）」という団体に出会い，事務局に勤務することになったのは，震災から半年後の1995年7月であった。団体が歩んできた歴史は，そのまま事務局職員としての私の職歴にもなるのだが，法人格としては，2001年に特定非営利活動法人となり，2006年国税庁から認定特定非営利活動法人の認定を受け，2012年には公益財団法人へと組織変更を行い現在に至っている。

　1995年当時，NPO／NGOという用語は一般的ではなく社会的信用度も低く，ボランティアに対しても，まだまだ偽善的なイメージを持たれることが多かった。また，当時，日本における障害者スポーツの中心は身体に障害のある人たちであり，国の本格的な知的障害者スポーツ振興は，1992年に開催された「全国知的障害者スポーツ大会（ゆうあいピック）」により始まったばかりであった。

　スペシャルオリンピックス（以降，SO）は，スポーツを通して知的障害者の自立と社会参加の促進を図ると共に，知的障害のある人たちを認め受容する社会の実現を目的として，1968年にアメリカで創立された国際的なスポーツ組織である。アメリカで始まったSO活動は，1995年当時においても140カ国以上で展開されており，マニュアルやガイドライン，必要な書式類など各国で運営できるよう整備されてはいたが，一般市民が知的障害者を対象に様々な競技のトレーニングプログラムを継続的に運営するという地域活動を根付かせ，全国に普及するというSONの活動は，国内に例がないだけでなく，その活動に取り組む中心メンバーが，スポーツや福祉の専門家でもない主婦層の女性たちであったことを考えると，途方もないチャレンジであり，当時，活動の具現化を信じた人たちはどれほどいたのだろう。渦中にいた私自身，活動資金は寄付で

賄い，事務局スタッフはアルバイトの私のみ（私が勤務するまでに，すでに2人のスタッフが辞めていた）という状況にあって，当時の執行部の熱い思いは夢物語としか聞こえてこなかったし，有給スタッフは，志を持った無償の人々のアシスタントとしては必要とされていても，活動の同志や仲間としては認めてはもらえない，そういったジレンマのような思いを感じていたことを記憶している。

　1990年代は，NPO／NGO，そして知的障害者スポーツ振興の黎明期でもあり，日本におけるスポーツの大きな転換点となった時代でもあった。しかし，当時の私は目の前の道なき道をとにかく我流で進んで行くことに必死で，国の政策や社会の変容には気づいてはいなかった。一方で，アメリカのSO国際本部から届く，NPO／NGOのマネジメントや成長戦略等に関する様々な資料に刺激を受けており，また，国内においても，1998年に特定非営利活動促進法が施行され，市民団体の活躍の機会が広がりをみせる中で，私自身，NPO／NGOに対する興味や関心が高まっていた。SO活動への思い，NPO／NGOへの期待や関心が強くなる一方，職業とすることへの将来的な不安を抱え，仕事での挫折も経験し，悩みもがいていた時に出会ったのが，立教大学大学院21世紀社会デザイン研究科であった。

社会デザインとの出会い

　2000年代当初は，NPO／NGOに関する専門書も情報も少ない時代であり，自分のキャリアをどうすべきか悩んでいた私にとって，日本でNPO／NGOを学べる大学院の存在を知った時は，「求めていたものはこれだ！」と直感し，2003年4月，第2期生として社会デザイン研究科に社会人入学を果たした。40代の大学院生である。

　仕事のため半年間休学することにはなったが，研究科で過ごした日々は刺激的で魅力的な学びや出会いの連続であり，研究科の講義を通じ，それまで取り組んできた仕事が自分の中で体系化され，コミュニティデザインやNPO／NGOマネジメントの知識は，その後の事務局業務において私の強みとなった。また，修士論文のテーマは，SOと共生社会の関係性を考察することとした。

SO活動に参加している多くのボランティアの人々が，知的障害のある人の明るさや率直さに触れ自然に交流を育んでいる光景や，知的障害のある人が家族や周囲の人々を思いやる様子や何事にも真摯に取り組む姿に接し，自分の人間性を問い直すという体験を聞くことが多い中で，スポーツを媒介とした知的障害のある人とない人との自然な交流が，相互理解や共生といった社会におけるインクルージョンを醸成することに着目していたし，SO活動を全国に普及することは，地域における障害者スポーツを核としたコミュニティモデルでもあると考え，障害福祉や競技スポーツの視点ではなく，社会デザインの視点で障害者スポーツを考察したいと考えたのである。大学院での学びと研究活動により，私はSONという非営利組織で働くということに初めて意義を見出すことができ，その後のキャリア形成に確実につながったと考えている。

障害者スポーツの変容と社会デザイン

修士論文（2005年）の序章に，「障害のあるなしに係わらず，全ての国民は，日常的にスポーツを楽しむ権利を持ち，それは生涯にわたって生活の中で保障されうるべきである」と書いたのだが，2011年（平成23年）施行されたスポーツ基本法の前文には，こう記されている。

「スポーツを通じて幸福で豊かな生活を営むことは，全ての人々の権利であり，全ての国民がその自発性の下に，各々の関心，適性等に応じて，安全かつ公正な環境の下で日常的にスポーツに親しみ，スポーツを楽しみ，又はスポーツを支える活動に参画することのできる機会が確保されなければならない」

障害のあるなしに係わらず全ての人々の権利としてスポーツが保障されたことは，国際的な時代の流れでもあったが，SOのようなスポーツ団体の存在とその実践活動も影響していると推察する。私自身，社会課題の解決につながる実践活動が，社会をデザインすることにつながると捉えていたので，SOという知的障害者スポーツの実践活動が，知的障害者はもちろんのこと，多様な人々のソーシャルインクルージョンを実現し得ると考えるようになり，その思い持ち続けながら，今もSOという仕事に取り組んでいる。

2015年（平成27年）に，スポーツ振興その他スポーツに関する施策の総合的

な推進を図ることを目的としてスポーツ庁が設置されたことにより，スポーツ行政は本格的に一元化された。そして，2021年7月，「東京オリンピック・パラリンピック2020」が開催されたが，東京パラリンピックの開催は，日本における障害者スポーツのさらなる発展と共生社会を促進するという点からも大きな期待が寄せられた。

しかし，現在においても，障害のある人々にとって，スポーツが日常的に親しみ，楽しむ存在になっているのかは疑問である。スポーツ庁の2021年の報告によれば，成人の週1回以上のスポーツ実施率は56.4％となっている一方で，障害者（成人）の週1回以上のスポーツ・レクリエーション実施率は31.0％となっており，障害者の多くがスポーツに親しんでいない状況にある。

SOという知的障害者スポーツに関わるひとりとしても，忸怩たる思いを持っている。SONは，約30年にわたって地域におけるスポーツプログラムや競技の機会という実践の場を提供してきたが，夢物語だと思っていたSO活動の全国普及は，2015年に実現することができた。47都道府県に地区組織という活動拠点を設置することができ，2022年時点で7,000人以上の知的障害のあるアスリートが，約4,600人のボランティアと共にSO活動に参加している。このことは，知的障害のある人たちに対する理解や共生意識の醸成に大きく貢献したと自負している。また，知的障害のある人が日常的にスポーツに親しむ環境と，知的障害の理解と受容の促進に資する一つの社会資源としての価値を提起できたとも考えている。しかし，SOに参加している知的障害者は約7,000人であり，日本の知的障害者数の1割にも及ばない数字である。もちろん，参加数だけで活動の評価を問うことはできないが，30年をかけて構築してきた国内SO活動は，社会の変化の中で，今，大きな転換期を迎えている。

SO活動の未来と社会デザイン

障害者スポーツを取り巻く社会環境や制度は，SO活動がスタートした時代とは大きく変化している。30年前，地域において知的障害者に継続的なスポーツ活動を提供するというSOの活動スタイルは先駆的であり，知的障害者の保護者の方々にとっても，学校や福祉施設等の限られた居場所しか持つことがで

第Ⅲ部　社会デザインの未来を創造する

スペシャルオリンピックス2022広島　開会式
（出所）　スペシャルオリンピックス日本

きなかったわが子の余暇活動としてだけでなく，社会参加の機会として捉え，地区組織の発足や運営にも意欲的に関わってくれていた。しかし現在では，法律も整備され福祉サービス等も充実してきており，障害児向けの放課後等デイサービス，自治体等による障害者スポーツ教室が普及したこともあり，スポーツやレクリエーションに親しむ機会や場所が増えている。

　一方で，SO活動の実践を担う地区組織の多くは，コアメンバーの高齢化による人材の膠着，また，高度情報社会への対応，ガバナンス，コンプライアンス等，組織運営の難易度が加速度的に上がっていく中で，非営利組織としての運営自体に課題を抱えており，組織の膠着化が散見されている。知的障害者のスポーツの充実という面だけでなく，ダイバーシティ＆インクルージョンの促進等，SOの意義や価値を必要とする社会環境や時代であるにも関わらず，関係者の中だけで活動がシュリンクしようとしていることにも危機感を感じている。

　しかし，前項で示したように，障害のある人々にとってスポーツは，まだまだ身近なものになっているわけではない。SOが果たせる役割はまだ十分あるはずであり，SO活動には，まだまだ社会資源としての可能性があり，活用しきれず潜在化してしまっている部分があると考えている。

　そういった背景から，SONは，2021年に新たなビジョンを掲げ，「Be with all」というスローガンの下5カ年のアクションプランを策定し，知的障害の

第❻章　社会デザインの学びの意義と実際

2023年SO世界大会ベルリン・ユニファイドサッカー表彰
（出所）　スペシャルオリンピックス日本

ある人とない人との相互理解の機会を積極的に創り，多様な人々が活きる社会をデザインするためのイノベーション事業の創出に取り組んでいる。

ビジョン
　スペシャルオリンピックス日本は，知的障害のある人々とのスポーツを通した様々なユニファイド活動により，多くの気づきと行動を生み出します。

　ユニファイド活動の中心となるのは，知的障害のあるアスリートと知的障害のない人（パートナー）が，チームメイトとして競技に取り組む「ユニファイドスポーツ®／Unified Sports®」である。SO独自の競技形式であるユニファイドスポーツ®は，知的障害のあるアスリートと知的障害のないパートナーが，日頃から一緒にトレーニングに参加し，活動中はチームメイト，日常では仲間，友だちとしてお互いを理解し，信頼を深め，助け合う関係を構築していくという，DEI（Diversity, Equity Inclusion）を促進し，人々をエンパワメントする実践的なプログラムである。2023年6月，ベルリンで開催されたスペシャルオリンピックス夏季世界大会において，SONが派遣した日本選手団には，知的障害のあるアスリートだけでなく，ユニファイドサッカーチーム，ボウリング，

213

卓球のユニファイドペアが出場した。また，教育現場においても，ユニファイドスポーツ®を授業で実施することで，障害があってもなくても，スポーツが得意でも苦手でも，誰もが公平にスポーツに親しみ，楽しむという機会を提供している。教育機関での取り組みは，まだ端緒についたばかりだが，未来を創る子どもたちに，積極的に展開していきたいと考えている。

　結局，四半世紀以上，スペシャルオリンピックスという知的障害者スポーツの振興に従事してきたのだが，この仕事に携わり，社会デザインにゴールはなく，破壊と創造のフィールドであることを実感している。そして，私が社会デザインを通じて実現したいことは，障害のある人とない人が一緒にスポーツを楽しんでいることが当たり前になっている，インクルーシヴな未来である。

（渡邊浩美）

引用・参考文献

スポーツ庁「令和3年度スポーツの実施状況等に関する世論調査」https://www.mext.go.jp/sports/b_menu/toukei/chousa04/sports/1415963_00006.htm（2023年10月31日閲覧）

文部科学省「スポーツ基本法（平成23年法律第78号）（条文）」https://www.mext.go.jp/a_menu/sports/kihonhou/attach/1307658.htm（2023年10月31日閲覧）

3 社会デザインとNPOの広報

社会デザインとの出会い

　私が立教大学大学院21世紀社会デザイン研究科に進学したのは2003年4月になります。進学した当時は，大手電機メーカーに新卒で就職して3年目，社会人入学です。「社会デザイン」より「NPO/NGO」に関心があって21世紀社会デザイン研究科を選んでいます。大手電機メーカーの就職が内定した2000年というのはITバブル/インターネットバブルと言われ，多くのITベンチャー企業が生まれていた時期です。社会に出る前から，いつか起業できたらいいよねと同期入社組で話していた記憶があります。時を同じくして，社会起業家やNPO/NGOが注目され始めていました。2000年11月にソフト化経済センターの町田洋次さんが『社会起業家──「よい社会」をつくる人たち』（PHP新書）という本を出版されています。2001年にはETIC.が日本初のソーシャルベンチャープランコンテストである「STYLE」を開催しています。グラミン銀行のムハマド・ユヌス博士がノーベル平和賞を受賞されたのは2006年ですが，2002年頃には注目されていたと思います。起業に関心のあった私は，社会問題を解決しながらお金を稼いでいる人や組織に魅力を感じるようになっていきます。2003年頃の私の「社会デザイン」は，「NPO/NGO」そのものであり「社会問題の解決」と言えます。

私にとっての社会デザイン

　21世紀社会デザイン研究科での研究テーマは社会的企業（ソーシャル・エンタープライズ）です。社会的企業を，「自らが認識した問題に対し，その解決策のモデルを生み出し，継続的に社会変革を実践している組織」として捉え，組織を維持し社会変革を継続するためのヒントを得る研究です。社会起業家や社会的企業という新しい概念が注目されたことにより，「NPOの事業化」や「企業のNPO化」の議論が盛んな時期でした。社会運動か事業かといった対立軸ではなく，社会運動の延長線上に事業を位置付けて，社会運動を事業化するに

はどのような方法があるのかが私の問題意識です。社会運動により人脈や信頼などのソーシャル・キャピタル（社会関係資本）を蓄積し，ソーシャル・キャピタルを活かして事業展開する，と言うのが大学院生として出した結論です。大学院を修了してすでに15年以上経ちますが，社会運動をどう事業化できるかという問題意識は今でも持ち続けています。

　ところで，私は社会的企業を「社会変革」という用語を使って定義しています。いまでこそ国際協力NGOでの広報担当者や海外駐在員，様々なNPO/NGOの広報支援といった経験を経て社会デザインを「社会変革」と捉えるようになっていますが，そのときは「社会問題の解決」と「社会変革」を明確に区別して使っていたわけではありません。「社会問題の解決」は社会をより良くすること，「社会変革」は社会を変えていくことです。社会を変えるというのは，社会問題の解決にとどまらないより大きな意味を持つことばであることにのちに気づきます。

　大学院修了直後の約2年間は，制作編集会社で環境報告書やCSRレポートをつくる仕事をしていました。この制作編集会社では，編集企画やデザインといったスキルのほかに，企業の社会的責任（CSR）の情報発信は新しい価値観を社会に提案していることにほかならないことを学びました。ものを買う時，多くの人は価格や品質，品揃えで選びます。CSRの情報発信は，これからは環境や人権などのCSRも知ったうえで商品を購入してほしいという提案になっていたと思います。CSRは購入だけでなく，投資や就職などの意思決定の判断材料にもなります。情報発信は新しい価値観の提案であるという考え方は，国際協力NGOに職場が変わっても同じように持ち続けていました。

社会デザインの捉え方の変遷

　2007年から2015年までは特定非営利活動法人シャプラニール＝市民による海外協力の会という国際協力NGOで広報を中心に活動しています。シャプラニールは，1972年に活動が始まった日本でも歴史のある国際協力団体です。バングラデシュとネパールといった南アジアで児童労働の削減や防災・減災活動などの草の根レベルの生活向上支援に取り組んでいる団体です。

第6章　社会デザインの学びの意義と実際

　私がシャプラニールにひかれた点は，フェアトレードというソーシャル・ビジネスをやっていたことです。シャプラニールのフェアトレードは，バングラデシュやネパールで生産された手工芸品を日本の市民に買ってもらうことで，その代金の一部が手工芸品を作った人の賃金になり生活向上支援になるというビジネスです。フェアトレードという新しい価値を社会に提案していきたいという動機でシャプラニールに入りました。私の興味・関心は，大学院で学んだソーシャル・ビジネスやフェアトレードといった事業にあったわけですが，NPOを事業型と運動型の2つに分けるとすればシャプラニールは運動型に分類する人が多いと思います。フェアトレード事業の収入といった対価性財源より，会費や寄付といった支援性財源のほうが割合として大きく，その時に働いていた職員もシャプラニールを事業型NPOやソーシャル・ビジネスだと思っていた人は少数派だと思います。

　国際協力NGOで働き始めたときも，「社会デザイン」は「NPO/NGO」そのもので「社会問題の解決」であるという認識に変わりありませんでした。ただ，運動型NPOで働いたことで，社会問題を解決する方法の捉え方に心境の変化が出てきました。それまではソーシャル・ビジネス，つまり市場原理を通じて社会問題を解決するということに魅力を感じていました。しかし，バングラデシュやネパールの現場訪問を通じて，そもそも市場原理に参加できない人がいるということに気づくようになります。例えば，子どもであったり，高齢者であったり，障害者であったり，市場原理から取り残されてしまっている人たちがいるのです。ソーシャル・ビジネスと言っても，儲からなければ続かないという市場原理が働くビジネスには変わりありません。ソーシャル・ビジネスの限界を感じました。

　もう一つの心境の変化は，社会問題を解決するために一つのNGOでできることは非常に限られているということです。例えばバングラデシュの児童労働している子どもたちは，170万人にも上ると言われています。その中で，一つのNGOで直接対応できる子どもたちの数はたかが知れています。やらないよりはやったほうがいいと言いますが，どうせやるなら少ない資源でより目標や目的に近づける方法を考えたほうがいいと思うのです。

これらの気づきが、社会デザインとは、文化や習慣、制度、政策を変えること、つまり「社会変革」であるという考えに至るようになりました。

社会デザインとNPOの広報

NPOの広報には、報告と説明（アカウンタビリティ）、資金調達（ファンドレイジング）、世論形成（アドボカシー）と言った役割があります。NPOは、「報告」と「説明」を果たして、自分たちは何者で、何をしているのかについて透明性を保ち続けることが求められます。また、理念を実現するためには継続的な活動が必要で、そのためには資金を確保しなければなりません。資金の提供をよびかける際は、団体の理念や目的を伝えることが欠かせません。社会の期待に応える情報発信やコミュニケーションがNPOの広報の役割になります。

「社会問題の解決」という文脈では、NPOの広報は社会問題を解決するためのサービス提供を維持・継続する資源集めを期待されます。広報は「お金集め」や「人集め」の手段になってしまうのです。場合によっては、広報担当者がデザインばかりを担当する「清書係」にもなりかねません。私が国際協力NGOで働き始めたときの広報担当者への期待はまさにこのようなことでした。お金をかけずに寄付や人を集めたい、お金をかけずにもっとフェアトレード商品を売りたいといった期待です。私の関心事もプレスリリースの書き方やウェブサイト、ソーシャルメディアなどのツールや手段の活用でした。

広報を「社会変革」「社会を変える」という文脈でとらえ直すと、NPOの広報そのものが社会変革の手段になってきます。そのひとつが、NPOが取り組む特定の社会問題や価値創造について教育・啓発することです。「私の問題」を「私たちの問題」にする（社会問題化する）こともNPOの広報には必要になってきます。広報よりもアドボカシーと言ったほうが適切かもしれません。アドボカシーは政策提言と訳されることが多いためロビイングを思い浮かべるひとが多いと思います。私はアドボカシーを「世論形成」と捉えています。多くの場合、立法によってNPOの目的達成に近づくことができますが、世論形成をすることで立法のプロセスに間接的に関与することができます。

私がバングラデシュに駐在するときは、ちょうどバングラデシュでの広報活

第❻章 社会デザインの学びの意義と実際

動を強化しようとするタイミングでした。それまでは，バングラデシュの状況や活動を日本社会に伝え，日本社会の支援や協力を得て，教育などのサービスを提供するというものでした。バングラデシュの人たちが自ら問題を解決していくためにも，バングラデシュの人たちに問題だと理解してもらわなければなりません。そのために，バングラデシュの現地NGO数団体と会議を繰り返し，ラリー（デモ行進），ポスターを使ったメッセージの発信，学生ボランティアとの協働など，日本では広報として行われるような活動が社会変革の活動になっていました。ひとつ例を挙げれば，「箒ではなく，本をください。」という働く少女の声をメッセージにした啓発キャンペーンでは，バングラデシュの日常的な乗り物であるリキシャにステッカーを貼る活動を行っています。リキシャの運転手は働く少女を送り出す側，リキシャの乗客は働く少女を雇う側であることが多いため，プッシュ要因・プル要因のどちらにもアプローチする啓発キャンペーン（アドボカシーキャンペーン）になっていました。

「広報」は「Public Relations」（パブリック・リレーションズ）を日本語に翻訳したものと言われています。広報を意味するPRの「P」はPublicのPなのですが，それ以外のことばをあてはめることができます。Person（人，人格）やPrivate（私用，個人）と言ったことばです。社会デ

リキシャへのステッカー貼り
（出所）認定NPO法人シャプラニール＝市民による海外協力の会

ザインを実践する広報は，PersonやPrivateといったPublicを構成する市民ひとりひとりに伝えていくことが何よりも大切だと思っています。社会変革・社会を変えると言っても，社会は市民の集合体ですから，市民ひとりひとりが変わっていかなければ社会が変わることにはなりません。文化や習慣，制度，政策を変えるためにも，市民ひとりひとりの意識や行動を変えていく必要がある

のです。

社会デザインの実践とこれから

　いまの私は、これまでの経験を活かして、フリーランスでNPO/NGOや市民活動グループの広報やファンドレイジングの"困った"を解決する伴走型支援に取り組んでいます。どうしても、寄付を増やすためにどんな取り組みが必要か、ボランティアを増やすにはどんな方法があるか、イベントの参加者を増やすにはどうやって広報したらよいか、といった手法論に終始しがちです。いま改めて「社会を変える」「社会変革」といった社会デザインに取り組むNPO/NGOの存在意義を見つめ直す必要があると感じています。それを実践するために、NPO/NGOや市民活動グループの皆さんとは、広報やファンドレイジングの依頼であっても「誰のための、何を変える運動をしているのか」を議論することからはじめるようにしています。

　私が理想とする社会は、「NPO/NGOや市民活動グループに参加するライフスタイルが当たり前になっている社会」です。NPO/NGOや市民活動グループが呼びかけている寄付やボランティア、イベントに参加することが、何か特別のことではなく当たり前のように、普段着感覚で選ばれている社会を目指して活動しています。社会を変えるためには、市民の意識や行動を変えることが必要です。市民を変えることができれば、社会を変えることになります。社会の一員でもある私が、社会デザインに対する意識を変えていったことで少しでも社会の変化になり、社会デザインになればいいと思います。他人の意識や行動を変えることは簡単ではありませんが、伝えつづけることが社会デザインになると信じて活動しています。

　　　　　　　　　　　　　　　　　　　　　　　　　　　（石井大輔）

4　大学生と大人が共に学ぶワークショップの実践

変化の激しい時代

　私たちは変化の激しい世界に生きている。まったく正解の見えない不透明な時代にどう生きるのか？　そして同じ状態が長続きしないことが普通であり不確かであるということが確実な世界である。きわめて流動的な時代である。新しい変化が訪れている環境，予測できない環境変化に対して自らを適応させていく能力が必要とされている。このような状況下に私たちの目の前には，様々な社会課題が存在するのである。

　この変化の激しい時代にコミュニケーションの衰退が問われている。

就活というコミュニケーションの社会課題

　2013年3月，新聞紙上に大学生の自殺データが公表された。私が立教大学文学部で学生たちに教鞭を執っていた時期である。そのデータとは，平成23年の大学生の自殺が，前年比101人増の1,029人で，調査を開始した昭和53年以来初めて1,000人を突破した。就職活動の失敗を苦に10代〜20代の若者が自殺するケースが目立っていることが厚生労働省『自殺対策白書（平成24年版）』で明らかになった。

　「自分には価値がない」と孤独感を深めて，次第に追い込まれていく学生が多数いるのである。就活の失敗による10代〜20代の自殺者数は平成19年の60人から，23年には約200人にまで増加している。高度経済成長期につくられたお金を稼ぐために働くというジレンマ，今まさに老朽化しつつある「就活システム」。しかしその「就活システム」に，しばられて身動きの取れなくなった大学生たち。就活の負け組となってしまうことの不安が日常の生活に大きな影を落としている。その不安が「自分には価値がない」と，人生に絶望をしていくこととなり，結果，彼らを自殺へと追い込んでいる。さらに大卒の3割の人が3年以内に，入社した会社を辞めていることが，厚生労働省が発表した資料で明らかになっている。従業員規模別・産業別で離職率は変化するものの，3年

以内に離職率が50％近くなる業態も存在するのである。現在の「就活システム」の弊害でもあり，学生たちとの企業との互いのニーズに適したマッチングが行われているとは言い難いのである。就職活動は，我々の時代とは大きく変わった。今の「就活システム」により，インターネット等で希望する企業にチャレンジし，選択肢を広げ，自らの可能性を拡げられるようになった。その反面，学生たちと企業側のお互いの顔が見えない就職活動へと大きく変容していったのである。

　学生たちは50～80社，さらに100社以上の企業にインターネットを介してエントリーシートを送ることになるのである。そしてエントリーシートの次のステップへの合否の連絡をひたすら待ち続けることになる。合否の連絡がないケースも多いと聞く。そしてお祈りメールが届くことになる。なぜに落とされたかも分からずに，次の企業へのエントリーシートを送り続けるのである。現在は，情報の流通がインターネット時代になり，劇的に，就職活動が変化をしているのである。今の時代に大人たちが創り出したシステムの中で学生たちは，日々悶々としているのである。そんなシステムを創り出してしまった大人の責任として，何らかの対策を講じなければ，いたたまれない状況なのである。

　今の学生たちは大人との付き合いがほとんどないに等しい。自分の両親，学校の先生，そして大学に入ってからのアルバイト先の店長・マネージャーくらいしか大人との接点がなく，社会との関わり方が希薄になっている。ここにはコミュニティの崩壊という社会問題が存在するのである。そんな状況の中で大学3年になり，いきなり就職活動に巻き込まれ，自己分析・自分探し・自己PRとやらに追い込まれていくのである。世の中には，いろいろな仕事があり，いろいろな大人が存在し，多様な職業が存在するのである。その多様な大人たちとの対話の場がもっと身近なところにあれば，状況は大きく変わるはずである。現状の就活システムとは違う，より多くの「働く場所」「働き方」「生き方」を多様な大人たちから学び，自らの可能性を信じて，職業への視野を拡げて欲しいのである。

　今から20年後は，多くの人が現在存在しない職業に就くといわれ，今はその過渡期でもある。今の大学生に，より多くの「生き方」の選択肢を，大企業に

勤めない生き方に「いいね！」といえる社会を創らなければならないのである。多様な価値観が併存している社会が健全な社会であり，一つの価値観に支配されているのは抑圧的な社会だということである。自殺問題について考えた場合にも，このことはあてはまる。「ひとつの価値観に支配されている抑圧的な社会」が自殺の要因となることは，フランスの社会学者のエミール・デュルケームが「自殺論」の中で指摘している。それは「自己を肯定できない人々を大量に生み出す社会」だと言ってよい。逆に言えば多様な価値観をもつ人びととのつながりをもち，多様な価値観を自分の中にもつことで，自殺のリスクを減少させることができるのである。

大学生と大人の新しい対話の場 "ジョブヨク"[1]

2013年10月，職欲（ジョブヨク）の未来が始まる。

大学生の，大学生のための，大学生によるジョブヨクの未来。ジョブヨクの未来は，基本的に大学生が「働き方」「生き方」について，大人メンターたちと，自ら考え，対話することで，自主的に仕事や社会と向き合うきっかけを創る場です。この場には様々な働き方をしている大人メンターたちが重要な役割を果たし，現状の就活だけではない仕事・社会への視野を拡げる一助となる仕組みがジョブヨクの未来である。2014年1月9日の朝日新聞に，「就活に失敗学を」という社説が掲載された。「就活の負け組」という発想があり，多くの就活ガイダンスのほとんどが成功モデルしか見せていないことに問題があると思われる。成功モデルの話は就活がうまくいかずに悩んでいるときには，支えになるどころか，むしろ重圧にさえなるのである。成功談ではなくて，多様な働き方をしている大人メンターたちの，失敗の経験談こそが，学生たちにたくましく生きる術を，教えてくれる。失敗の経験が人を育てるのである。

ジョブヨクは世代を超えての，大学生と大人が共に学ぶ，タテ・ヨコ・ナナメの「場」の関係性の構築を実践している。ジョブヨクは2013年10月に第1回

---

[1] ジョブヨクとは大学生と大人が「働き方」とか「生き方」を共に学ぶワークショップ。2013年10月から，開催され2023年9月までに270回開催され，大学生と大人の延べ参加人数は1万人を超えている新しいキャリア教育のシステムである。ジョブヨク　http://job-yoku.net/

が開催されて，現在12年目を迎えており，30を超える大学のチームとこれまでに290回をこえる開催で延べ約1万人の参加者となっている。そのジョブヨクのワークショップでは，大学生たちがチームをつくり，彼らがその「場」で話し合いたいテーマを自由に決定するのである。そのテーマは原則「働き方」「生き方」などから選択される。例えば「ワークライフバランスについて考える」「好きなことを仕事にする」「海外で働くとは？」「真のリーダーシップとは？」「幸せについて考える」「自分の価値ってなんだろう」「あなたの価値観を教えて下さい」「恋愛と結婚」「私のキャリアデザイン」「SNS×コミュニケーション」など興味深い様々なテーマが設定され，大学生たちが大人たちとフラットな対話をワールドカフェ方式で語り合うのである。大学生たちのアンケートのコメントには，

・社会人の方と話す機会，自分の意見を伝える機会がなかったので，非常に新鮮だった。
・自分にない考え方や解決策を知れたので，大変参考になった。
・自分と向き合い，それをアウトプットする機会は中々ないので，いい経験になった。
・いろいろな考え方，多様性を再認識した。
・相談できる大人に出会えること。などの意見が聞かれた。

一方で大人たちの意見としては，
・学生の皆さんがとても伸び伸びと自分の意見を発表していたことに感銘を受けた。
・学生からたくさんの刺激を得ることができた。
・学生の新しいモノの見方を知ることができた。

という声が聞かれ，大学生と大人が共に学ぶ場であることが理解できる。

「場」とは，英語ではplaceとも，spaceとも，fieldとも訳せる概念であり，人と人との関係が築かれ，相互交流が生じる環境のことをいう。その「場」に加わった人は情報を共有して，「いま・ここ」の関係性を築き，相互交流する中で，新しい意味をいっしょに創造する。キャリアデザインからライフデザインを考える仕組みである。

第6章　社会デザインの学びの意義と実際

ジョブヨクによるコミュニケーション能力の再認識・再構築・再醸成によって，イノベーションに必要不可欠な「新しい組み合わせ」のシステムへの構築が可能となり，これからの世代が新しいコミュニケーション能力を体得することが可能となる。大事なことは，まずは個人が劇的に変わることにより，望ましい持続可能な世界を迎えることが可能になると確信している。個人の変革から社会の変革は始まるのである。社会の変革を生み出す方法はすでに存在している個と個，知と知を組み合わせること，人間はまったく何も知らない知識ゼロの状態から新しいアイデアを生み出すことはできない

SoLaBoジョブヨク　2013年10月

立教大学ジョブヨク　2023年3月

のである。ひとも組織も社会も，既存の知と別の知を組み合わせることで新しい社会を生み出すことが可能になる。

　ジョブヨクとは一つのナレッジマネジメントの進化の形である。ナレッジマネジメントとは情報を集めることではなくて，人と人とをつなぐことである。日本人が生まれながらの地縁のつながりをコミュニティとして考えるのに対して，これからのコミュニティは自らが選んで参加するボランティア活動のようなものであり，人から与えられるものではない。ジョブヨクはあるテーマに関する関心や問題，課題などを共有し，多様なメンバーによるその分野の知識や技能を持続的な相互交流を通じて対話をしていく人々の集まりである。多様なメンバーが維持しているそれぞれの暗黙知を互いに共有するためにフラットな場での相互交流や意見交換による学びのプロセスを通じて，コミュニケートす

ることにより，大きな学びを習得するのである。この学びのプロセスの中で，様々な場面で多様なリーダーたちが入れ替わり，立ち替わりに出現するのである。例えばコミュニティのまとめ役，専門家，思考リーダー，発表資料作成者，そしてプレゼンター等である。それぞれの信頼感が醸成され，関係性を編み直していく，そのプロセスが重要なのである。

（工藤紘生）

引用・参考文献

エミール・デュルケーム　宮島喬訳（2018）『自殺論』中公文庫

厚生労働省「自殺対策白書（平成24年版）の結果から　平成23年の自殺状況第1-16-3表　職業別自殺者数　平成23年データ　学生・生徒1029名」
　https://warp.da.ndl.go.jp/info:ndljp/pid/9929094/www8.cao.go.jp/jisatsutaisaku//whitepaper/w-2012/pdf/gaiyou/pdf/p2-6.pdf（2023年10月31日閲覧）

5 人とまちと医療の心地よい関係づくり

「理学療法士なのに何でカフェをやっているの？」

2016年6月にthe town stand FLAT（通称FLAT STAND）というカフェを始めてから数年はこのような質問を受けることが多かった。思い返して見ると，当時，医者や看護師などの医療福祉の専門職が，病院や福祉施設以外の場所でカフェを運営することは珍しいことだったと思う。

「医療とまちや医療と人の間にある見えない壁をなくすためにカフェをやっています」

こんな説明を質問のたびに繰り返していた。

政府は2013年に，少子高齢や人口減少という課題に対し，「地域包括ケアシステム」という考え方を提唱した。医療や福祉，まちの連携・協働を進めることで，病気や障がいがあっても住み慣れたまちで自分らしい暮らしを続けられるようにという趣旨である。筆者も，医療や福祉，行政，住民はそれぞれの課題に対して既に様々な取り組みを行なっているものの，個々で動くには限界があると感じていた。そこで，医療者がカフェを運営することで，病院や福祉施設以外の場所で住民と接する機会をつくり，まちにある課題に一緒に向き合うことで，少子高齢や人口減少を巡る課題解決の手がかりが掴めるのではないかと考えた。2016年には，思いを実践に移し，カフェを起点として，地域の様々な立場の人々が活動できる「たまれ」というコミュニティの場をつくり，まちで暮らす人とともに活動している。

日々「たまれ」の活動を続けていく中で，健康面に関しての相談を受けることが年々多くなってきた。「知り合いの娘さんががん治療で入院していて，お医者さんが言うにはあと数日の命らしいの。どうしても最期は家で過ごしたいという希望があるんだけれど，相談に乗ってもらえない？」「昨日まで元気だった父が脳梗塞で入院したんだけれど，回復したら家で暮らしてもらいたい。どのような手続きが必要なのか，相談に乗って欲しい」。こういった相談にはすぐに応じ，私が運営する会社の看護師やケアマネジャー，理学療法士などの

リハビリテーションの専門職，そして，まちの様々な資源を使って調整を行なっている。

このような経験から，一つの仮説を思い浮かべるようになった。従来の健康相談は，病院の相談窓口や地域包括支援センター，保健所が窓口となってきたが，それだけでは拾いきれない悩みごとがある。医療者が病院や福祉施設以外の場所で住民と接する私たちのような場があることで，まちの健康に寄与できているのではないだろうか。

この仮説を探究したいと考えた時に出会ったのが社会デザインという考え方であった。私が立教大学大学院21世紀社会デザイン研究科に入学を決めたきっかけである。

医療と暮らしの境界線を曖昧にする

私は2006年に理学療法士国家試験に合格し，病院や在宅リハビリテーションに従事してきた。2014年12月に株式会社シンクハピネスという会社を設立後，2015年3月に訪問看護ステーション，2016年6月にカフェ，2017年7月に居宅介護支援事業所を立ち上げ，カフェを起点とした地域コミュニティにおける開かれた場である「たまれ」を運営している。

起業し，自ら活動をはじめたきっかけは，病院や在宅リハビリテーションを経験する中で感じた2つの違和感である。

一つ目は，病院で働いていた頃に，医師や看護師，理学療法士などの専門職と，入院している患者との間に，「ケアをする人／される人」という主従関係のようなものがあるのではないかという違和感だった。病院から離れてしまえば，患者と専門職ではなく，「人と人」という対等な関係なのに，病院では患者が専門職に対してもの言えない世界が広がっていると感じていた。その後，患者に言われた一言で，このままで良いのだろうかという思いが一層強くなった。

「いつもリハビリをしてくれてすごく感謝しているわ。でも1つだけわかって欲しいことがあるの。私たちもあなたたちに気を遣って，リハビリを受けているのよ」

私にとってこの言葉は，良い技術や知識の獲得よりも，医療者と患者という関係の見直しが，まちや人の健康を考える上で，より大切なことではないだろうかと考えるきっかけになった。

　2つ目は，2011年に病院を退職した後，訪問看護ステーションに勤めている時に感じた違和感だった。訪問看護ステーションの主な業務は，理学療法士や看護師がご自宅に訪問して看護やリハビリテーションを提供することである。病院との違いの一つとして，訪問先の利用者や家族だけではなく，地域の行事などで，地域の様々な人と接する機会がある。私は，市役所が主催する認知症関連の事業に参加していたので，地域の方と話をする機会が多くあった。

　その中で，まだ医療に関わりのない人は，いざ病気や障害を抱えたときには相談先が分からず，困っている人がいるのではないかという疑問を持つようになり，実際に聞いてみることにした。私が勤務していた訪問看護ステーションの近くにある喫茶店をお借りし，地域の方との座談会を定期的に開催した。健康面の様々な困りごとをテーマに看護師や理学療法士がお悩みを聞くという形で進めた。どのような困りごとが聞けるのかとワクワクした気持ちで臨んだが，参加者から出てきた話は予想外の内容だった。「私はジムに通っているから大丈夫」「今は健康だから，病気のことは考えたことがない」「介護保険がどのようなものか分からない」。介護中の男性からは「介護のために仕事を辞めようと思っている」という話もあった。

　座談会では，困りごとをたくさん聞き，それに対して何ができるかを考えるつもりでいた。しかし，ほとんどの人が「健康だから大丈夫」と話すので，一体どういうことなのだろうと，逆に悩みが増える結果となった。

　予想を裏切られた座談会になったが，新しい気付きも得られた。自治体は，病気や怪我などを予防する介護予防の取り組みを行っているが，その対象に入らない人に対しては何もしていないのではないか。高熱が出た，激しい頭痛がある，足が痺れている，動機が止まらない等の分かりやすい症状があれば，病院や診療所を受診するだろう。しかし，何となく調子が悪い程度で受診するまでもない場合，どこか相談できるところはあるのだろうか。早い段階で相談できれば，大事に至る前に防ぐことができるかもしれない。

第Ⅲ部 社会デザインの未来を創造する

筆者が運営するFLAT STAND

（出所）　筆者撮影

　私はこの2つの違和感から，医療とまちの間には見えない境界線があるのではないかと思うようになる。その境界線を曖昧にすることで，医療者と患者の間にある「する人とされる人」の関係が変わり，目の前の課題に一緒に向き合うことができるのではないかと考えた。そこで構想したのが「たまれ」である。

「たまれ」の概要

　「たまれ」は，医療や福祉，アート，食，教育，アパレル，カフェなどがあり，地域の人々と一緒につくり続けているコミュニティの場であり，活動そのものである。東京都府中市の東部に位置し，京王線多磨霊園駅から徒歩1分の場所にある。「たまれ」の由来は2つある。ひとつ目は，最寄りの多磨霊園駅

---

(1) たまれの住人紹介。1.あそびのアトリエ ズッコロッカ：ここに来てくれた方々と一緒に「○○しよっか！」と，子どもたちが遊びを通じた自由な表現ができる場所。2.co-study space Posse：大学生が運営している中高生の学びの場。3.Laboratory Lantern：「想いをお菓子に」をコンセプトに焼き菓子や生ケーキを扱うお菓子工房。4.Hi PRESS：美大に通う看護師が運営する銅版画工房。5.NPO法人 シェアマインド：食品ロス削減，食糧支援活動を行うNPO法人。リラクゼーション整体・イルカ：次世代ボディケア・根本改善系コンサル型サロン。6.株式会社ノウト：文具雑貨＆ノベルティグッズの企画販売をしている世界最小の文具メーカー。7.jimono：地元野菜を扱う八百屋。8.LIC訪問看護リハビリステーション：株式会社シンクハピネスが運営する訪問看護ステーション。9.LIC居宅介護支援事業所：株式会社シンクハピネスが運営する居宅介護支援事業所。10.FLAT STAND：株式会社シンクハピネスが運営するカフェ。11.share space BOX：デザイン事務所が運営するシェアアトリエ。12.すりいでぃ府中：福祉用具専門店。

第 6 章　社会デザインの学びの意義と実際

「たまれ」で行われたイベント
（出所）　佐藤洋輔撮影

を略したこと，2つ目はいろいろな立場の人に来てもらいたい，溜まってもらいたいという想いから「たまれ」と名がついた。

　前述の通り，「たまれ」の原点は，2016年にオープンしたFLAT STANDというカフェである。FLAT STANDを医療と人とまちの交流の起点とし，地域住民がフラッと行けるような所に，いつでも医療福祉の専門職がいて，困った時にすぐに相談できる場にすること。さらに，普段は病院や施設で診療を行なっている医療福祉の専門職が，まちに出て地域住民と関わり合うことで，まちや人の暮らしを知り，病院や施設に戻った時に提供できるケアの選択肢を増やすことを目的とした。

　私たちは医療のことは知っているけれど，患者がどんな所で，どんな暮らしをしているのかをよく知らないまま，医療を提供しているのかもしれない。医療者が患者の暮らしやまちのことを知れば，提供する医療も変わってくるかもしれないし，まちの人たちがちょっとした困りごとの相談ができる場になるのではないかと考えた。

　FLAT STANDは医療者が運営しているとは謳わずに運営している。コーヒーやイベントを通じて，関係をつくっていく中で，必要なときに「実は僕らは医療者なんです」と伝えることができれば，"患者と医療専門職"ではなく

231

"人と人"としてかかわることができると思ったからである。

FLAT STANDがオープンして1年後の2017年7月。居宅介護支援事業所であるlife design village FLATを立ち上げた。FLAT STANDの裏に築40年ほどのアパートが2つあり，空室が9部屋あった。life design village FLAT はその1部屋を借りて運営をはじめた。その後，2018年から様々な人が入居し，9部屋あった空室が全て埋まり，現在の「たまれ」がある。

場づくりにおける社会デザイン

社会デザインについて，中村（2020: 9）は，「異なる価値観を持つ人々が共生していくための知恵や仕掛けとしての社会と，そこでの人々の参加・参画の仕方をこれまでの常識にとらわれず，根底的と言う意味でラディカルに革新していく思考と実践のありようである」と言っている。

2010年のTEDでのデレク・シヴァーズの「社会運動の始め方」[2]というプレゼンテーション[3]を見たことはあるだろうか？このプレゼンテーションの中で，デレク・シヴァーズが紹介した動画は，社会デザインを考える私たちにとても重要な問いを投げている。

動画は，ある一人の男性が公園で裸踊りを始めるところから始まる。まわりの人はその様子を冷めた目で眺めているが，しばらくすると別の男性がやって来て，一緒に踊り始める。やがて1人2人と人が増え，最終的には大きな集団となり，その場全体が熱狂に包まれていくという内容である。この動画に対し，「本当に運動を起こそうと思うなら，リーダーについて行く勇気を持ち，他の人達にもその方法を示すこと。素晴らしいことをしている孤独なバカを見つけたら，立ち上がって参加する最初の1人となる勇気を持つことである」とデレク・シヴァーズは言う。

一人の男性から始まったムーブメントが注目されているが，私が注目をしたいのは，この集団に参加していない人たちである。動画を見ると，大きな集団

---

(2) TED Conferences, LLCは，「広める価値のあるアイデア」というスローガンの下で，無料配信のためにオンラインで講演を投稿するアメリカのメディア組織。
(3) デレク・シヴァーズ（2010）「社会運動はどうやって起こすか」『TED: Ideas Worth Spreading』https://www.ted.com/talks/derek_sivers_how_to_start_a_movement

の周りにもたくさんの人がいることが分かる。集団の様子を見ている人もいるし，気にしていない人もいる。どのような想いで集団に加わっていないのかは分からないが，足が悪くてそこには行けない人，もう少し様子を見てから加わろうと思っている人，一人の時間を楽しみたい人など様々な想いの人がいるだろう。また，集団がいつどのように小さくなっていくかも重要なポイントではないだろうか。抜けたくても抜けられない，抜け方が分からない。そうこうしているうちにリーダーはいなくなり，収拾がつかなくなることも考えられる。「みんなが繋がって一つになれた」だけでは社会デザインとは言えない。

「する人」と「される人」，「さらにそこにまだ入っていない人」。この3つの関係を考えることが社会デザインにとって大事なことではないだろうか。

「たまれ」に対して，「ワイワイしたような場は苦手だから行きたくない」と言われることがしばしばある。このような意見があって当然である。私たちの暮らしは楽しいことばかりではない。1日の中で，悲しいことや嬉しいこと，恥ずかしいこと，悔しいことなど，様々な感情を繰り返しながら暮らしている。人の暮らしは泥臭いもので溢れていて，楽しいだけでは語れない。

だからこそ「たまれ」は，嬉しい，楽しい，ワクワクだけではなく，悲しい，嫌だ，恥ずかしい，辛いという想いも一緒にある場にしていきたい。そんな，人間臭さを出せる場をつくり，様々な関係の構築や解体を繰り返すことで，「人・もの・こと」の間に連携や協働が起こる。その関係の中で社会課題と向き合い，解決に向けてみんなで動く。時には答えを急がずに，緩やかな関係を構築しながら取り組んでいくことも必要だ。このような，「人・もの・こと」の生態系のような関わり方が，私が考える社会デザインの実践である。

「たまれ」のこれから

私たちが暮らしているまちは，病院や診療所，市役所，学校，公園，企業，スーパー，居酒屋，住宅など，沢山の人やものやことで溢れている。その中には医療や福祉の課題以外にも，ジェンダーや社会的孤立，貧困，教育など様々な課題が混在しているように思える。

人と人とのつながりをつくり，連携や協働を進めていくことは，私たちが暮

らす社会にある課題を解決する手段になる。しかし，一つの課題を解決するために仕組みやつながりをつくればつくるほど，その枠からはみ出る人が出てくることを忘れてはいけない。大切なことは，顕在化した「人・もの・こと」だけでなく，まだそこにない「人・もの・こと」を考えることである。

　「たまれ」は，社会にある課題に対する直接的な解決策は持っていない。また，そこで暮らす人が持つ全ての課題を解決することも到底できない。だが，向き合うことはできる。「たまれ」から生まれる緩やかな関係こそが，まちにある様々な課題に向きあうための糸口になるだろう。

　誰かにとっての心地良いは，誰かにとっては心地良くない。だからこそ，すぐに答えを出さずに，私と様々な立場の人との境界線上の価値をすり合わせることが大事である。そして，私の価値を上書きされるという，時には心地良くないことを受容れることも必要だ。

　社会デザインの実践はとても骨の折れる作業だ。この繰り返しが社会の不幸せを最小化すると信じてこれからも取り組んでいく。

（糟谷明範）

引用・参考文献

中村陽一他（2020）『ビルディングタイプ学入門――新しい空間と社会のデザインがわかる』誠文堂新光社，9頁

おわりに

　「おわりに」を書き下ろすにあたり，想像するのは，本書を手に取ってくださった読者の姿である。社会デザインという言葉に何らかの関心を持っている，あるいは，既に社会デザインを研究／実践しているかもしれない。

　本書の執筆者が社会デザインとは何かを問い，実践してきたことは言うまでもない。とりわけ，社会デザインを冠した研究科の草創期に大学院の門を叩いた者であれば，自らの専門性のアイデンティティをどう確立するか，悩んだのではないだろうか。本書には，既存の学問領域にはおさまらない「何か」を問い，手探りで考え，実践する人々の広がりが描かれている。読者にとっての社会デザインの道筋を照らすものとなることを願っている。

　さて，本書のタイトルは『社会デザインをひらく』である。では，「ひらく」ことは何を意味するのだろうか。一部の人々によって占有されていた閉域から取り出して，全ての人々に向けて開放していけば，この概念を必要としている人々，特に既存の研究／実践では「生きる歓び」を十全に得られていない人々が訪れてくることになるだろう。そうした人々の声にどのように耳を澄まし，対話を進め，オルタナティブを創り出していくのか，私たちは問われることになる。

　また，閉域からの開放は多様な人々が社会デザインの研究／実践に参与することも招来する。そのことで閉域の内にあった同質性がほどかれれば，暗黙裏に据えていた諸前提が揺らぐこととなる。それは，改めて社会デザインの研究／実践の基軸や中核とは何かが問われる事態を招くだろう。社会デザインに臨む時の思想的態度とは何か。研究／実践の対象と私たちはどのような関係性を構築していくのか。そして，その先に浮かび上がる研究／実践の方法論とはいかなるものか。これらの問いは，閉域の内にあった人々にとっても，自分たちの基盤を鍛え直す機会となる。同時に，新たな参与者の研究／実践によって，

新たな基盤が据え直される機会にもなる。閉域からの開放は自らの視野の「外」にある可能性に対して鋭敏であることを私たちに常に求めることに他ならない。

「ひらく」ことを謳う本書は，「問われること」に継続的に向き合う覚悟を示すものである。この覚悟の上に，これからの社会デザイン学の歩みを前に進めていきたい。

最後に，本書は2022年3月に立教大学大学院21世紀社会デザイン研究科を定年退職された中村陽一先生なしでは生まれなかったことを記しておきたい。立教大学で約20年にわたって教鞭をとり，様々な組織・団体と連携して社会デザインの研究／実践を進めてこられた中村先生の人脈や知見なくして，今回の企画を形にすることはできなかっただろう。中村先生のこれまでの功績に敬意を表するとともに，この場をお借りしてその学恩に深く感謝したい。

これからの社会を形づくるために尽力する読者の方々に，本書が少しでも役立つことを心から願う。

2024年8月

　　　　編著者を代表して　志塚昌紀・川中大輔・菅井薫

刊行に寄せて
中村陽一先生と社会デザイン学

　中村陽一先生監修の『社会デザインをひらく』が刊行される。本書は，中村先生のこれまでの社会デザイン学とのかかわりを総括し，（すでに何歩も踏み出されているが），新たに社会デザインをひらくにあたっての記念の書である。ここではその新たなスタートの出発点・ゼロの地点を確認するため，これまでの「総括」として，中村先生が，立教大学大学院21世紀社会デザイン研究科（2024年4月1日に「社会デザイン研究科」に改称）を定年でご退職された際に，研究科の紀要『21世紀社会デザイン研究』第20号（2022年3月）に掲載された拙文を抜粋し，刊行に寄せる一文としたい。
　中村先生は1980年3月一橋大学の社会学部社会学科をご卒業された。ある時，学部時代の思い出を語られた際，「一橋大学の社会学部は，社会学ではなく社会科学全般を総合する学部である」と恩師や後に担当編集者としても交流を深めることになる戦後社会科学の碩学・高島善哉一橋大学名誉教授からの薫陶を受けたというエピソードをうかがったことがある。そのような場所で中村先生が，学問の基礎を学ばれたということは，広範な領域を扱う社会デザイン学の原点につながるように思われる。
　ご卒業後，中村先生は株式会社新評論に就職され，社会人としての第一歩を編集者としてスタートさせる。その後，日本生活協同組合連合会を経て，非営利独立ネットワーク型シンク＆ドゥタンクとして消費社会研究センターを立ち上げた後，1996年に都留文科大学に奉職され，2002年研究科の設立まで勤務される。この間の編集者，民間在野における社会活動の実務家，そして研究者としての歩みは，21世紀社会デザイン研究科での教育そして，社会デザイン学の発展の基礎となったと拝察される。
　編集者時代の中村先生は，ソ連の崩壊を内部の民族問題から明晰に予言したエレーヌ=カレル・ダンコース『崩壊した帝国』，20世紀を代表する歴史家・思

想家の一人であるイヴァン・イリイチの数多くの著作，「新しい歴史学」として学界・思想界に大きな影響を与えたフランスのアナール派の大量の著作といった重要な作品の紹介に関わられた。その他，異色の仕事としては，ジョン・レノンへのオマージュをフランスの漫画家たちが捧げた作品に日本版独自編集として吉岡忍さんがインタビュアーとなって日本の識者たちに聞いたインタビュー集と横尾忠則さんによるポスターなどを付けた『LOVE JOHN LENNON』もある。これら編集者時代とその後実務における人脈は社会デザインの幅を広げるとともに，教育者としては，論文指導の際の鋭い指摘に十二分に生かされたと考える。

さて，中村先生のご功績を振り返ることは，とりもなおさず，社会デザイン学の歩みそのものを振り返ることにもつながる。中村先生が2021年7月の社会デザイン学会年次大会で使用されたスライドをもとに，その功績を辿ってみたい。

2002年4月「立教大学大学院21世紀社会デザイン研究科比較組織ネットワーク学専攻（修士課程）」が設置，5年後の2007年4月には区分制大学院としてその博士課程後期課程が設置される。この前年，2006年6月には21世紀社会デザイン研究学会［現・社会デザイン学会］が設立され，2008年10月には研究科附置研究所「立教大学社会デザイン研究所」が発足する。中村先生はこのいずれの組織の設立にも，中心人物のお一人として関わられたわけだが，そこでいう社会とは，社会デザインとは何か。

中村先生によれば21世紀に入り，環境や地域紛争など前世紀からの宿題に加え，新しい形の貧困や社会的排除（social exclusion）が世界と日本の大きな課題となっている。その解決のため，従来の発想と方法論を超え，「社会」の仕組みや人びとの参画の仕方を変革し，具体的に実現していくための思考と実践が求められている。ここでいう「社会」とは――「異なる人間たちが，限られた空間のなかでともに住み合っていくことを可能にする知恵あるいは仕掛けの総体」である。中村先生は，ジンメルの『社会分化論』を参照しつつ，社会デザインを，無から有を生み出すのではなく，今あるものの組み合わせを変える，オルタナティブ思考，デザイン思考でもあるとする。

では，そもそもdesignとは何なのか。中村先生はそれは日本で従来考えられてきたように，製品やサービスの単なる設計や絵を描くことに留まるものではないとし，河北秀也氏の『デザイン』とは，「人間の創造力，構想力をもって生活，産業，環境に働きかけ，その改善を図る営み」であり，「人間の幸せという大きな目的のもとに，創造力，構想力を駆使し，私達の周囲に働きかけ，様々な関係を調整する行為」を総称して『デザイン』と呼ぶ（河北『河北秀也のデザイン原論』新曜社，1989年）論を紹介する。

ではなぜ社会デザインなのか？ 中村先生は，この問いに答えるために，社会デザインの前史を遡り，非常に興味深い分析を展開しておられる。社会デザインには前史（体験と経験の諸相）があるとし，まず，「サードセクター版の前史」として，社会運動（市民運動・住民運動〜新しい社会運動），ボランティア活動（生活の場からの地殻変動〜ネットワーキング），NPO/NGO，ソーシャルビジネス／コミュニティビジネスの４段階を提示する。

また「壁を突破する社会デザイン」として，「エイブルな社会デザインにも前史（体験と経験の諸相）がある」ことを示された。すなわち，バリアフリー（バリア，課題のソリューション），ノーマライゼーション（「当たり前」化），ユニバーサルデザイン（あまねく＝誰でも，どこでも），インクルーシブデザイン（バリアを引き受けさせられていた「当事者」視点）である。重要な点は，いずれの場合においても，段階が移り変わっての発展というよりも蓄積され折り重なっていく発展がイメージされていることであろう。

さらに，社会デザイン，social designの発展を，「社会を『良くする』から社会を『変える』へ」として，「狭義のsocial designがたんなるアイデアや輸入」であったのに対し，次の段階の「社会デザインは社会の課題解決（ソリューション）」を目指し，さらに「Social designは構造的・論理的で，•イノベーションを生むデザイン」であるとした。中村先生はこうした社会デザインの特質として，領域横断性・越境性・学際性・創発性をあげている。

さて，では社会デザインとは何か。中村先生はこれまで「社会デザインについて説明はするが，あえて定義付けはしない」というスタンスを（同じく研究科創設メンバーである北山晴一名誉教授と共に）取ってこられた。それは「既成の

フレームワークに狭く押し込められるリスクを回避し，多様な研究・教育・実践にひらかれた可能性を持続させる」ためである。しかしそれは「学」としての志向を放棄しているわけではない。「論」「研究」という立ち位置の利点を活かしつつ，「学」として必要な要件について自由闊達な議論をしていくための機は熟したという。

　中村先生は，あらためて社会デザイン（学，研究）のこれからについて論を展開された。曰く，対象としての〈社会〉については「無条件に可視化された「実体」としての社会はない。それは個々人のレベルに解消されたり，逆に個々人の行為や思考のたんなる集合や有機体でもない。だからこそ，そこに方法としての〈デザイン〉の可能性も存在する」。

　方法としての〈デザイン（思想)〉については「誰かが全体や経過を操作的にデザインするわけではない。Forからwith，では担い手は誰か？」と問いかける。社会デザインの意味（役割・機能）は，課題解決であり，価値創造（共創）でもあるが，いずれかに一面化されるものでもない。プロセスとしての社会デザインの参照例として内発的発展論をあげて中村先生のご発表は終わった。

　中村先生の立教大学の専任教員としてのご定年は，中村先生ご自身のキャリアや社会デザインの実践の一つの区切りではあっても，到達点でも終着点ではない。新たなお立場，新たなステージ（舞台・段階）で益々の進化と深化，ご発展とご活躍を確信し，その精力的な研究と活動により，引き続き，社会デザインを学び，研究し，実践する人々のモデルであっていただきたい。

2024年3月

長　有紀枝

人名索引

あ行

阿南久　16
イリイチ，イヴァン　3
岩根邦雄　6, 15
ウォーラーステイン，イマニュエル　4
大笹良雄　73

か行

加々美光行　77
ガダマー，ハンス=ゲオルク　86
川口清史　15
キーツ，ジョン　83
北山晴一　18, 204
木下直之　85
キャプラン，ジェラルド　165
クーン，トーマス・S　164, 166
クリステンセン，C. M.　72
栗原彬　18
グロイス，ボリス　29
ケラーマン，バーバラ　193
ケリー，ロバート　192

さ行

佐藤信　65, 66, 69, 78
シヴァーズ，デレク　3, 232
シネック，サイモン　196
清水裕之　69, 71
下山保　15
シュンペーター　71, 72
スタンブス，ジェフリー　11
須藤修　17

た行

竹内好　76, 77
田代正美　14
谷口吉光　12
多部田政弘　110
鶴見和子　12, 77
デューイ，ジョン　81, 84
デュルケーム，エミール　223
寺田良一　12
徳江倫明　11
富沢賢治　15
ドラッカー，P. F.　160

な行

長澤恵美子　19
中村陽一　110, 122, 126, 203
ニューサム，G.　27
糠谷真平　187
ネーダー，ラルフ　12
ノーマン，D.　28

は行

ハイデッガー，マルティン　82
萩原喜之　10
ハラリ，ユヴァル・ノア　155
播磨靖夫　5, 7
平田オリザ　68, 76
広井良典　27
藤原良雄　3
ブラウネック，マンフレッド　75
ブラウン，ティム　28
ブルデュー，ピエール　25

241

ま・や 行

町田洋次　215
松原明　13
モホイ=ナジ　29
森本佳樹　189
山岡義典　5
山岸秀雄　11
湯浅誠　140

ユヌス，ムハマド　30,50,215
吉見俊哉　17

ら・わ 行

ライシュ，R.　27
リップナック，ジェシカ　11
レッシグ，L.　72
渡辺元　5,7

事項索引

あ 行

アート・コミュニケータ　120
アート鑑賞　117
アート思考　117
アカウンタビリティ　218
空き家問題　111
アクションプラン　212
アクティブラーニング　115
『朝日ジャーナル』　11
アソシエーション　109
あそび　131
新しい貧困　138, 141
アドボカシー　4, 20, 218
　　――機能　130
　　――キャンペーン（啓発キャンペーン）
　　　219
アナール派　3, 238
安全・安心　134
アントレプレナーシップ教育　206
暗黙知-経験知　9
生きづらさ　88
生きる歓び　32, 33
異質な他者　102
イノベーション　130, 190, 196, 206, 213, 225
　　――教育　206
『イノベーターの条件』　160
居場所　39-45, 108, 113, 211
移民　88, 89, 91-93, 101
インクルーシブデザイン　207
インクルージョン　210, 212
インターナショナル・ビジター・プログラム
　　12
インターネット　139, 143, 181, 222

インターフェース　150
インターンシップ　146
ヴィーガン　114
ウイズタイムハウス　135
ウェルネス　114
ウェルビーイング　9, 36
ウクライナ問題　160
失われた20年　138
エイブルアート　7
エイブルソサエティ　111, 112
エコーチェンバー　143
エスニシティ　99, 100
越境性　23
越境体験　162
エンパワー　208
エンパワメント　42, 44, 111, 213
オーナーシップ　109
「お客様にしない」仕掛け　132
大人としゃべり場　132
オルタナティブ　23, 33
　　――・ストーリー　199, 200
オンライン会議　146
オンライン授業　117, 146, 147

か 行

介護の社会化　186, 187
介護保険制度　135, 187
ガイドライン　135, 208
外部不経済　24
『科学的革命の構造』　164
格差　24, 34, 37, 50, 168, 184, 195
学際性　23
学習する組織　52
学習プロセスアプローチ　52

243

語り narrative　197
ガバナンス　212
関係性　2
　　——の編みなおし　192-194, 197, 200, 201
関係的存在　142, 145
看護師　136, 227-229
カンヌライオンズ　23
間文化主義（interculturalism）　100
官民協働　181
管理社会　32
議会　68, 139, 170-173
起業家精神　51, 53
企業市民→コーポレートシチズンシップ
企業のNPO化　215
企業の社会的責任→CSR
危機理論　165
期待仮説　119
キャリア教育　124
キャリアデザイン　224
教育未来創造会議　205
共生社会　183, 184, 208, 209, 211
　　地域——　130, 142
共生的な社会　204
共生の論理　102
共創のプラットフォーム　111
協働　3, 10, 33, 45, 84, 122, 140, 141, 154, 227, 233
協同組合　12, 53, 16
協同経済　15
共同幻想　155
共同購入　15
協働事業　154
虚構　155
居住支援法人　136
居住者組合　150
緊急通報システム　134
空間シェア　110
食える市民事業　10
グラスルーツデモクラシー　12

グラミン銀行　50, 52, 126, 215
グランドルール　152
グループホーム　135, 136
　　障害者——　135
　　認知症対応型——　135
グローバリゼーション　89
グローバル教育　127
グローバルリーダー　127
グローバル化　88
ケア　111, 130, 136, 170, 231
　　在宅——　188
ケア・センターやわらぎ　187
ケアマネジャー　134
ゲイ（男性同性愛者）　170
計算する思惟　82
形式知　7
形式知-専門知　9
ゲイテッド・コミュニティ　184
ケースワーカー　136
結索メカニズム　156
権威主義　64
建築デザイン　207
権利擁護　136
言論, 表現の自由　56
小商い　29
合意形成　122, 171, 173
公共劇場　66
公共圏　103, 143, 145
公共政策　170
公共ホール　66, 68, 70
公助　181
公的セクター　154
行動変容　115
高度経済成長期　221
高度情報社会　212
公立劇場　66, 69, 71
コーオウンド・ビジネス　157, 158
コーディネーター　109
コーディネート　150

244

事項索引

コーポレートシチズンシップ　13, 161
国籍　61
国民国家　100
互酬関係　111
互酬的管理システム　111
子どもの貧困　37-39, 46
個配　15
コミュニケーション　80, 81, 91, 120, 125, 138, 142, 146-149, 152, 166, 205, 218, 221, 224, 225
　――能力　225
　オンライン――　146-149
　対面式――　146
コミュニティ　113, 125, 222, 225-227, 230
　――・エンパワメント・プロセス　42
　――・オーガナイジング　3
　――・ストーリー　199
　――カフェ　153
　――形成　113
　――デザイン　33, 125, 204, 205, 207
　――デベロップメント　12
　――ビジネス　20
コモンズ　108
コラボレーション　10
コレクティブハウス　150, 151, 154
コロナ禍　146, 178, 179, 183, 184
困窮化　35
根拠地　76
コンプライアンス　212

さ 行

サードセクター　12
サードプレイス　29, 108, 113
在住外国人　88-91, 93, 94, 97, 98, 101
再生エネルギー　113
在宅リハビリテーション　228
さいたまNPOセンター　6
さいたま市市民活動サポートセンター　20
在日コリアン　89

サステナブル　111
　――デザイン　207
『サピエンス全史』　155
産直宅配　11
シーズ＝市民活動を支える制度をつくる会　13
シェア　28
シェアハウス　108, 135
ジェンダー　36, 54, 199, 233
事業型NPO　12, 217
事業性と運動性　14
資金調達　218, 220
資源動員論　8
自己排除　39
自己変容　97, 98
『自殺対策白書』　221
市場経済　110
持続可能な農業　113
シチズンシップ教育　122
自治政府　27
実践家的研究者　25
失敗学　223
シティズンシップ　36, 100, 101
　――に基づく格差　101
自分事化　122, 124
自分らしさ　134
市民運動　3, 10, 11, 13, 239
市民活動　16-19, 139, 208, 220
市民教育　92, 102, 122
市民権　100
市民自治　7
市民社会　7, 23, 129
市民社会創造ファンド　7
市民知　2
市民知-実践知　9
市民的調査研究　6
ジャーナリズム　55
『社会運動』　6
社会運動　2, 93, 215, 216, 232, 239

245

社会運動研究センター　6
社会活動家　140, 141
社会関係資本→ソーシャル・キャピタル
社会起業家　126, 215
社会貢献　207
社会構造　38, 41, 90, 91, 99, 142, 165
社会参加　35-37, 40, 41, 99, 122, 208, 212
社会資源　42, 111, 183, 211, 212
社会システム　32
社会実験の場　111
社会実装　113, 194, 196-198
社会人大学院　117
社会正義　33, 102, 103
社会的意義　113, 115
社会的インパクト評価　44
社会的課題　80, 86, 126, 160, 161, 203, 207
社会的価値　80, 200
社会的関係　142
社会的企業　15, 22, 30, 42, 126, 215, 216
社会的経済　12
社会的公正　92
社会的孤立　111, 154, 233
社会的存在としての人　135
社会的ネットワーク　36, 50
社会的排除　34-41, 183, 184, 238
社会的包摂　35-39, 77, 210
社会デザイン　2, 197, 201, 204, 206
　——による解放　32
社会統合　35, 99
社会の公器　161
社会変革　64, 88, 215, 216, 218-220
社会問題　141, 218
特定非営利活動法人シャプラニール＝市民による海外協力の会　216
終活　142
就活システム　221, 222, 224
住居喪失不安定就労者　180
集合知　28, 194
集合的な愚かさ　28

主体化　41
首都圏コープ事業連合　15
循環型有機栽培　113
商業主義　51
小劇場運動　73
少子高齢（化）　134, 227
象徴文明　18
情報伝達革命　146
情報の貧困　182
情報発信能力　123, 125
植民地主義　90
ジョブローテーション　163
進学型商業高校　123
新型コロナウイルス　117, 133, 160
人口減少　167, 168, 227
人材派遣　163
人種　61
心理的安全性　117
ステークホルダー　116, 157
ステレオタイプ　91
スペシャルオリンピックス　208
スポーツ・レクリエーション　211
生活課題　134, 136
生活協同組合　131
生活クラブ　6
生活者　4
生活者ネットワーク　6
生活の場からの地殻変動　4
生活保護　47, 136, 176-178, 181
『生協運動』　4
生協総研　15
政策提言　140, 218
省察（reflection）　43, 80-86, 97, 98
　——する思惟　82
政治参加　122
正統性（legitimacy）　141
正当性（rightness）　141
制度設計　109, 170
生命倫理　18

事項索引

生理的欲求　135
セーフティネット　138, 181
世界システム論　4
『世界を変える偉大なNPOの条件』　14
世田谷パブリックシアター　66
全国知的障害者スポーツ大会　208
全社ポートフォリオ戦略　194, 195
総合的な学習の時間　206, 207
総合的な探究の時間　206, 207
相互扶助的　110
創造的な定常経済システム　27
創造的な福祉社会　27
ソーシャル・エンタープライズ→社会的企業
ソーシャルアート　14
ソーシャルイノベーション　68, 71, 201, 206
ソーシャルインクルージョン→社会的包摂
ソーシャルキャピタル　29, 216
ソーシャルグッド　23
ソーシャルシステムデザイン　205
ソーシャルデザイナー　24
ソーシャルデザイン→社会デザイン
　　──教育　206
　　──集中講座　19
　　──プロジェクト　118, 120
ソーシャルビジネス　14, 20, 126, 217
ソーシャルビジネス推進イニシアチブ　20
ソーシャルベンチャー　215
ソーシャルメディア　114, 218
疎外装置　156

た 行

対価性財源　217
大地を守る会　10
ダイバーシティ　212
代理人　6
対話　117, 144, 145, 225
　　──型鑑賞　117
多重性／多元性　9
脱学習（unlearn）　41

脱植民地化　89
多文化共生　59, 88
多文化主義　90
多様性　144
探究学習介護ラボ　188
地域活性化　113, 126
地域活動　93, 208
地域コミュニティ　142, 168, 228
地域社会　113, 124, 130, 142, 154
地域住民　66, 68, 88, 113, 130, 154, 231
地域通貨　17
地域デザイン　204
地域福祉　130, 131
地域文化　116
地域包括ケアシステム　130, 142, 227
地域包括支援センター　228
地域連携　207
チームビルディング　166
地縁組織　153, 154
知的障害　208-211, 213, 214
地方議会　173
チャレンジネット　138
中間支援　153
　　──組織　151
中部リサイクル運動市民の会　10
長寿社会開発センター　188
直前観念　147
通所事業所　136
つくろい東京ファンド　177
ディストピア　103, 104
データサイエンス　204
デジタルコミュニケーションツール　165
デジタル村民　17
デポー　16
デモ行進→ラリー
テレワーク　146, 147
同化　59, 91, 99
東京オリンピック・パラリンピック2020　211

247

東京都美術館　118
同性パートナーシップ制度　170
トークフォークダンス　132
特定非営利活動促進法→NPO法
特定非営利活動法人→NPO法人
特許庁　128
とびらプロジェクト　118
トヨタ財団　5
都立高校改革推進計画　123

な行

ナショナリズム　61
ナレッジマネジメント　225
ニート　140
二元代表制　173
二重ループ学習　43
日本NPOセンター　7
日本生活協同組合連合会　4
日本ネットワーカーズ会議　7
『日本のNPO／2000』　13
日本ボランティア学会　18
ニューヨーク近代美術館（MoMA）　118
にんじんの会　187
認知症対応型　135
認定特定非営利活動法人　208
ネオリベラル多文化主義　101
ネガティブ・ケイパビリティー　83,84
ネットカフェ難民　138-141,180
ネットワーキング　12,239
能力を喪失する能力　98

は行

パートナーシップ事業　150
パートナーシップ制度　170,171
パーパス経営　9,197
ハーモナイゼーション　23
ハウジングプア　177,178
ハウジングファースト　177
バウハウス　29

剥奪　34
パターナリズム　182
パブリック・コモンスペース　108
パブリックシチズン　12
パブリックリース財団　7
パブリックリソースセンター→パブリックリース財団
バブル崩壊　138,192
パラダイム　56
　──シフト　164-168
バリアフリーデザイン　207
班活動　16
阪神・淡路大震災　13,208
伴走型支援　220
パンデミック　164,165
非営利・協同セクター　15
非営利組織→NPO
東日本大震災　19
非正規雇用　34,177
広場　75,76
貧困　35
ファシリテーション　109
ファシリテータ　118
ファンドレイジング→資金調達
フィールドワーク　92,117
フェアトレード　157,217
フォロワーシップ　3,192
副業　162
複合的ネットワーク論　17
福祉　113,227,230
　──国家　100
　──多文化主義　99
扶養照会　181,182
プラスチックワード　9
プラットフォーム民主主義　27
フリーター　140
フリーランス　220
フレーミング　118
プロダクトデザイン　207

事項索引

文化多元主義　99
分散型自律組織（DAO）　17
ベ平連　10
ヘルシーライフスタイル　114
ヘルパー　136
放下　82
放課後等デイサービス　212
ホームレス　138, 176
保健師　136
ポジショニング戦略　195
ポストコロニアリズム　90
ホモ・サピエンス　155
ホラクラシー　157
ボランティア　122, 134, 210, 211, 219, 220, 225

ま　行

マイクロクレジット　50, 51
マイノリティ　36, 89, 96, 98, 99, 173
マスメディア　59, 61, 62, 64, 139, 142, 143
みせかけの多様性　103
民間人校長　123
民主主義　55
民設民営　153
民族　59-61
　──差別　89-93
メディア　55-57, 61-64, 94, 138, 141-143, 146, 205
　──・アジェンダ　141
メンバーシップ　109
持ち寄り　132
物語story　197

や　行

優生保護法　188
ユートピア　104
ユニバーサルデザイン　207
ユニファイドスポーツ　213, 214
ユニファイド活動　213

世論形成→アドボカシー

ら　行

ライフスタイル　158, 166
ライフステージ　158, 199
ライフストーリー　197-201
ライフデザイン　200, 201, 224
ライフレコード　198, 199, 201
らでぃっしゅぼーや　11
ラリー（デモ行進）　219
リーダーシップ　161, 192, 193, 224
リソース　22, 110, 142
リテラシー　102, 205
リモートワーク　165-168
リモコン効果　148
連帯　35, 61, 184
　──経済　15
労働価値観　165, 166
六次産業化　113
路上生活者　176, 177, 179, 184
ロビイング　13, 218

わ　行

ワーカーズ・コレクティブ　16
ワークショップ　67, 69, 72, 109, 137, 151, 152, 189, 201, 224
ワークライフバランス　168, 224
ワールドカフェ　224
ワインサービス論　114
ワインツーリズム　113

欧文・数字

『21世紀型生協論』　15
3F (Food, Fashion, Festival)　91
4F (Fact, Fear, Frustration, Fairness)　91
CDC　12
CSR　19, 160, 216
　──インターンシッププログラム　19

――レポート　216
CSV　115
DEI（Divtrsity, Eguity Inclusion）　213
ESG投資　9, 195
ETIC.　215
HIRAKU IKEBUKURO 01 SOCIAL DESIGN LIBRARY　30
IDEO　28
ISO9001　186
ITバブル　215
ITベンチャー　215
IWS　190
LGBT　170-173
MDGs　195

NFTアート　17
NGO　51, 208, 209, 215-220
NPO（非営利組織）　5, 141, 150-153, 196, 208-210, 212, 215-218, 220
　――サポートセンター　7
　――の事業化　215
　――法　13, 209
　――法人　208
Public Relations　219
SDGs　113, 195, 207
Society 5.0　205
TED　232
VUCA　203
WIPO　128

中村陽一

業績リスト

職　歴

1980年4月	株式会社新評論（編集部）入社（〜1982年2月）
1986年4月	日本生活協同組合連合会（組織指導本部出版部）入職（〜1989年6月）
1989年6月	消費社会研究センター設立，代表就任（〜1996年3月）
1991年4月	都留文科大学非常勤講師（〜1996年3月）
	一橋大学非常勤講師（〜1994年3月，1997年4月〜2000年3月）
1993年4月	新潟大学非常勤講師（〜1994年3月）
1994年4月	千葉大学非常勤講師（〜1996年3月）
1995年4月	武蔵大学非常勤講師（〜1997年3月，1998年4月〜2002年3月，2009年4月〜2010年3月）
1996年4月	都留文科大学文学部社会学科助教授（〜2000年9月）
2000年4月	東京大学社会情報研究所客員助教授（〜2001年3月）
	明治学院大学非常勤講師（〜2003年3月）
	早稲田大学非常勤講師（〜2002年3月）
2000年10月	都留文科大学文学部社会学科教授（〜2002年3月）
2002年4月	立教大学大学院21世紀社会デザイン研究科，法学部法学科教授（〜2022年3月）
2010年4月	立教大学21世紀社会デザイン研究科委員長（〜2012年3月，2014年4月〜2018年3月）
	立教大学独立研究科運営部長（〜2012年3月，2016年4月〜2018年3月）
	立教大学社会デザイン研究所所長（〜2022年3月）
2015年4月	日本女子大学家政学部家政経済学科非常勤講師（〜2017年3月）
2019年4月	立教大学セカンドステージ大学副運営委員長（〜2020年3月31日）
	陸前高田グローバルキャンパス運営機構役員（〜2022年3月）
2020年4月	青森中央学院大学客員教授（〜2022年3月）
2021年4月	神奈川大学国際経営研究所客員研究員（〜現在に至る）
2022年4月	青森中央学院大学経営法学部特任教授（〜現在に至る）

2022年4月　立教大学名誉教授号授与
2022年5月　株式会社ブルーブラックカンパニー創設，代表取締役就任
2022年10月　東京大学大学院情報学環特任教授（〜現在に至る）

学会ならびに社会における活動

日本NPO学会発起人・元理事

社会デザイン学会副会長（2022年3月まで），2022年4月より会長，元・日本ボランティア学会副代表

その他所属学会：日本社会学会，日本マス・コミュニケーション学会（現・日本メディア学会），日本協同組合学会，日本広報学会等

* 80年代半ばより現場と往復しつつ市民活動・NPO/NGOの実践的研究，基盤整備，政策提言に取り組む。
* また，民間と経済産業省とのパートナーシップ型組織「ソーシャルビジネス推進イニシアティブ」座長を務めた後，民間経済団体ソーシャルビジネス・ネットワーク常任顧問，（経済同友会などと協働する）社会イノベーター公志園実行委員などSB/CB推進に精力的に取り組んでいる。
* 2019年12月，社会デザイン研究所と（株）JSOLとの包括的連携協定にもとづき設立された社会デザイン・ビジネスラボ会長に就任。2022年6月，一般社団法人社会デザイン・ビジネスラボとなったのに伴い，代表理事に就任。
* 地域連携や民学産官協働によるまちづくり，コミュニティデザイン，社会デザイン，CSRの専門家でもある。
* 現在，NPO法人市民社会創造ファンド理事，公益財団法人パブリックリソース財団評議員，東京芸術劇場運営委員（人材育成・教育普及担当），「座・高円寺」劇場創造アカデミー講師，日本シティズンシップ教育フォーラムアドバイザー。
* 2022年4月より，三鷹市まちづくり総合研究所特任研究員就任。
* ニッポン放送「おしゃべりラボ〜しあわせSocial Design」パーソナリティ。
* 2017年2月「名誉唎酒師酒匠」を受章。
* また，NPO法人さいたまNPOセンター前代表理事（4期8年），公益社団法人企業メセナ協議会「This is MECENAT」審査委員，同「メセナアワード」審査委員などを務めた。
* 演劇プロデュース作品に『タバタバ』（ベルナール＝マリ・コルテス作，川口智子演出，2016年12月上演，2018年6月再演），『チョコレートと悪魔』（芥川龍之介「煙草と悪魔」を翻案，演劇ユニット「あくびがうつる」演出・上演，2023年8月），『影

（アンデルセンの同名作を翻案，演劇ユニット「あくびがうつる」演出・上演，2024年5月），『＜HIRAKUで読む＞シリーズ1　イヴァン・イリイチ「シャドウ・ワーク」』（川口智子演出，埜本幸良出演，2023年11月），『＜HIRAKUで読む＞シリーズ2　式場隆三郎「二笑亭奇譚」』（川口智子演出，埜本幸良出演，2024年3月）
＊伊勢崎賢治・東京外国語大学教授のジャズライブにリーディング（キング牧師"I have a dream"）で度々出演。

編著書
中村陽一＋日本NPOセンター編（1999）『日本のNPO/2000』日本評論社
川崎賢子・中村陽一編著（2000）『アンペイド・ワークとは何か』藤原書店
中村陽一＋日本NPOセンター編（2001）『日本のNPO/2001』日本評論社
中村陽一＋21世紀コープ研究センター編著（2004）『21世紀型生協論』日本評論社
中村陽一・髙宮知数・五十嵐太郎・槻橋修編著（2020）『新しい空間と社会のデザインがわかるビルディングタイプ学入門』誠文堂新光社
中村陽一・髙宮知数・五十嵐太郎・槻橋修編著（2022）『21.5世紀の社会と空間のデザイン――変容するビルディングタイプ』誠文堂新光社

主要論文等
「イリイチの現代産業社会批判とフェミニズム――シャドウ・ワーク論を中心に」1986，社会主義理論フォーラム編『挑戦するフェミニズム』社会評論社，126-140頁
「家族の風景Ⅰ」，「家族の風景Ⅱ」，「家族を考えるための本・映画・テレビドラマ」1988，金井淑子編『ワードマップ家族』新曜社，90-95，96-101，206-215頁
「現代日本のインターフェイス」1989-91，『社会運動』110-141号（随時連載），社会運動研究センター
「家族を"ひらく"ために――家族幻想と消費社会　上・下」1990，『月刊　社会教育』国土社，34（3）6-9頁，34（5）72-76頁
「男性文化を越えて――消費社会とフェミニズム」1990，金井淑子・加納実紀代編『女たちの視線』社会評論社
「さくら・市民ネットにとっての清田選挙」1990，『社会運動』122号，社会運動研究センター
「地域の女性と政治――その意味と可能性」1990，『「女の時代」を旅する――フェミニズム 1990』ユック舎
「80年代消費社会の動向と私たちの課題」1990，『生活協同組合研究』1990年8月号，日

本生活協同組合連合会
「保谷ネットの運動の意味の再発見」1990,『社会運動』127号, 社会運動研究センター
「消費社会における〈転向〉問題の意味と可能性」1990,『思想の科学』134号, 思想の科学社, 13-19頁
「月例研修会が「生き生き人生」をつくる――福岡県福岡吉井町農協」1990,『農業協同組合』36 (12), 全国農業協同組合中央会, 27-32頁
「企業・行政とのパートナーシップ形成を進める欧米の市民活動――グラウンドワークとパートナーシップ・フォー・デモクラシー」1991,『社会運動』138号, 社会運動研究センター
「新たな展開を見せる協同組合運動」1991,『協同組合経営研究月報』458号, (財)協同組合経営研究所
「ポスト・フォーディズムと新しい社会運動」1991, 山田鋭夫・須藤修編『ポストフォーディズム――レギュラシオン・アプローチと日本』大村書店
「生協だけじゃものたりない」1991-93,『こーぷらいふ』65-88号(連載), コープ出版
「地域から社会が変わる――内発的発展と複合的ネットワーク」1992,『社会運動』142号, 社会運動研究センター
「地域から社会が変わる――生活の場からの『地殻変動』」1992,『社会運動』143号, 社会運動研究センター
「生協運動とフェミニズムの『対話』」1992, 東京都生協連国際活動委員会事務局編『生協と女性・政治――東京都生協連「協同組合の基本的価値」連続討論会の記録 (3)』コープ出版
「1800時間労働時代における地域社会活動の可能性――ワーカーズ・コレクティブを事例に」1995,『1800時間労働時代における労働と余暇に関する総合研究』財団法人余暇開発センター
「成熟した市民社会へ向けての非営利市民セクター形成と生協」1995,『第4回「生活協同組合研究奨励助成」研究報告論文集』財団法人生協総合研究所
「日本におけるボランタリー活動の現状と課題」(渡辺元との共著) 1995,『ボランタリー活動推進のための仕組づくりに関する調査研究』日本ネットワーカーズ会議
「特論 有償事業型市民公益団体の特性――ヒアリング結果を参考としつつ」1996, 経済企画庁委託調査『平成7年度「市民公益団体の実態把握調査」委託調査結果報告書』株式会社住信基礎研究所
「都市の生活者ネットワーク」1996,『都市と都市化の社会学』岩波講座・現代社会学第18巻, 岩波書店, 75-90頁

「ボランタリーな市民活動の非営利組織」1997，富沢賢治・川口清史編『非営利・協同セクターの理論と現実――参加型社会システムを求めて』日本経済評論社

「ボランタリーな市民活動と新しい地域づくりの可能性――『NPOと内発的発展』序説」1998，都留文科大学社会学科編著『地域を考える大学――現場からの視点』日本評論社，115-129頁

「アメリカ消費者運動のニューウェーブとしてのNPOに学ぶ」2000，山岸秀雄編『アメリカのNPO――日本社会へのメッセージ』第一書林，186-197頁

「NPOをめぐる調査研究の動向と今後の課題」2002，パブリックリソース研究会編『パブリックリソース・ハンドブック――市民社会を拓く資源ガイド』ぎょうせい，82-90頁

「NPO/NGOの役割――社会をデザインするために「正しさ」と「楽しさ」をつなぐ」2008，『環境会議』30号，宣伝会議，92-97頁

「社会デザインのために求められるNPO/NGOの社会的役割と力」2008，『生活経済政策』143号，生活経済政策研究所，3-7頁

「CSRを考える――まだ遅くはない　改めて社会デザインとしてのCSR」2009，『エコノミスト』87(17)，毎日新聞社，92-93頁

「古くて新しいソーシャルビジネス――社会を変える力に」2009，『月刊ボランティア情報』2009年4月号，全国社会福祉協議会

「ソーシャルビジネスと社会的企業」2009，『社会運動』355号，市民セクター政策機構，38-49頁

「ソーシャルビジネスの可能性」2009，『地域づくり』2009年12月号，一般社団法人地域活性化センター

「社会デザインへ向けてのNPO/NGOの社会的役割と力――その現実と将来」2010，『公衆衛生』74(3)，医学書院，199-202頁

「ソーシャルビジネスを社会デザインの新しい力に」2010，『月刊自治フォーラム』613号，第一法規，13-19頁

「日本における社会的企業の現状と可能性――「社会デザイン」の新しい力に」2010，『世界の労働』60(10)，日本ILO協会，44-53頁

「「生活者」のための社会デザイン――社会・地域・政治」2011，三浦展・藤村龍至編著『3・11後の建築と社会デザイン』平凡社

「コミュニティ・デザインの歴史―コミュニティ・デザインの誕生から，世界を変えるソーシャルデザインへ」2012，『クリエイティブ・コミュニティ・デザイン』フィルムアート社，204-211頁

「社会デザインとしてのソーシャルビジネス——つながりを編み直すワーク，活かすワーク」2013，『ソーシャルワーク研究』39（1），相川書房，38-45頁

「社会デザインからみた図書館——つながりを編み直すワーク，活かすワーク」2014，『情報の科学と技術』第64巻10号，一般社団法人　情報科学技術協会

「社会デザインからみた公共ホール」2015，『公共ホールのつくり方と動かし方を学ぶ2014』立教大学社会デザイン研究所

「岩根邦雄——「おおぜいの私」による社会運動」2016，杉田敦編『ひとびとの精神史　第6巻　日本列島改造　1970年代』岩波書店，159-185頁

「市民活動と「政治活動」——さいたま市市民活動サポートセンター直営化条例問題の意味と本質的課題」2016，『地方自治職員研修』49（2），公職研

「社会デザインの20年」2016，『公共ホールのつくり方と動かし方を学ぶ2015』立教大学社会デザイン研究所，6-20頁

「社会デザインと公共ホール・劇場」2016，『公共ホールのつくり方と動かし方を学ぶLECTURES』立教大学社会デザイン研究所

「社会運動論へのはいり方」（大畑裕嗣との共著）2017，『明治大学心理社会学研究』第13号，明治大学

「地域とともに手ごたえある仕事をする存在をめざして——社会デザインからみた「これからの自治体職員」が実践する〈関係性を活かすワーク，編み直すワーク〉」2019，『Think-Ing——彩の国さいたま人づくり広域連合政策情報誌』(20)，彩の国さいたま人づくり広域連合，27-34頁

「地域・社会における問題解決とソーシャルビジネス-21.5世紀の社会デザインのなかで」2023，『都市計画』（都市計画学会誌）第362号

「学生版起業塾開催と起業環境整備研究を通して見えてきたこと」2024，『青森中央学院大学　地域マネジメント研究所　研究年報』第20号

《執筆者紹介》 ＊は監修者・編著者

＊**中村陽一**（なかむら　よういち）**はじめに・第1章・第5章2聞き手**
　　監修者紹介参照

北山晴一（きたやま　せいいち）**特別寄稿**
　　東京大学大学院人文科学研究科博士課程満期退学。立教大学大学院21世紀社会デザイン研究科教授（2002年～2010年）・同研究科委員長（2004年～2010年）を経て，現在，立教大学名誉教授。著書に，『世界の食文化16 フランス』農文協，2008年，『衣服は肉体になにを与えたか』朝日新聞社，1999年など。訳書に，フランツ・ファノン『アフリカ革命に向けて』みすず書房，1984年などがある。

＊**川中大輔**（かわなか　だいすけ）**第2章1・6・おわりに**
　　編著者紹介参照

笠原清志（かさはら　きよし）**第2章2**
　　慶応義塾大学大学院社会学研究科博士課程修了。博士（社会学，慶応義塾大学）
　　立教大学名誉教授，世田谷区生涯大学学長。著訳書に『自主管理制度の変遷と社会的統合──ユーゴスラビアにおける企業組織と労組機能に関する研究』時潮社，1983年，『マイクロファイナンス事典』（監訳）明石書店，2016年などがある。

野中章弘（のなか　あきひろ）**第2章3**
　　関西学院大学卒業。ジャーナリスト。早稲田大学名誉教授。紛争や戦争を取材。その後，大学では，ジャーナリスト養成教育に注力。

髙宮知数（たかみや　ともかず）**第2章4**
　　立教大学21世紀社会デザイン研究科修士課程修了。立教大学社会デザイン研究所研究員。社会デザイン学会理事。著書に『21.5世紀の社会と空間のデザイン──変容するビルディングタイプ』（共編著），誠文堂新光社，2022年，『街直し屋──まちとひとを再生させる仕事』（共著）晶文社，2017年などがある。

＊**菅井　薫**（すがい　かおる）**第2章5・おわりに**
　　編著者紹介参照

竹之内祥子（たけのうち　さちこ）**第3章1**
　　立教大学大学院21世紀社会デザイン研究科博士前期課程修了。㈱コンヴィヴィアリテ代表。40年間マーケティング会社経営後，「okatteにしおぎ」オーナー。

竹内三幸（たけうち　みゆき）**第 3 章 2**

立教大学大学院21世紀社会デザイン研究科博士前期課程修了。ソーシャル・ワイナリー研究会代表。亜細亜大学，杏林大学非常勤講師。日仏経済交流会パリクラブ常任理事。企業研修講師。アカデミー・デュ・ヴァン研究科講師。ワインコンサルタント。現在，若年層のワイン離れに関する研究，若年層へのワイン普及の活動をしている。

中野未知子（なかの　みちこ）**第 3 章 3**

立教大学大学院 21世紀社会デザイン研究科博士前期課程修了。トランスコスモス・アナリティクス株式会社人事アドバイザリー。企業向けビジネススキル領域の研修開発・講師業をしつつ，東京都美術館×東京藝術大学連携事業「とびらプロジェクト」や川崎市×東京藝術大学連携事業「こと！こと？かわさき」にてアートコミュニケータとして活動。

親泊寛昌（おやどまり　ひろまさ）**第 3 章 4**

立教大学大学院21世紀社会デザイン研究科修士課程修了。東京都立深沢高等学校副校長。立教大学学校・社会教育講座兼任講師。著書に『総合実践 企業取引を学ぶ』[三訂版]（共著）実教出版，2018年，『ビジネス・マネジメント』（共著）東京法令出版，2023年などがある。

＊川田虎男（かわた　とらお）**第 3 章 5・第 5 章 2 聞き手**

編著者紹介参照

加藤木桜子（かとうぎ　さくらこ）**第 3 章 6**

立教大学大学院21世紀社会デザイン研究科博士前期課程修了。練馬区議会議員。一般社団法人ウィズタイムハウス代表理事。非営利法人代表としてシェアハウス，グループホームの運営，居住支援をおこなっている。今後は社会福祉士としての専門性を生かした活動に注力。

淺野麻由（あさの　まゆ）**第 4 章 1・第 5 章 1 聞き手**

立教大学大学院21世紀社会デザイン研究科博士後期課程修了。国際ファッション専門職大学准教授。主要論文に「テレビ・ドキュメンタリーが社会に与えた影響――保育行政を事例に」『Social Design Review』vol.10，社会デザイン学会，2018年，「ソーシャル・メディア時代における放送キャンペーンの質的研究――NHK2020 応援ソングプロジェクト「パプリカ」を事例に」『Social Design Review』vol.14，社会デザイン学会，2022年がある。

星野　哲（ほしの　さとし）**第 4 章 2**

立教大学大学院21世紀社会デザイン研究科博士前期課程修了。立教大学社会デザイン研究所研究員。著書に『「定年後」はお寺が居場所』集英社新書，2018年，『人生を輝かせるお金の使い方 遺贈寄付という選択』日本法令，2021年などがある。

稲見陽子（いなみ　ようこ）第4章3

立教大学大学院21世紀社会デザイン研究科博士後期課程修了。博士（社会デザイン学，立教大学）。一般社団法人話力総合研究所主任講師。主な論文に，「メディア主導の言説空間における象徴語としての"CSR"――その役割と行方」『21世紀社会デザイン研究学会学会誌』vol. 1，2009年，「地域コミュニティデザインにおける企業の可能性――地域社会における"関係性"を編み直すCSR活動を中心に」（博士論文）(kindle) Pitch Communications，2017年等がある。

宮本　諭（みやもと　さとし）第4章4

立教大学大学院21世紀社会デザイン研究科修士課程修了。特定非営利活動法人コレクティブハウジング社代表理事。多世代かつ多様な居住者と地域コミュニティを育てる賃貸集合住宅「まちのもり本町田」にて2020年度グッドデザイン賞およびキッズデザイン賞優秀賞を受賞。

細川あつし（ほそかわ　あつし）第4章5

立教大学大学院21世紀社会デザイン研究科博士後期課程修了。博士（社会デザイン学，立教大学）。一般社団法人従業員所有事業協会代表理事。跡見学園女子大学マネジメント学部・大学院マネジメント研究科教授。立教大学大学院社会デザイン研究科客員教授。株式会社コア・ドライビング・フォース代表取締役社長。著書に『コーオウンド・ビジネス――従業員が所有する会社』築地書館，2015年，『半市場経済――成長だけでない「共創社会」の時代』（共著）角川新書，2015年などがある。

山本　誠（やまもと　まこと）第4章6

立教大学大学院21世紀社会デザイン研究科博士前期課程修了。企業の取締役を経て，現在企業数社でのアドバイザーを務めるとともに大学の客員教授としてマーケティングの基本について特別講義をしている。

山崎宇充（やまざき　うじゅう）第4章7

立教大学大学院21世紀社会デザイン研究科博士前期課程修了。アクションカンパニー株式会社代表取締役。神奈川大学国際経営研究所客員研究員。青森にて人財育成塾雪花雪中塾を立ち上げ，地域活性化教育を実施中。2024年10月には青森地域総合商社ALLを立ち上げ，地域課題をビジネスで解決することに挑んでいる。

石坂わたる（いしざか　わたる）第4章8

立教大学21世紀社会デザイン研究科博士前期課程修了。放送大学教養学部（在学中）。NPO法人すばる会副理事長。東京精神保健福祉士協会　司法ソーシャルワーク委員会委員。LGBTのハウジングファーストを考える会・東京　シェルター運営スタッフ。石坂わたる福祉法務行政書士事務所所長。中野区区議会議員（無所属）。著書に『精神保健福祉援助演習（専門）』（分担執筆）弘文堂，2020年，『子どもの虐待はなくせる！――「安心して子育てができる社会」を考える』（共著）けやき出版，2021年などがある。

稲葉　剛（いなば　つよし）**第5章1**

東京大学教養学部教養学科卒業。一般社団法人つくろい東京ファンド代表理事。認定NPO法人ビッグイシュー基金共同代表。立教大学大学院社会デザイン研究科客員教授。住まいの貧困に取り組むネットワーク世話人。生活保護問題対策全国会議幹事。著書に『貧困パンデミック──寝ている『公助』を叩き起こす』明石書店，2021年，『閉ざされた扉をこじ開ける──排除と貧困に抗うソーシャルアクション』朝日新書，2020年などがある。

石川治江（いしかわ　はるえ）**第5章2**

御茶ノ水美術学院卒業。NPO法人ケア・センターやわらぎ代表理事。社会福祉法人にんじんの会理事長を2024年6月末に退任，常務理事となる。立教大学大学院社会デザイン研究科特任教授を経て，客員教授。著書に『介護はプロに，家族は愛を』ユーリーグ出版，2000年，『川で実践する・福祉・医療・教育』（共著）学芸出版社，2004年などがある。

梅本龍夫（うめもと　たつお）**第5章3**

スタンフォード大学経営大学院修了。MBA。有限会社アイグラム代表取締役。物語ナビゲーター。立教大学大学院社会デザイン研究科客員教授。著書に『数の神話──永遠の円環を巡る英雄の旅』コスモスライブラリー，2009年，『日本スターバックス物語──はじめて明かされる個性派集団の挑戦』早川書房，2015年などがある。

***志塚昌紀**（しづか　まさのり）**第6章1・おわりに**

編著者紹介参照

田中泰恵（たなか　やすえ）**第6章1**

立教大学大学院21世紀社会デザイン研究科修士課程修了。目白大学社会学部社会情報学科教授。著書に『変容する社会と課題の認識・設計──社会課題の解決に向けて』（共著）三弥井書店，2024年，『AI・データサイエンス・DXと社会情報学』（共著）三弥井書店 2023年などがある。

新保友恵（しんぽ　ともえ）**第6章1**

立教大学大学院21世紀社会デザイン研究科博士前期課程修了。千葉経済大学経済学部経営学科専任講師。著書に『キャリアモデルケーススタディ』（編著）DTP出版社，2023年，『経営専門職入門──幸福をもたらす社会ビジネスデザインとは』（共著）日科技連出版社，2022年などがある。

渡邊浩美（わたなべ　ひろみ）**第6章2**

立教大学大学院21世紀社会デザイン研究科修士課程修了。公益財団法人スペシャルオリンピックス日本常務理事。ForからWith，サポートからデリバリーへ。多様な人がともに親しむスポーツが当たり前の社会になるために，SO活動を通じて，様々な機会を提供している。https://www.son.or.jp/

石井大輔（いしい　だいすけ）第 6 章 3

立教大学大学院21世紀社会デザイン研究科修士課程修了。ファンドレイジングのレシピ・代表。NPO向けの広報やファンドレイジングの伴走型支援を行うフリーランス（個人事業主）。https://www.recipe4fundraising.com/

工藤紘生（くどう　こうせい）第 6 章 4

立教大学21世紀社会デザイン研究科博士前期課程修了。一般社団法人SoLaBo代表理事。大学生と大人がともに「働き方」と「生き方」を学ぶワークショップ「ジョブヨク」をプロデュース。http://job-yoku.net/

糟谷明範（かすや　あきのり）第 6 章 5

立教大学21世紀社会デザイン研究科博士前期課程修了。株式会社シンクハピネス代表取締役。「医療と暮らしの境界線を曖昧にする」というコンセプトで「たまれ」という活動をおこなっている。Webマガジン『ブルーブラックマガジン』に「境界線を曖昧にする──「弱いつながり」が育む、暮らしと医療・福祉のいい感じな関係」連載中。https://blueblackmagazine.jp/category/series/kasuya/

長有紀枝（おさ　ゆきえ）刊行に寄せて

東京大学大学院総合文化研究科博士課程修了。博士（国際貢献、東京大学）。立教大学大学院社会デザイン研究科／社会学部教授。著書に『入門　人間の安全保障──恐怖と欠乏からの自由を求めて』［増補版］中央公論新社、2021年、編著『スレブレニツァ・ジェノサイド──25年目の教訓と課題』（編著）東信堂、2020年などがある。

《編著者紹介》

志塚昌紀（しづか　まさのり）

2007年　立教大学大学院21世紀社会デザイン研究科比較組織ネットワーク学専攻修士課程修了
現　在　東京富士大学経営学部イベントプロデュース学科専任講師
著　書　『オンラインのあたたかい場づくり 自主研究ノート』（共著）ころから，2021年。『これだけは身につけておきたいボランティアの実践スキル』（共著）日本橋出版，2024年

川中大輔（かわなか　だいすけ）

2005年　立教大学大学院21世紀社会デザイン研究科比較組織ネットワーク学専攻修士課程修了
現　在　龍谷大学社会学部准教授
著　書　『多文化共生のためのシティズンシップ教育実践ハンドブック』（共編著）明石書店，2020年。『道徳教育』（共著）ミネルヴァ書房，2019年。『現代社会における「福祉」の存在意義を問う』（共著）ミネルヴァ書房，2018年

菅井　薫（すがい　かおる）

2010年　お茶の水女子大学大学院人間文化研究科人間発達科学専攻博士後期課程修了。博士（学術，お茶の水女子大学）
現　在　大阪市立自然史博物館外来研究員
著　書　『博物館活動における「市民の知」のあり方——「関わり」と「価値」の再構築』学文社，2011年。『総説 博物館を学ぶ』（共著）同成社，2024年。『博物館教育論』（共著）放送大学教育振興会，2022年

川田虎男（かわた　とらお）

2022年　立教大学大学院21世紀社会デザイン研究科比較組織ネットワーク学専攻博士後期課程修了。博士（社会デザイン学，立教大学）
現　在　埼玉県立大学保健医療福祉学部社会福祉子ども学科准教授
著　書　『モヤモヤのボランティア学——私・他者・社会の交差点にたつアクティブラーニング』（共著）昭和堂，2023年。『共に育つ"学生×大学×地域"——人生に響くボランティアコーディネーション』（編共著），聖学院大学出版，2023年。『オンラインのあたたかい場づくり自主研究ノート』（共編著）ハンズオン埼玉，2021年

《監修者紹介》

中村陽一（なかむら　よういち）

　一橋大学社会学部卒業。立教大学大学院21世紀社会デザイン研究科教授（2002年〜2022年），同研究科委員長（2010年〜2012年，2014年〜2018年）等を経て，現在，立教大学名誉教授／東京大学大学院情報学環特任教授／青森中央学院大学経営法学部特任教授／社会デザイン学会会長。
　著書に『21.5世紀の社会と空間のデザイン──変容するビルディングタイプ』（共編著）誠文堂新光社，2022年，『3・11後の建築と社会デザイン』（共著）平凡社，2011年，『日本のNPO／2000』（共編著）日本評論社，1999年など多数。
＊詳細は「業績リスト」P251参照。

社会デザインをひらく

2024年11月1日　初版第1刷発行　　　　〈検印省略〉

定価はカバーに表示しています

監　修　者	中　村　陽　一
発　行　者	杉　田　啓　三
印　刷　者	坂　本　喜　杏

発行所　株式会社　ミネルヴァ書房
607-8494　京都市山科区日ノ岡堤谷町1
電話代表　075-581-5191
振替口座　01020-0-8076

© 中村陽一ほか，2024　冨山房インターナショナル・吉田三誠堂製本所
ISBN 978-4-623-09785-2
Printed in Japan

野田邦弘／小泉元宏ほか 編著
アートがひらく地域のこれから
A5・292頁
本体3,200円

ジェフ・マルガン 著　青尾 謙 訳
ソーシャル・イノベーション
A5・336頁
本体3,500円

「レジリエンス人材」育成プログラム開発チーム 編
ソーシャルイノベーションの教科書
四六・256頁
本体2,500円

M・ミントロム 著　石田 祐／三井俊介 訳
政策起業家が社会を変える
四六・240頁
本体2,500円

フィリップ・コトラー 著　松野 弘 監訳
「公共の利益」のための思想と実践
A5・260頁
本体4,000円

木下大生／鴻巣麻里香 編著
ソーシャルアクション！　あなたが社会を変えよう！
A5・248頁
本体2,400円

樽見弘紀／服部篤子 編著
新・公共経営論
A5・256頁
本体2,800円

松田美枝 編著
多様な私たちがともに暮らす地域
A5・248頁
本体2,400円

L・M・サラモン 著　小林立明 訳
フィランソロピーのニューフロンティア
四六・288頁
本体3,500円

伊藤葉子／川村岳人ほか 編著
新しい地域福祉の「かたち」をつくる
A5・420頁
本体6,000円

― ミネルヴァ書房 ―
https://www.minervashobo.co.jp/